钟鸣奈良

ZHONGMING NAILIANG

An Extensive Read on the History of Japan I

原始时代到
源家幕府

樱雪丸 著

纵览日本史书系①

团结出版社
UNITY PRESS

图书在版编目（ＣＩＰ）数据

钟鸣奈良：原始时代到源家幕府 / 樱雪丸著. --
北京：团结出版社，2021.3
（纵览日本史书系；1）
ISBN 978-7-5126-8476-8

Ⅰ. ①钟… Ⅱ. ①樱… Ⅲ. ①日本—古代史 Ⅳ.
① K313.2

中国版本图书馆 CIP 数据核字(2020)第 229426 号

出　版：团结出版社
　　　　（北京市东城区东皇城根南街 84 号　邮编：100006）
电　话：(010) 65228880　65244790　（出版社）
　　　　(010) 65238766　85113874　65133603（发行部）
　　　　(010) 65133603（邮购）
网　址：http://www.tjpress.com
E-mail：zb65244790@vip.163.com
　　　　fx65133603@163.com（发行部邮购）
经　销：全国新华书店
印　装：三河市东方印刷有限公司

开　本：165mm×235mm　　16 开
印　张：29.75
字　数：305 千字
版　次：2021 年 3 月　第 1 版
印　次：2021 年 3 月　第 1 次印刷

书　号：978-7-5126-8476-8
定　价：89.00 元

目录
contents

第一章　天照大神与火影忍者

一、万物总是始于开车

很久很久以前，在那天地初开、万物混沌的时代，有一对兄妹生活在一起。

哥哥叫伊邪那岐，妹妹叫伊邪那美。

两个人如同伊甸园的亚当和夏娃那般天真纯洁——我是说他们都没有穿衣服。

没有恶魔的引诱，也没有树上掉下的小苹果，但终究有一天伊邪那岐仍是察觉到了新世界的大门在向自己招手，他对妹妹如此说道："你有没有发现我身上比你身上多出来一部分啊？"

"如果拿我多出来的这一部分，跟你缺少的那一部分相结合，会发生什么事呢？"

人类上下一万年的历史长河中，几乎大多数文明的起源，都伴随着这样带有生殖崇拜的神话，虽然用现在流行的话来讲，这叫开车。

再说两人结合之后，生下了八个岛屿，便是现在的日本列岛。

之后，他们又生下了列岛诸神，便是日本神道教中八百万神灵的最初由来。

女版天照大神

　　总之一句话，日本的文明就这么诞生了。

　　当然，这是神话。

　　如果从科学的角度来讲，大约在距今五百万年前，亚洲大陆东部的外围形成了一圈不规则的弧状地形，于是在四百多万年后，也就是距今一万多年前，这圈弧地完成了和亚洲大陆的脱离，形成了数个独立分布于海面上的岛屿，这便是日本列岛了。

　　而日本岛上人类的出现则要更早些，根据考古发现，距今八九万年前，岩手县内就已经有人在过日子了。

　　虽然说是"人"，但如果仔细分类的话，岩手县的那群是属于直立人，跟北京猿人算是一类。

而学术界公认的常识就是，现如今包括你我在内的所有人类，都属于智人。

至于直立人，已然不存在了。

确切地讲，是在漫漫历史长河中，被智人给人为地优胜劣汰了，说白了就是被消灭了。

全世界都是如此，日本也不例外。

根据现有的考古成果证实，第一批出现在日本本土的智人是在三万多年前，自中国大陆，经台湾省，过冲绳岛，最终登陆在了九州岛。

这是一个没什么人反对的结论，唯独值得细究的是，中国那么大，这批智人，究竟来自哪一块地方？

是云南。

二、日本文明的起源，始于鸣人当上了火影

2018 年的时候，日本完结了一部连载了将近二十年的漫画，叫《火影忍者》。

说的是一个叫漩涡鸣人的忍者，从十二岁努力到了十八岁，终于登上了忍者世界里咖位最高的火影之位。

从 1999 年开始连载，历经二十年的市场考验和数千万乃至上亿读者的口碑肯定，足以让《火影忍者》成为日本的国民级漫画作品。

然后撇开销量啊，热度啊，作者年收入啊，这种比较浮于表面的东西来看，单论深度或者说文化底蕴，《火影忍者》也不能算是没有。

这部漫画中，充斥着无数日本神话时代的史前物语。

作品中最强的两大家族——千手和宇智波，其中宇智波的终

极大招叫伊邪那岐和伊邪那美，正是取自于日本史上开天辟地的两兄妹。

然后孕育出这两大家族的，同时也是漫画中的终极大反派，叫大筒木辉夜。

这个人的原型是《竹取物语》中的女主角辉夜姬。

《竹取物语》说的是有个老农劈开竹子挖出来一姑娘，长得美色绝伦，因此成年之后立刻遭到了包括天皇在内的各路高富帅的追求，但这些人因为没有一个能够完成辉夜姬提出的种种难题，所以纷纷落选，最终，她告别了父母，回到了自己的家乡——月亮。

在《火影忍者》中，大筒木辉夜最后也被封印在了月亮上。

《竹取物语》创作于日本的平安时代，也就是公元 8 世纪之后的事了，看似跟神话时代史前文明没有半毛钱的关系，但实际上并非如此。

话说在中国也有一个故事，叫《斑竹姑娘》。故事的情节跟《竹取物语》基本一模一样，说的也是一个老农劈开竹子找到了一姑娘，然后也是高富帅来求婚，也碰到了各种难题考验——就连考验的内容，两个故事都如出一辙，除去一些细节。

这是一个乍看之下没有任何问题的事情，毕竟中日两国的文学作品里有雷同之处这早就不新鲜了，但问题在于《斑竹姑娘》是一部藏族民间故事，在当年的川藏云贵一带流传甚广。

再说得直白一点，《斑竹姑娘》并不曾在中原大地上有过太成规模的传播，而是直接从云贵川传到了日本。

这是一个看起来非常离奇的事情，但背后的故事其实更加不可思议。

我们都知道，日本列岛之上，文明出现的时间远比文字更早，这就导致了信史时代之前的很多事都是没有被记载的。

如果想要知道当时发生过什么，或者当时人们是怎么过日子的等等，那么都得从上古民俗入手进行研究。

　　结果民俗学家研究了半天，发现上古时代日本的民俗，跟云南一带极为相似。比如日语训读的发音，很有可能源于上古时代的云贵川。还比如神道教的某些教义，其实也是从那一带的原始宗教而来。再比如神社跟前的鸟居，便大概率源于哈尼族的一些上古宗教建筑。

　　等等，等等。

　　云贵川的后裔们在日本岛上混了两万多年，在距今三四千年的时候，又来了一批人。

竹取公主

他们带来了更先进的技术，他们更带来了更重要的长期饭票——稻种。从此，日本人开始以米饭为主食。而这批人，来自中国的长江下游，也就是吴越之地。最终，江浙沪文明取代了云贵川文明，在日本延续至今。

这也就是为什么中国二十四史在提起日本文明起源的时候，都要说上一句：断发文，自谓太伯之后。

所以结论就是，辉夜姬本质上，是比伊邪那岐跟伊邪那美更古老的存在。

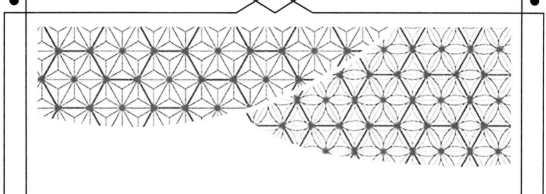

第二章　倭奴国大夫拜会
大汉天子

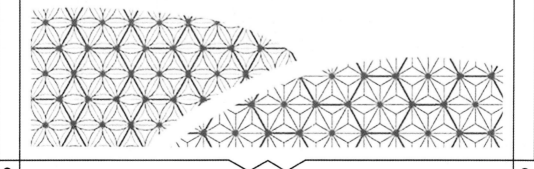

如果从信史这个角度来看的话，日本这个国家的历史起点，在差不多两千年前的公元 57 年。

那一年，东汉的首都洛阳城内，来了一群看上去很不好惹的小矮人。

之所以觉得他们不好惹，是因为他们每个人身上都文着大小各异的刺青，而且刺青面积越大的，看上去气场越强。

不过人倒是挺客气，在被带到当时的汉光武帝刘秀跟前时，小矮人群中刺青面积最大、花样最复杂的老哥当场跪倒在地，口中称道："倭、奴国大夫，前来拜见大汉皇帝。"

倭奴国，全称倭之奴国。

倭，便是当年中国对日本的称呼，同时也是日本的自称。但实际上，东汉的"倭"，仅限于九州岛的大部分。

奴，位于今天九州岛北部，虽说叫"国"，但实际上就是一村落，人口不过寥寥数千，同等级别的行政单位在当时的倭国至少有上百个。从秦汉甚至更早时候起，就开始相互攻伐，战火延绵几百年而不绝。每个部落都想一统江山，成为倭国之王。

然而由于当时日本尚处于新石器时代，无论是生产力还是军事力都处于一个极为低下原始的状态，再加上人口稀少，因此每次战争的规模以及武器，远不如今天的流氓互殴。

　　这也就是为什么打了一百年倭国都没有被统一了，再给你打一百年也是这个局面。

　　在漫长的互殴岁月中，一些有识之士非常明白地认识到，光凭自己现在手里的那些个烂砖破瓦，是肯定不足以在一百多个势力中脱颖而出的，要想成为最大的胜者，唯一的手段就是开个外挂——找一个强有力的盟友抱大腿，让他带我发达带我飞。

　　这当然说的是一海之隔的中华大陆。

　　所以从西汉时起，就不断地有日本人坐船过海，带着各种礼物前来给中国方面上贡，想和汉王朝建交，只不过因为各种缘故——主要是航海技术太次，使得很少有日本人能够真正地踏上中国国土，绝大多数的使者都是在乐浪郡拜会中国的官员，进奉他们的贡品，再拜领大汉的回礼。

一、乐浪的那些事儿

　　乐浪郡，位于今天朝鲜境内。当时的朝鲜半岛跟日本差不多，处于四分五裂的状态，虽说没日本分得那么厉害，但情况却比日本更糟糕，因为日本再怎么分，这一百多个部落好歹归日本人自己管，而那年头朝鲜半岛上三分之二以上的土地都在汉王朝的掌控之下。像这乐浪就是汉朝的一个郡，设立于西汉元封三年（前108）汉武帝的时候，算是大汉帝国固有领土。在那一年被设立的总共有四个郡，全都在朝鲜半岛上，除乐浪之外，剩下的三个分别叫作临屯郡（韩国江原道）、真番郡（韩国首尔附近）和玄菟郡（朝鲜咸镜南北道及中国吉辽两省一带），而在乐浪郡北面、玄菟郡境内，还存在着一支赫赫有名的独立割据——高句丽。

　　话说在西汉建昭二年（前37），一个叫朱蒙的濊貊族（朝鲜族前身）人在今天的辽宁省东部占山为王，建立了政权，由于他占的这地方在那会儿归玄菟郡下设的高句丽县管，所以后来包括朱蒙本人在内的各类人等都把这个政权称为高句丽国。

也就是说，高句丽的发源地是在中国境内。

这个国家从建立伊始，就不曾过过一天的安生日子。汉朝方面自然要剿他，不然以后来一个人就敢在大汉国土内自立为王，那还了得！同时北方的少数民族部落也不怎么待见他，毕竟地方就这么大，你来了等于是在抢人土地，夺人饭碗，实在是留不得，故而在很长的一段时间里，朱蒙的高句丽国都过着一种且战且走的生活。西汉元始三年（3），朱蒙之子琉璃明王在原来的地方实在是待不下去了，不得已将王城迁至国内城（吉林省境内），同时遣使汉朝，表示自己其实就是个苦人儿，难得祖坟冒烟有了点基业，希望你们就别再扼杀了，我高句丽愿意称臣纳贡，效忠大汉。

此时的西汉王朝已经进入了末期，国力大不如从前，即便是想管各种边疆的乱臣贼子却也是心有余而力不足，所以便认可了高句丽的王权，而琉璃明王似乎也认识到了这点，所以在立稳脚跟后不久便趁着这个当儿开始了扩张之路，很快便把国土扩大了数倍，吞并了东北好几个部落，一直把国界线从吉林画到了辽宁。

始建国元年（9），王莽篡汉，建立新朝，高句丽见风使舵，转而向新称臣。

不过王莽这个奇葩在外交上有个相当不好的习惯，那就是哥们儿特喜欢搞一些文字游戏来占对方的口头便宜，比如他曾把匈奴改成降奴，又把单于改作服于，这种既没营养还脑残的行为惹毛了匈奴人，他们直接宣布造反，从此和隔壁老王不共戴天。

但王莽却并不引以为戒，反而还玩上了瘾，继匈奴之后，他又把目光转向了高句丽，先是给人家起了个新名字，叫下句丽，接着又把对方降格，原本是王，现在只给封侯，叫下句丽侯。

这当然就引起了高句丽那边的极度不满，他们和匈奴一样，也表示脱离新朝，自己单干。

到了刘秀灭王莽建东汉的那会儿，北方局势已经是一塌糊涂，高句丽不断出兵侵攻辽东、乐浪等地，占了大片的地盘却还意犹未尽，仍然想着继续扩张。

于是在建武四年（28），忍无可忍的辽东太守率军大举反攻，在动了真格的中国人面前，高句丽很快就失去了抵抗能力，首领大武神王只好学他祖宗，再度放弃王城，退到了丸都山城（吉林境内），死守了三个月，熬到了汉军没粮，这才侥幸逃过了灭顶之灾。

之后，双方又和和打打了好几十年，最终在建武二十年（44），双方罢兵议和，刘秀封时任高句丽首领，大武神王之弟，闵中王解邑朱为高句丽国王，同时还把清川江（朝鲜境内）以北的土地封给了高句丽。打这时候起，这国家才算是真正地和朝鲜半岛扯上了边儿。

二、村长不仅是干部，还能封王

再说回日本。

日本人来乐浪的频率一般是三五年一次，虽然过来上贡的不见得都是同一个部落，但中国人也分不清你谁是谁，只知道倭人今年又来了，大家一起去码头迎客便是。

由此我们可以得出两点结论：首先，当年中国和日本是互相知道对方存在的；其次，在这个时间段，日本文明的原点，是在九州北部。

回到洛阳殿上，刘秀接待了从倭奴国来的那一行人，收下了他们的贡品——小鱼干和大米，同时下令设宴款待。

宴会上，皇帝一边夹菜一边问：贵国今年收成如何？你们首领身体可好？

奴国大夫则一边抓菜一边回答：我国今年收成很好，我国大王身体也好，只不过渡海毕竟有风险，国内又在打仗，因此不能亲自前来拜会，只派出我这个大夫，还请陛下见谅。

当时倭国已经有了一套不怎么完善但却高度仿照中国的政治体制：最大的称王，文武百官一律叫大夫，而文明程度则依然非常低，吃饭有容器但却没餐具，无论国王还是农民，全用手。

席间，刘秀特有仁君范儿地表示，几位大老远地来一趟真是辛苦，正所谓千里送鱼干，礼轻情意重，我大汉一定也会准备一份馈赠，权当是礼尚往来。

这话不说没事，刚一说完，脸上刺青最大的那个大夫吧唧一下把手里的菜给甩回碗里，手上的油都没来得及抹干净就跑到刘秀跟前"扑通"一声跪了下来。

刘秀被吓了一跳，筷子夹着的菜也险些吧唧一下掉碗里，老皇帝当时身体也不怎么好——看过汉史的都应该知道，公元57年是汉光武帝生命中的最后一年，正月过完，再过俩月，也就是当年三月底，他就驾崩了。

一惊一乍后，光武帝问奴国大夫，你吃一口菜磕一个头是几个意思？

大夫说没别的意思，我有事相求。

又问，什么事？

大夫清了清嗓子，理了理头发："我奴国想和高句丽一样，向大汉称臣，做大汉领下的一藩。"

自古以来，虽然中国素有天朝大国之称，号曰万邦来贺。但其实给天朝做小弟绝不是传说中那么哈皮的事儿，主要得看人品，碰上明君，送他一条小鱼干能回赠给你一个鱼塘；碰上人渣，你多瞅他一眼他就直接发兵打过来杀全家了。

日本人人品不错，碰到了被毛主席誉为中国两千年帝制时代"最有学问，最会用人，最会打仗"的光武帝刘秀。

他同意了。

刘秀当场拍板答应了奴国大夫的要求，表示可以让奴国成为大汉藩属，至于具体细节，先等吃完饭再议吧。

数日后，光武帝在皇宫大殿代表大汉正式宣布允诺倭奴国人的请求，同意倭奴国成为大汉藩属，并且给奴国首领封了个王。

应该讲这已经是一种给足了面子甚至是往死了给面子的行为了，要知道数千年来作为中国头号小弟存活于世的大朝鲜帝国，这时候也不过勉强算是个王——姑且就把高句丽当成是他们的吧，并且这王者之路走得相当艰难，又是流血打仗又是被降格成侯，还叫了好长一段时间下句丽，而日本人远道而来初次见面，数年才能前来朝贡一次，且吃喝穿用都极为落后，却也被封了王，而且，这被封王的，还不是整个日本，只是占据了全日本百分之一二的奴国，说穿了，此事的本质其实就是光武帝刘秀封了日本的某一个原始部落首领为王。

听起来有点不可思议，可这却是事实，如果真要给个说法道个子丑寅卯的话，那我想或许只能认为是由于刘秀的天性温和、善良大方，以及那群来自大洋彼岸的使者其本身的举止得体，给人留下了深刻的好印象吧。

这是有正史记载的中日两国的第一次正式接触，也是至今为止关于日本最早的历史记录。

除了封王之外，刘秀还御赐倭奴国王金印一枚，上书五个大字：汉委奴国王。

三、倭奴其实是一个很萌的称呼

天明四年（1784）二月二十三日，筑前国（今福冈县）志贺岛香椎的一个叫甚兵卫的老农在耕田的时候，挖出了这枚金印。该印的长宽高大致都在2.3公分（汉制1寸）左右，基本是个正方体，重约109克。

虽然日本学界曾一度认为这玩意儿说是金印但实则不过是铜七分银三分的混合物罢了，但从平成六年（1994）的激光鉴定结论来看，其黄金含量达到了94.5%，属名副其实的"金印"。由此可见，大汉朝廷是怀着十足的诚意认下这个小弟的。

而金印刻的字也和史料记载完全无差，确实是"汉委奴国王"。

五个字的意思是大汉之下倭地奴国国王，这"委"等于"倭"，是一种常见的减去偏旁的表现手法。

这其实也是日本第一次有了自己的正式名字——倭。

为什么会是它？

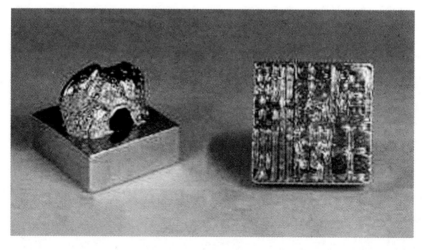

汉委奴王金印

　　这个字看起来实在是有点像骂人，事实上现如今也确实有不少人在拿它当骂人的词儿来用，而且古往今来中日两国无论是搞文字的还是玩历史的，认为其为贱称的都大有人在。

　　但实际上它并不是，至少在最初的时候不是。

　　倭，尽管被后世认为是有蔑称对方为小矮人的意思，但其实在博大精深的汉语中，它也经常被用作人名或是其他形容词，尤其是早期时候，比如春秋时代鲁国的鲁宣公，他的名字就叫倭，还有一个叫倭妥的词语，用来形容事物的美好，像《牡丹亭》中就有娉婷倭妥这词儿。

　　总之，这字儿吧，纵算不是美称，但至少也不能说是骂人的话。

　　事实上古代中国搞外交的时候，除了像王莽这种极个别的人，一般不会在取名道姓方面跟人家过不去——因为这根本就不是大国所为。只要国名不自带侮辱字眼，那基本都是对方国书上怎么自称我们就怎么跟着叫，碰上那些没文字写不来国书的，也不会坑人家，而是根据发音，用尽可能美丽雅致的字眼，将该国国名记录在案。

　　也就是说，倭这个名字，应该是由日本人自己提出来的。

　　那么这个字，或者说这个发音，到底有何深意？

　　并没有。

　　别说是刘秀了，就算在西汉，日本人跑乐浪来送贡品，又有哪个说的不是"这三百条小鱼干乃是我国今年献给大汉的礼物"之类的话呢？

　　如果今天我和你就我本人为话题聊天，那我说得最多的一个字多半就是"我"。

　　那么，在当年的日本，"我国"二字中的"我"怎么说？

　　"我"，在古日语中，读わ（wa 挖），后来的各种第一人称代词大多都是从这个单音字节上给衍生而来的，比如相当著名

的我辈，读作わがはい（wagahai 哇嘎哈依）；我们，读作われ
われ（wareware 挖列挖列）；等等。

说白了，这个"倭"，其实就是"我"的意思。

只是那年头日本人没有文字，中国也没有精通日语的人才，
所以从秦汉的时候开始，但凡和日本有所接触的人，都会以为他
们国家的名字就叫"我"国，于是便非常顺手地跟着读音，将其
翻译成了"倭国"，然后再一代一代地把这个名字往下传。

也就是说其实日本从一开始根本就没有正经国名，当然也不
在乎，反而是中国人倒很认真地觉得名不正则言不顺，万物总该
有个大号，特别费心思地给琢磨出了个名儿来。就这样误打误撞
的，日本有了第一个国号。

至于那个奴，那就是部落名，单纯的是一个发音，没有什么
太大的意义，而汉朝之所以要用"奴"字来对应这个发音，其实
也是出于一番好意。

奴，在那时候的中国，虽然的确有奴才奴隶的意思，但常常
也作昵称，用于人的小名，比如南北朝时代齐废帝刘子业，小名
就叫阿奴；在淝水之战中大出风头的谢安，也叫阿奴；此外还有
古代中国帅哥的总代表潘安，叫檀奴；人称战神的冉闵，叫棘奴；
书法大家王献之，叫官奴。

总之在汉朝看来，这次前来拜访的这个日本奴部落是非常可
爱的，至少在倭国数百个部落里，算是顶顶可爱的一个，于是，
便根据其读音昵称他们为"奴"。

如果放到今天，那基本就等同于"日本酱"这样的称呼。

平心而论，倭奴二字和后来的支那实属同一性质，都是那种
在最开始尚且中性，慢慢地却发展成了蔑称甚至带有侮辱色彩的
词汇。这事儿我们以后会再细细讨论的，这里姑且不提。

话说在顺利受封且有了自己的国名同时还拿到金印之后，倭

奴国的使者便踏上了回家的路途，然后就再也没出现过，别说是国事访问了，就连本该年年都要来一趟的上贡，他们都是从不露脸，而且相当奇怪的是，不光是倭奴这一个部落，其余的村庄的家伙们似乎跟商量好了似的也都绝了迹，反正在史书上是找不到任何一个日本部落或是日本人跑中国来朝贡或是访问的记录的。不过好在汉朝也无所谓，毕竟对方不过是个穿兽皮光着脚玩石器时代级别的邻邦，又何苦跟这种人往死里计较呢。

就这样，日本人整整没音讯了五十年，一直到永初元年（107）汉安帝的时候，他们再度来到了洛阳城。

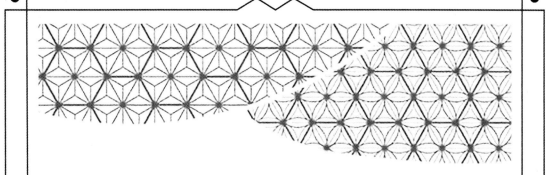

第三章　第一个有名字的
日本人是谁？

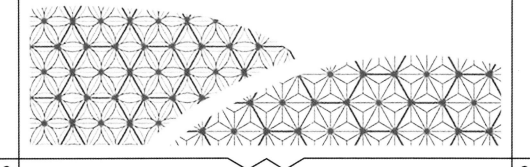

一、开挂的国运

永初元年（107），日本使节团再度光临洛阳。

跟上一次相比，这次的规模显然是要上了好几个档次，光是人数，便高达二百名左右。

不仅人多，级别也高，上一次来的还只是大夫，这一次来的，是大王。王的名字叫作帅升。这是有史以来第一个被记录在案的有确切名字的日本人。虽然他的名字相当不靠谱。

在那个时代，日本既没文字也没姓氏系统，无论是高贵的国王还是田间的普通老农，基本上都只有一个口头上的简单称呼，眼前的这个帅升也一样，仅仅是一个音译，根本无法确定其究竟姓甚名谁。

同时需要推敲一下的，还有他的身分。

根据《后汉书·东夷传》的说法，帅升的身分是"倭国王"。但在成书于唐朝的《翰苑》以及北宋的《通典》里，帅升的身分是倭面土（上）国王，和奴国一样，属一个部落的老大。

而日本方面，无论是《日本书纪篡疏》，还是《异称日本传》，或是《释日本纪》等史料，对于帅升的身分认定，都清一色是面土（上）国王。

历史是科学的一部分，虽说科学肯定绝对不是一种少数服从多数的东西，但从合理性来考虑的话，很显然我们会发现，当时帅升几乎不可能是已经君临整个倭国的国王。

洛阳的大殿里，跪在前辈也曾放过膝盖的地板上，帅升厚着脸皮地告诉汉安帝刘祜，自己是倭国的国王。

当时的刘祜只有十三岁，政务全靠著名的邓绥邓太后操持。而邓太后那会儿正在力挽自汉和帝、汉殇帝连续驾崩以来的国势危机，哪有工夫去打听海对岸一岛国有没有统一。因此帅升顺利地让大伙相信了他的身分，成功地迈出了这次外交的第一步。

接下来，他献上了自己的贡品——生口一百六十名。

此刻的日本已进入奴隶社会，除了拥有比之前更高度的文明之外，还有了更完善的社会制度和更细致的阶级分层，每一个部落里头，不光有大王、大夫这样的称谓，连普通的人民群众都有了名称，叫下户，比下户更低贱的，就是奴隶，叫生口。

生口本质上和牲口是一个概念，唯一的区别只在于他们是人类，可以随主人的心情而打杀，买卖，赠送。

生口的来历应该是各部落连年征战中所产生的战俘。不过那年头日本地少人寡，一个部落的人口撑死了也就几千，除掉老弱幼残孕之外，能提枪打仗扛锄头干活的壮劳力最多只占一半，而这些壮劳力里再去掉不能随便抓走拿去卖的下户，真正的奴隶最多只有几百号，一口气送掉一百六十人，那绝对是下了血本的。

然而，面对如此厚厚的诚意，汉朝方面却似乎并不领情，关于这次会见，《后汉书》里只有短短的一句话：倭国王帅升等献生口一百六十人，愿请见。

这着实是一件很不可思议的事情。历来外国使臣来我中华搞外交，无论哪朝哪代，即便是双方正在干戈动武，只要对方不坑爹不过分，一般是只要你上贡我就必然会回礼，所谓投桃报李有来有去。但这一回帅升来，汉朝似乎根本就没按这个路数走，送礼的送上门来，我收下就算完事儿，别说回礼，连句谢谢都没说。

为啥？

因为帅升不光光是送礼来的，他还来要东西了，他要的东西，大汉给不了，也不能给。

那么，面土国王帅升，到底想要什么？

在说明白这个问题之前，我们先来聊另外一件事儿，那就是当时的日本，处在一个怎样的状态。

一言以蔽之，叫开挂。

公元 57 年，奴国大夫来洛阳，当时的日本尚处于石器时代，打仗狩猎用的基本都是石头。

但是仅仅过去了半个世纪，尽管在史学上日本列岛仍是被划在了新石器时代，但从考古数据来看，相当多的部落已经能普遍用上铁器了。

注意，是铁器。纵观人类历史上下一万年，绝大多数国家地区的文明发展趋势都是石器时代、青铜时代，然后是铁器时代。唯独日本是个例外，虽说出土过一些铜器，但整个国家却根本没有过青铜时代，而是直接从石器时代穿越到了铁器时代。

事实上也不止铁器时代，从公元前 14000 年到公元前 400 年，叫绳文时代，在这长达一万三千多年的时间里，日本都处于一个生产力极其低下，仅依靠用石器捕猎果腹的阶段。而在绳文时代的最后数百年里，这地方突然就进化了，不仅有模有样且大规模地种起了水稻及其他各种农作物，生产工具也直接从很粗糙的石器变成了相当精致的石器，甚至有了零星的铁器。

速度之快，堪称世界仅有。

唯一的可能就是有人将更先进的文明带入日本，这显然是在说中国，当然也有可能是朝鲜，考虑到朝鲜半岛当时自己也正乱着，老百姓很有可能为了追寻太平盛世而渡海去找桃花源，因此后者去的人或许略多，但无论是中国本土还是朝鲜半岛，带到日本去的技术，都原产自中国。时至今日你还能在博物馆里头看到九州出土的汉朝炼铁器具。

被带过去的还不只是这些。当时在九州岛北部非常流行支石墓，这是从山东半岛那边给传过去的。还有干栏式房屋，日本那里叫高床，这一看就知道是中国南方的特产，早在河姆渡时期中国人就会盖这玩意儿了，传到日本大致是在 1 世纪前后。

不过，中华文明在日本遍地开花，虽说是一件好事，却也有坏处。简单来讲就是打仗时候死人变多了。

这并不难理解，原先大家用石头和木棍，两百人马八点开打三点收工，一天折腾下来也就死那么几个，其余的拍拍身上的灰直接回家吃饭。现如今不对了，有铁了，能改刀枪了，这一插子扎进去不死也得残半辈子，伤亡率大大提高。

人口对于原始部落的重要性是众所周知的，一旦生的速度跟不上死的步伐，那是要完蛋的。

很多部落也确实是完蛋了——原先数百家势力割据了几百年的倭国，短短几十年里被兼并得只剩下了四五十家。

活下来的那些人为了应对这种史无前例的危机，再度想到了抱大腿。这也就是帅升冒着生命危险，以一国之君的尊贵身分坐着小破船跑到洛阳来拜码头的原因了。

二、兄弟你要得太多了

帅升想要的第一样东西，是金印，倭国王金印。

就是希望大汉朝廷刻个章给他，承认他是大汉藩属的全倭之王，而不仅仅只是一个面土国的首领。

这个要求不过分，再加上刚才也说了，当时汉朝上下根本就没人知道倭国是否被统一，帅升既自称已是倭王外加又送了厚礼而来，封他一个王并不是太难的事情。

关键是第二样东西：人。

早在说汉委奴王的时候我们就已经讲过，光是一个金印，对当时日本的任何一个部落，都是没啥用的。要有"实质性的收获"。

对于公元 2 世纪的日本来讲，最实在的东西就是两样：技术和人口。

从携带方便省时省力的角度来考虑，帅升将其合并为一样：技术人口。他向刘祜提出，想以一百六十个生口，换取一百个会冶金农耕技术的汉朝人。当然，鉴于洛阳以及首都圈户口的金贵，因此帅升倒也不敢奢望给他一百个河南人，而是很体谅地提出，听说贵汉东夷吴越之地尚未开化，从那里找一百个人出来，让我带回去就行。

邓太后代表汉安帝以一种罕见的严厉态度拒绝了帅升，既不要那批生口，又没有给任何回馈——甚至连象征性的回礼都没有给。

帅升很不高兴，却也没法子，横不能在洛阳大街上公然抢人吧。于是只能灰溜溜地离开了皇城，启程开路打道回府。

帅升的外交失败，表明他的面土国想跟大汉合伙搞技术垄断是不可能的了，这也就意味着，和从前一样，所有的倭国部落在技术引进这个领域都处在了一个相对公平的领域——谁都能想办法引进技术，因此和从前一样，中华文明照样在倭国遍地开花，大家的文明程度又进展了一大步。

随着冶金技术的进步，打仗死的人就更多了，但相对的，随着农耕技术的发展，能养活的人也多了，于是，战争的规模变得越来越大，从原先的小学生互殴变成了正儿八经的打仗。

不过在打了几场之后大家发现事情有点不对——说到底，当时没有一个部落拥有足以摆平其他所有人一统倭国的实力，既然谁都没那能耐，又何苦以命相搏？

就这样，各部落很有默契地罢了兵，各自积蓄力量闷声发财，过起了太平日子。

只是这太平并不长久。

如果翻一翻全球气象史，我们不难发现，公元2世纪，正值全球寒冷化。虽说跟第四纪冰川相比简直不值一提，但也足以造成农作物歉收，动植物冻死这样的悲惨局面。

就在帅升回国后不到十年，一场饥荒降临在了今天日本的九州岛上。

种不出粮食但又要吃饭，怎么办？抢呗。

据史书记载，自公元150年前后起，倭国各部落互相展开规模空前的攻伐，整个国家陷入了内战状态。

要说文明带来的好处还真是显而易见，不过短短数十年，原先那四五十个部落又互相杀得只剩下三十多个了。然而这并不能解决根本问题，饥馑并未因此消除，大家还是得饿肚子。

于是只能换一个办法了——逃荒。

路线大致有两条，一条是往北，一条是往西——往北走朝鲜，往西去四国以及本州。比如《新罗本纪》就有记载，公元193年的时候，有一千多个倭国人渡海登陆，求半岛人收留自己给一口饭吃。

一千多人，这事儿基本就可以定性为一个部落集体连夜出逃了。

不过因为当时造船技术的极端不发达，所以能够跨对马海峡逃荒的终究是少数，更多的，还是往西走——从九州岛西北渡过最窄处不过 700 米的下关海峡到达今天的广岛一带，要么就此定居，要么再一路向西到阪神那一块；或者走濑户内海到四国，不过由于当时四国比九州更不发达，饥荒更严重，因此还得再往西，目标仍是阪神近畿地区。

在很多小说家以及历史学家的嘴里，人类史上的很多次逃荒往往会被冠以一个很高上大的名字，叫作民族迁徙。其实仔细想想道理没错，毕竟在那个要啥没啥的年代里，如果不是一整个部落一整个部落这么抱团取暖地往外跑，光是单枪匹马或者一家三口地玩逃荒，不死在半道儿上才有鬼。

因为是集体跑路，所以当地的文明基本也被完好地带到了新家，像竖穴式住居、冶金技术、农耕技术等等这些日本上古文明的典型代表，基本都是在 2 世纪后期由九州传至本州的。

然而需要注意的一点就是，"混不下去"并不等于"混得差"，其实在逃荒的部落里，不乏具有高度文明和发达技术的主儿，有的甚至还能自己造船漂洋过海地和中国打交道。

比如在奈良天理市的东大寺山古坟里头，就挖出来过一把锻造于汉灵帝中平年间的环首铁刀。这把刀虽说原产地如假包换的是中国大陆，但很明显被改造过，刀的环首被替换了，换上的那个，则带有很明显的日本技术。

这种改造也恰恰印证了我们的说法——天理市当年乃是豪族和珥氏的盘踞之地，和珥氏据传是公元 2 世纪自日本海边迁徙到本州，自带打铁技能的部落。

短短几十年里，倭国大地是死的死逃的逃，而还剩下的那几十个部落，居然被统一了。大家伙组成了一个联盟，推举出了一个部落当盟主，这个部落叫邪马台。

"邪马台"这三个字在日本历史上那绝对是个里程碑式的存在，不光是因为"邪马台"的发音近似"大和"，由此被认为大

倭国位置

和民族的"大和"两字语源于此，更重要的是，邪马台乃是被历史承认的第一个能够代表全日本的政权。

邪马台的地理位置向来众说纷纭，一般认为位于今天的九州岛北部，但也有观点认为或许已经衍生到了本州岛的近畿一带，但终究不过只是"或许"，至于具体的位置，至今仍然无法确定。

个人认为，邪马台的地理位置是在今天的九州北部。

事实上日本文明的起源也是在九州北部，之后再慢慢转移到了近畿的阪神奈京。最好的证据有三个，一个是古坟，一个是稻田，还有一个是环壕集落。

古坟我们放到后面讲，这里先说稻田和集落。

众所周知日本最初的农耕文明是种大米，而种大米的技术则是大约三四千年前从中国长江下游区域给传过去的，最早的登陆地点是在福冈的博多，也就是今天的板付遗迹，至今没有发现比这里更早的稻田种植遗迹；而同样遗迹还有佐贺县的菜田遗迹和福冈县的江辻遗迹。无论是福冈还是佐贺，从地理上看都位于九州岛的北部。

再说环壕集落。所谓环壕集落，通俗来讲就是原始村落，这种村落的构造特点是外面有一圈壕沟，防火防盗防邻居，中间住人并且配有稻田。壕沟集落是和大米一起从长江流域传到日本的，流行于绳文时代和弥生时代。早期集中在福冈、佐贺一带，有名的遗迹有江辻遗迹和那珂遗迹（福冈县内）；到了中期，则扩散到了四国、冈山、大阪以及兵库那一圈，而在后期则是全日本处处有环壕，就连位于关东的神奈川都发现了遗迹。

这些证据除了表明日本文明的发展路线之外，还说明了另一件事，那就是日本文明的最初阶段是一个依附阶段，它是一种依附于中国长江下游流域文明的半独立文明，如果没有母体的存在，则很难想象日本列岛的原始时代会是怎样的一番光景。

和倭国其他所有部落一样，邪马台最大的那个也叫王，唯一不同的是，他们那儿是女王，叫卑弥呼。

第四章　女王卑弥呼

一、巫婆比女王更具战斗力

卑弥呼在日本史的地位绝不亚于中国历史的秦始皇。

虽然现如今提到这位大姐，我们都会称一声女王，但实际上，她并不是。当时的邪马台是有国王的，是一位男性——一位跟卑弥呼非亲非故，更不是夫妻关系的男性。但大哥没什么存在感，同时由于在战乱的世道中无法掌控部落的前途，于是便很乖巧地事事都唯卑弥呼马首是瞻。这也就是为什么有很多文献都认为，邪马台的国王甚至还将王位禅让给了卑弥呼。

无论是真是假，我们都可以得出两点结论：首先，卑弥呼其实就是邪马台实质上的女王，其次，这位女王大人想必是有过人之处，不然任谁也不会平白无故地把王位传给一个邻家大婶吧。

她的过人之处就是：法术高强。

此人在做女王之前是个巫女——老百姓俗称叫巫婆。当时的日本因为文明极度落后的缘故，以至于人人都是文盲，人民群众对于自己所处的世界完全不能有一个科学的认知，一有个风吹草动，比如刮大风下大雨，地震了闪电了火山爆发了，甚至是老母鸡不下蛋了，都会觉得这是老天爷震怒鬼神作祟，所以有必要和神灵们说点什么，让他们不要老是针对自己，行行好换个对象吧。

当然，普通人类肯定是无法也无资格直接和神沟通的，于是巫师这个职业便应运而生了。

而欧巴桑卑弥呼的过人之处还远不止与神对话，她还有着一种与生俱来的能够预测各类事态发展并且可以看到常人所看不到的东西的本事，简单说来就是超能力。

比方说她能够预测到明年的大致气候，在哪块土地上播种能够有最大的收获，以及每当风雨雷电等自然灾害来了之前在第一时间和万物神灵进行交流获得情报，以便确保把因天灾而造成的

卑弥呼

损失降到最低。同时，在一些人类社会细枝末节的方面，卑弥呼大婶也是如有明镜藏心中一般，邪马台境内数万口人每家每户每天发生的各种事情，大到老母亲被杀小到老黄狗怀孕，她都一清二楚了如指掌。

更难能可贵的是，卑弥呼一心为部落，灭私奉公，年逾不惑却毫无婚嫁之心。

卑弥呼成为邪马台国王大致是在东汉光和年间（178—184），她凭着自身高强的法术神通以及出色的能力，让部落一下子就强大了起来，先是吞并了周围的几个弱小的村子，随后一些其他的比较强大的势力也纷纷派遣使者，表示愿意服从女王，这其中就包括了在最开始便已经出过场的奴国，于是一个部落联盟就这么形成了。

眼看着革命队伍越来越大，邪马台联盟范围越来越广，马上就要一统倭国天下了，然而不曾想，意外出现了。

平地一声惊雷，冒出来一挡横儿的主儿，叫狗奴。

狗奴国，位于邪马台联盟的南面，也就是九州岛的中南部。

根据江户时代以大学问家新井白石为首的一群人的说法，狗奴人是熊袭人的祖先。

熊袭是日本早期的一个少数民族，虽说现在早就融入了大和民族之中，但在当年，这却是个集可怕、恐怕、危险、强大等各种类似形容词于一身的名词。

而在狗奴国的最南端萨摩地区，也就是今天的鹿儿岛县，后来又分裂并产生出了一个比熊袭更为彪悍的战斗民族，叫隼人。

不光有着强大的血统，同时狗奴国还有着相当先进的制造技术，这主要体现在他们的兵工制造上，尤其是弓箭，穿透力要比一般部落造出来的强上五六倍，这使得他们在历次部落斗争中都能居于常胜不败的地位。

缘此故，狗奴的国王觉得自己的刀枪剑戟完全能够胜过邪马台的急急如律令，根本就没必要加入对方什么狗屁联盟，不光不加入，还老想着去灭了人家，隔三岔五地就一波人打过来，就算不杀人抢点粮食也好，搞得邪马台方面非常头疼。

因为卑弥呼只是一介古日本巫婆，而非茅山道士，所以她干不来那种沾一滴狗血烧一张符，敌人便人头落地的高超法术。面对狗奴国真刀真枪的进攻，她只能造个高台爬上去，念动真言，祈求上苍一记响雷劈死狗奴国王卑弥弓乎以及领兵大将狗古智卑狗——狗奴国从部落到王公贵族，所有的名字全都是后来邪马台和曹魏搞外交时按照读音找对应的汉字取的。

不过我们也知道，念咒语要是有用那就不必造导弹了，所以在愤恨不已地对天骂完娘后，邪马台仍是只能刀枪拳脚地去抵御对手的攻击。

那肯定是打不过了。

为此，卑弥呼很苦恼。

二、小姑娘你很有想法，跟我学跳大神吧

有一天，女王大人又登高念咒，向苍天诉说着自己对狗奴的怨念，祈求上天保佑，庇护一下自己的子民健康活泼，上阵的时候刀枪不入，顺便也诅咒一下隔壁的狗奴王，最好他走路绊倒跌死，或是喝水呛着噎死。

正念叨着呢，突然卑弥呼双目睁圆，大呼一声："不好，来人！"

门口的护卫一瞬间就全都拥了进来，纷纷问发生什么了。

"有贼人！"卑弥呼喝道。

大家四下张望，并未有任何发现，于是便又问贼人在哪儿。

卑弥呼往门口一指："在那边的大树上！"

众人顺着手指看去，看到了那棵和卑弥呼屋子相距甚远的参天大树，于是一干人等立刻抄着家伙就围了过去。

经过数分钟短时间搏斗，大伙当场擒获狗奴特务两人，在随后的突击审讯中，他们承认了自己是奉狗奴王的命令，前来刺探情报，并顺便搞点破坏。

两个特务的下场是当场处死——那时候的惯例不是去死就是为奴。正当邪马台的卫兵们互相庆贺又成功阻止了一次怀着一颗亡我之心的狗奴国的侵犯时，突然身后响起了一句相当稚嫩的童声："在那边的那座山上，也有一个大叔哦。"

一个正在跟着大人们看热闹的小女孩站了出来，指着一个位于非常遥远的山头说道。

这孩子叫台与，那一年不过才四五岁。

"台与"又被记作"一与"，盖因繁体字的一（壹）和台（臺）结构相近，古时候写外国人名也没个标准，于是写着写着就通假了。

说起来这孩子跟卑弥呼还算是亲戚，不过你得明白，原始部落里头彼此关系都近乎得很，基本上谁和谁都能互相称呼对方为叔叔伯伯或是姐姐弟弟，虽说台与见了卑弥呼可能要叫一声姑奶奶，但谁又知道门口那拿棍子放哨的卫兵是不是女王的表弟？

所以大家并未把台与当成皇亲国戚，也不在意她说的话，卫兵们只当她是童言无忌。

但是小姑娘不依不饶，声音愈发洪亮地喊道："那座山上真的有一个和这两人一起来的大叔！真的有！"

声音很响，惊动了卑弥呼。她转过身子走上跟前，注视着台与的眼睛："怎么了？"

在问明白了起因经过之后，女王先是闭眼冥想了一阵，然后指了指身边的几个人："去搜吧。"

一搜，还真搜出来个狗奴人，他是负责接应的。

哥们儿的下场当然也是伸头一刀。砍完之后，卑弥呼下令召见台与全家。

这是一个相当普通的四口之家，除了父母之外，她还有一个大自己几岁的哥哥，叫禾鹿，一家人都是以耕种行猎为生的普通百姓，也就是下户。

卑弥呼上来就是咔咔一阵猛夸，先夸台与，说她是个好孩子，接着又夸禾鹿，说他将来必定前途无量，夸完，请台与全家吃了一顿饭。

这事儿还没完，在之后的数日里，卑弥呼让人把小姑娘的底细调查得清清楚楚，从反馈回来的情报看，台与和自己一样，也是个有超能力的人。比如，她预言过洪灾；又比如，她能精确地看到躲藏于森林深处的各种动物；还比如，不用说话她便能看透大人们的心思。

其实在民间，台与的知名度早就高涨得不行，鉴于她能掐会算还接地气，因此早就被人民群众冠上了"小卑弥呼大人"的称号。

于是卑弥呼又去了一趟台与家。这次提出了一个要求，说台与这孩子跟我投缘，又能通神，所以我想让她当我的侍女，你们安排一下，秋祭之后就过来吧。

台与她爹当场就蒙了。

"给女王大人做侍女"和"给卑弥呼大人做侍女"看起来差不多，其实却并非一码子事儿。前者的工作内容只是端茶送水捏腰捶腿地伺候着，而后者除了这些之外，还需要跟卑弥呼学习法术并且共同侍奉神灵。

不要以为能学法术就是赚到了，你还没明白什么叫作侍奉神灵。

与神相伴的人，从此往后将斩断和人界的一切因缘关系，包括家人——这也就是卑弥呼为何终身不嫁的原因。

如果话说到这里你还是觉得不明白，那我就再说得透彻一点：一旦台与去了卑弥呼家，那从今往后她即便是在路上看到她的亲爹亲娘，都不能再叫爸爸妈妈，因为她不再是这家人的孩子了，而是神的孩子。

这就跟后来欧洲中世纪修道院一样，父母把孩子送进去之后基本此生不太能再谋面了，孩子就此是上帝的人了。

而卑弥呼说的那个秋祭，就是每年秋收之后召开的庆祝大会，说话那会儿还是春天，算起来也就只剩几个月的光景了。

不过他仍是答应了。不管怎么说这话是从女王嘴里讲出来的，哪有小老百姓拒绝的份儿，更何况一旦跟了卑弥呼，虽然从此和自己脱离了关系，但也不是说完全就没了瓜葛，至少他们家能够沾光，能够得到各种来自于女王的特别待遇和权利。

再看台与，虽说还只是幼儿园小朋友的年龄，可在知道自己要离别父母之后，却从容平静，这让卑弥呼都暗自惊叹，认定此女绝非凡人。

所以差不多在公元 240 年左右，卑弥呼把时年四岁的台与招了过来，作为贴身侍女，养在身边。

说是侍女，其实应该是女弟子。

三、会法术没用，还得抱大腿

台与来到了卑弥呼的身边，开始了端茶送水闻鸡起舞的侍女生涯。

此时的邪马台联盟，已经快要被干烂了。

这主要得归功于强悍无比的狗奴国。

　　说真的，狗奴太强了，真的太强了，强到了一个近乎逆天的地步，那就是其余的三十几个部落连在一块儿都不是他的个儿，他是想打谁就打谁，肆意妄为，毫无忌惮。

　　为了不被并吞，避免家破人亡，日本各部不得不凑起了一条统一战线——由邪马台国牵头，三十多个部落在原本已经是联盟的基础上再度共同组成了一支邪马台联合军，大家齐心协力，抵抗狗奴。

　　然而这并没有什么用，三十个打一个还是干不过，仍是天天挨打，还是吊着打的那种。

　　卑弥呼生怕再这么长此以往地玩下去很有可能就会弄得加盟国各部人心涣散不攻自破，于是便召集群臣，开了一个作战大会，问问有什么好的对策，能够在短时间里解决狗奴国。

　　这里的解决不是消灭的意思，而是只要能让人家不来打自己以及自己的盟国便万事大吉了。

　　会上，大家都很沉默——这是当然的，真要有好办法早在多年前刚打起来那会儿就该说出来了，哪还需要等到现在这种时候。

　　卑弥呼鼓励大家知无不言言无不尽，不怕说错只怕不说。

　　于是有个大夫举了手，说要想打赢狗奴其实也不难，我们找一个比他们更能打的来做帮手不就行了？

　　卑弥呼一听这话当时脸色就不好看了，几乎想一指头隔空戳死那人，但毕竟有言在先，便只是和颜悦色地问，整个倭国三十多个部落，三十多个首领，除了狗奴王之外全在这儿坐着了，你觉得谁比狗奴更能打？

　　大夫笑了笑，说："大魏。"

　　大魏就是三国的曹魏，他的意思其实相当明确：狗奴国很强，这个毋庸置疑，但他们再强，也终究不过是只能关起门来称大王的主儿，嚣张跋扈的范围仅限于日本列岛，要真拿出去和强大的曹魏相比，那根本就不是人家的对手。所以现如今邪马台只要效仿当年的奴国，跑到曹魏那里献上一点礼物，磕几个响头，请求做人家的小弟，让人家罩着，只要事成，便等于有了一层坚韧的保障，那狗奴国也自然会因为考虑到邪马台背后的大魏而不敢轻易来犯了。退一步讲，如果狗奴真的不识好歹硬要再打，那也无妨，即便大魏那里不直接出兵相救，却也一定能给邪马台提供各种先进的武器装备，到了那个时候，谁胜谁负便又有一论了。

卑弥呼想了想，回答说此事干系重大，先要等我问过神灵之后再做决定。

问神灵就是占卜，把乌龟壳或是动物的骨头拿来烧一烧，根据烧裂开的纹路判断是凶是吉。

噼里啪啦一阵火烤乱响之后，卑弥呼向群臣宣布了结果：大吉。

同时计划也随之出炉：秋祭之后，派遣重臣为使者，出访大魏。

把各类大事都放在秋祭之后，这是当时的惯例，因为那会儿生产力低下，劳动力尤为可贵，不可能在农忙的时候撇下地里的庄稼给你干这个干那个，只有等到秋收了，农闲了，才会有工夫做点别的。

公元 239 年，经过多方精心打点，邪马台使节团终于全员准备就绪，踏上了旅途。

全团总人数约为三十，带队的是邪马台二把手难升米，还有一个副团长，叫都市牛利，也是豪族高官出身，一行人于当年 6 月抵达洛阳，见到了魏明帝曹叡，然后献上了由卑弥呼亲手挑选的贡品——斑布两匹、生口十人。所谓斑布，就是杂染的木棉布。如果你觉得这贡品很寒酸拿来上贡很大不敬的话，那就错了。东汉时候中国是没有普及棉花的，因此也没有棉布以及木棉布。这也就是说，其实在这个时候，日本就已经能做出中国所不能产的东西了。

曹叡，曹丕之子。遥想当年，哥们儿跟他爹行猎野外，发现了一对母子鹿，曹丕先射死了母鹿，接着要求儿子射小鹿，但曹叡死活不干，还哭着说道，父皇你把人当妈的给射死了就已经够可悲的了，现在还要我杀那孩子，实在是太过残忍，我下不了手。

结果曹丕为儿子的善心所感动，并最终因此而促成了他立曹叡为太子的决定。

不管怎么讲，曹叡都是个好人，尤其是他有一个叫曹孟德的爷爷，两相一对比就愈发显得善良了。曹叡笑纳了贡品的同时，按照惯例予以了回赠。

在这方面，曹叡充分展现了一位大国领袖所应有的气度和风范，他回赠邪马台国的礼物如下：织有飞龙的锦缎五匹，珍贵动物的皮毛十张（可能是老虎），白绢五十匹，绀地句文锦缎三匹，黄金八两，铜镜一百枚，五尺长刀二口，珍珠、铅丹各五十斤。

凭良心讲一句，以上的回赠物品里，任拿出一件来，估计比邪马台的全部贡品都要值钱，包括那十个活口。

可这些却还不算完。

赏完了金银财宝之后便是封官，为了表彰难升米和都市牛利两位团长不远万里冒着船沉入海的危险来到洛阳，曹叡特地封前者为率善中郎将，并赐黄旗一面，而后者则被任命为率善校尉。

在赏完封完之后，曹叡拿出了他最后也是最大的礼物——金印一枚，上刻四个汉字：亲魏倭王。

这就意味着中国已经承认了邪马台国王卑弥呼乃是倭国唯一的合法统治者。

对此，难升米等人千恩万谢，在磕了无数个响头之后，他们启程返航，回国汇报。

四、邪马台

就在难升米外交团取得丰硕成果回家后的当年，又一个好消息传了过来：大魏要派人来回访了！

公元 240 年，大魏使臣的船靠岸了。

这是中国人第一次以国家外交的名义踏上日本的国土。

因为魏国的文化技术比较发达，所以在使节团队伍中存在着一些相关的技术人员，能够把一路上的各种数据记录在案，从而使得今天的我们得以大致知晓由带方至邪马台需要走几里地以及关于邪马台国情的一点相关数字。

这帮人的行走路线是这样的：先走陆路到带方郡，随后上了船，往南航行了七千里，然后抵达狗邪韩国。

带方郡位于今天的朝鲜境内，确切说来是在平壤以南，本是乐浪郡的一部分，于建安九年（204）分出。

从韩国继续开船，走一千多里，到达了一个叫对海国的地方，在那里，使者受到了统治当地的部落首领卑狗和卑奴母离的热烈欢迎。

对海国就是今天的对马岛，当时那里算是邪马台王国下属的一个分支部落，据卑狗的介绍，此地方圆大约四百多里，住居民有一千多户。岛上山势险峻，林中野兽出没，几乎没有什么良田，住在那里的人基本上依靠食用海产过活，仍然过着原始时代的日子。

从上面这段话里你看出什么没？

不错，所谓居民一千多户，是假的。

原始时代哪有可能给你科学地统计人口，更何况至今日人口不过三万出头的对马，怎么可能在两千年前的原始时代靠着打猎捞鱼就已经有了一千多户居民？无非就是天朝使者没话找话，问一句您这儿人口几何？然后倭国国王顺手敷衍张嘴就来：一千家。

当真你就输了。

魏国的使节团在对海国逗留了一晚，在吃饭的时候，几个倭人将刚刚从海里捞上来的上等蚌贝放在这些人的面前，并示意他们趁着新鲜尽快享用。

没错，这贝是刚捞上来，连洗都不曾洗过便直接端上来的新鲜之物。所以魏国人有点傻眼，不知道该怎么下口。

倭人则以为对方是初到乍来没吃过这口，于是连忙很好心地教他们说，先用小刀把壳撬开，然后吃里面的肉就行了，同时还特意强调了一点：壳千万别吃。一边说，一边当场演示了一遍，果真是撬开了贝壳之后将里面的贝肉给生吞了下去。

自燧人氏造火以来，吃了几千年熟食的中华人哪里见过这等场面，一个个险些把昨天在船上吃的晚饭都给吐出来，只能赶忙推脱身体不适，食欲不佳，就暂时免了这顿盛宴吧。

倭人倒也聪明，一看这样子就知道魏国使臣吃不了生食，于是便赶忙点起来火，将鱼贝等物在火上烤熟了再奉上。

第二天一早，使者告别了对海国的诸君，踏上了继续前行的道路。

往南航行一千里，到了一支国，就是如今的壹岐岛，四方三百余里，多草多木多森林，但仍然是没什么好田地。

出了一支国，还是往南开船走，仍旧是一千里，到了末庐国。

末庐国就是今天佐贺县的唐津市，换句话讲，这帮人终于是到了九州岛，离目标不远了。

再往东南走六百里，便是我们最初的主角——奴国，那里有住民两万户，算是比较大的部落了。奴国往南叫投马国，有住民五万户——两国人口都是国王或大夫红口白牙自称的，实际上并没有那么多。

投马国再往南，就到了本次出访的目的地——邪马台。

邪马台当时有民七万余户——重要的事情说三遍，真没那么多人。

女王卑弥呼以最高规格接待了天朝使者，并且特允他们在全倭境内都可以随便走随便看。

也正因为此，才使得当时连文字都没有的日本得以为后世留下那么些许资料，也总算才能让后人稍微了解一些关于倭国，特别是邪马台的风土人情。

从总体上来看，邪马台虽然比较原始落后，但基本上还算是一个已经有了一套比较完备的道德体制和法律秩序的社会。

至于具体的说法，那就让我们跟着魏国的使者们，一起来看一看这个近在咫尺却又神秘无比的国度吧。

在中国话里，一个地方的情报通常会被称为风土人情，往往风土在人情之前，所以魏国的使者们首先是在邪马台的山川森林以及平原上到处参观勘察。结果他们发现，这是一个物资相当匮乏的国家，无论在何处，都看不到大型野兽，比如老虎和豹子的踪迹。同时，老百姓似乎也不知道饲养牛马羊等家畜，别说饲养了，就连见都不曾见过。

而且虽说是已经进入了铁器时代，但因为铁矿资源不够多以及冶炼技术尚不发达的缘故，从而使得大多数的邪马台士兵依然用着木枪、木盾和木弓，而箭头则一般有三类，分别是竹制、铁制和骨制，其中当然是铁制箭头最为罕见。

此外，和魏国比起来，邪马台气候非常温暖，据当地百姓介绍说，即便是冬天，也只用穿一件衣服就行了。

风土之后，便是人情了。

五、历史问题很多时候总能变成哲学问题

虽说都是黄皮肤黑头发，但邪马台或者说倭国的男性和当时中国男性的打扮，终究还是大不相同的。

主要体现在两点：头发和皮肤。

和古代中国人不同，倭人是不束发的，同时头发的长度也较之前者要短得多，一看就知道是人为修剪过的；同时，和两百年前第一次来洛阳时一样，每一个倭国成年男性的身上，都布满了图案各异的文身。

中华民族自古就讲究身体发肤受之父母，不敢毁伤孝之始也。像日本人这种剪了头发还文了身的，在一千八百多年前的中国绝对是大忌。更何况文身文着既不好看又挺疼的，所以魏国使者不免问了一句，你们这么搞，有啥特别的意义吗？

一旁陪同参观的邪马台大夫先是给予了肯定回答，说有，接着又进一步做了解释："上古时期，我国祖先多以下海捕鱼为生，长发多有不便，因此剪短，而在身上文身，则是为了吓退海中鲨蛟猛兽，久而久之，便成了一种风俗。"

魏使听闻，并没有一种大千世界无奇不有的感受，只是一副若有所思的表情。

一行人就这么一边聊一边瞎转悠。走到一处村庄，看到不远处有个老人家正蹲着望天，邪马台大夫忙介绍说，这老爷子是本地远近闻名的德高望重之人，懂得也多，如果大人想了解我国的风俗典故之类，可以问他。

魏使琢磨了一下，走上前去打了个招呼，然后开口道："老丈，贵国上古先贤，可有哪些？"

可万万没料到的是，那老人家的回答却让魏国人虎躯一震，险些倒退三步。

"我倭国国民，乃是太伯之后。"

一部二十四史，从《三国志》开始，到后来的《晋书》《梁书》等等，提到日本人，总会跟上这么一句——断发文身，自谓太伯之后。

日本人自称是太伯的后人，其实并非是说自己是吴王太伯的子孙，而是指自己祖宗是太伯子民，也就是吴地人。

或者换一种说法，日本文明，是传承自太伯吴地的。

这就牵涉到我们在最开头说的那个话题了——到底是从哪里而来的另一种文明，取代了云贵川文明？

答案是江浙沪的吴越之地。

我们先拿中国来举个例子——为什么黄河流域和长江流域会成为中华文明的两大起源点？

因为黄河种麦，长江耕稻。

人类文明的一切源点基本都是始于农耕，这道理很容易明白，那么日本民族最初的稳定饭票是什么？没错，前面我们讲过，是九州北部的大米农耕。那么这大米从哪儿来的？是距今三四千年前自长江下游的吴越之地而来——这是学界公论。

证据大致有三，第一个，是青铜器。

在前面，我们曾经说过这样一句话，日本不存在青铜时代。

此言不虚，然而没有青铜时代并不代表没有青铜器，日本当然有青铜器，比如说铜铎。

铜铎其实就是铜制的铃铛，《说文解字》曾经曰过的：铎，大铃也。

所以这东西当然是起源于中国了，传到日本大概是在弥生时代（公元前300—公元300），目前日本列岛已经出土了大概五百多个铜铎，主要集中在九州、四国、阪神以及中国地区（本州岛中部地区）。

铜铎在日本的用途大抵和中国一样，属祭礼之器的一种。而它的流传路径，学界曾经一度认为，是由辽东经朝鲜半岛传至日本列岛的，然后，在日本进行了封闭式的独立发展。

这个认知十四年前发生了动摇。

公元 2006 年，在无锡的春秋时代古墓中，出土了一些由陶瓷烧制而成的铜铎模型，这应该是墓主人——某不知名吴越贵族的陪葬品。而这些陶制铜铎，却意外地在款式风格上和日本弥生铜铎几乎一样。

当时就有学者断言，日本的铜铎是从江浙沪给直接传过去的。

这个说法在之后数年里不断得到验证——其实两相对比就能发现，在弥生时代东亚各地出土的铜铎中，日本产的确实是和吴越产的一脉相承，相似度极高。

在那个中日还未展开国际贸易和学术交流的时代，所谓"铜铎由江南传至日本"，实际上也代表着"带着铜铎和会造铜铎以及会用铜铎的那批江南人从家乡迁徙到了日本"。

当然，虽说铜铎于日本不亚于鼎于中国，但就一个民族文明的发祥起源而言，仅仅是几百个吴越产的大铃铛肯定是不足以说明问题的，所以，我们接着来说第二个证据——头盖骨和 DNA。

话说在 1999 年的时候，东京博物馆成立了一个科技攻关小组，取名为"江南人骨日中共同调查团"，团长叫山口敏。这帮人的主要工作是横跨中日两国挖坟，然后把尸骨弄出来带回实验室调查。

当年 3 月，山口团长带着他的小伙伴们跑到江浙沪一口气刨了六十座古坟，其中二十八座为新石器时代，十七座为春秋战国时代，还有十五座为西汉时期。他们详细调查了从墓主的头骨、大腿骨以及牙齿中抽调出的 DNA，并和福冈县以及山口县出土的弥生时代日本人尸骨进行了对比，结论按照山口敏本人的话来讲，叫"酷似"。

尤其是春秋和西汉这两组调查对象，和弥生人更为接近，差不多可以说是一致了。

此外，在位于江苏省的另一次科考调查中，一处遗迹中所挖出尸骨的线粒体DNA配列，亦和福冈县太宰府维隈西小田遗迹中的尸骨配列几乎一致。

弥生时代日本的政治文明中心点主要都集中在北九州，这话我们已经说过很多遍了。而北九州人的DNA配列如果和同时代吴越人的配列极为相似的话，那就很说明问题了。

现在你终于明白当年面土国王帅升为啥敢如此豪放地请求从吴越移民了吧？他当然不需要考虑什么非我族类其心必异的事儿，因为大家压根就是一拨人嘛。

事实上除了对比DNA之外，还有一样东西也能作为证据，那便是文献。

希望你还记得"香椎"这个地名，是的，就是出土了那枚刻着"汉委奴国王"金印的地方。

在日语中，香椎被读作かしい（Kashii），不过这是当代的读法，在古时候，则被读作かし（kashi）。然而，无论是かしい（Kashii）还是かし（kashi），都是讹传，在最初的最初，香椎的正确读法是こし（koshi）。

而こし（koshi）在日语中，对应的汉字除了香椎之外，还有"越"。

若是以"越"为地名，你能想到什么？

没错，是吴越的"越"。

根据《古事记》等书的说法，元明天皇（707—715在位）曾经将位于九州北部的一个吴越遗民居住点称之为"越"。

更早的记录是《日本书纪》以及《出云国风土记》，在这些书里，有一个叫越国的地方，住着一批自海外而来的移民，渐成气候，据土为豪，不服中央政权。后来这批人当然是被平定了，但为表怀柔之情王道之风，朝廷还是让投降后的这些人住在自己原先的地方，而地名也尊重他们思念故土的感情，沿用叫越国。

越国在日本存在的时间并不长久，很快它就被再度分隔划为数个新的行政区域——越前、越中、越后，统称三越。

如果对日本史稍有了解的话，我相信对上述地名应该不会太过陌生，至少战国时代军神，人称越后之龙的上杉谦信，应该是听到过其名号的。

也就是说谦信的祖上很有可能是从江浙沪一带过来的移民。

越国的地理位置大约在今天的福井、新潟、石川等县。这些地方组成的越国，拥有长长的海岸线，也确实是一个坐船渡海后登陆上岸的好地方。

最后要说的是，在史书中，"太伯之后"这四个字之前，一般还会跟两个字——"自谓"。

自谓太伯之后，就是自称。

在那个尚且还没有自己文字的岁月里，一代一代的日本人靠着口口相传，诉说着自己的由来，从秦汉到魏晋到南北朝，从帅升到后来的倭五王，几百年间众口一词地告诉下一代，自己是良渚伏羲后裔，吴越太伯子孙。

这是一个民族的记忆。

六、邪马台人的一生

当时邪马台的男女比例很不协调，女性人口大大超过男性，属典型的肉多狼少，因此几乎每一个邪马台的男人都能拥有两个以上的妻子。一般小户人家的老婆有两到三个，大户人家则能娶到五六个甚至更多。

但相当奇怪的是，据魏国使者的调查，尽管每户人家个个都是一男多女，可这些女人们却很少有人争风吃醋大打出手，甚至连红杏出墙都少有耳闻，比当年华夏宫廷里上演的那些宫斗戏目要太平得多。

同时，邪马台人的老婆除了是老婆之外，也是他们的财产。

根据法律规定，每当有人违法乱纪的时候，如果罪行比较轻，那么一般就罚没老婆，即把你的老婆充归国有，给卑弥呼大人当奴婢，数量根据你的罪行轻重来定；如果是重罪，重到罚光你所有老婆都不足以抵罪的时候，那么就会把你拉出去砍头；再重一点的，就牵连宗族一块儿去死。

因为物资匮乏技术落后的缘故，所以邪马台人的吃穿住行都看着很寒酸。

吃方面，主食是稻米，配菜是蔬菜和鱼，其中蔬菜一般是生食的。邪马台人吃东西普遍用手，包括女王卑弥呼在内皆是如此，但也有极个别会用筷子的，比如那位曾经出访过魏国的难升米——这点和两百年前刘秀那会儿相比，倒是完全没有变过。

穿的话通常是麻衣，很少有棉的，丝绸什么的就更别说了。而且衣服的做法也非常不考究，男的通常就围个下身，女的则是把一整张麻布摊开，当中挖一个洞，往脖子上这么一套就算完事儿了（用布一幅，中穿一洞，头贯其中，毋须量体裁衣）。

至于住，只要成年男子，每个人都有自己的房子，哪里有空地你就往哪里盖，一切都是你的自由。当然，房子一般就是木头骨架上面盖点草，不抗地震不抗台风。

而在出行方面，因为连马都没有，所以基本靠走，条件好的话还能有个轿子。自然，说是轿子，可实际上也就是一块木板四个人扛着，就是个担架。

此外，邪马台的一些宗教习惯也让魏国使者感到莫大的惊讶。

在那里，占卜什么的通常手段倒是和中国如出一辙，都是烧骨头看裂纹以辨凶吉，但还有一个特色却是中国从来不曾有过的，那便是持衰。

所谓持衰，指的是某一个不特定的人，他由卑弥呼亲自用法力筛选出来，每当国中有大事，则会先派这个持衰坐船出海，同时，这个人在航行期间，不能梳头，不能洗漱，衣服也必须是破破烂烂，长满跳蚤，如果能够平安到达预定的目的地再安然无恙地回来，那么就说明是吉兆，便赏赐他财物，然后按计划行事；若是一去不复返死在那茫茫大海里了，则说明是凶兆，赶紧罢手为好。

还有一种情况，就是假如这个持衰虽说回来了，可却是属于那种船沉了或者遭遇风暴被刮回岸边之类的侥幸生还，那么就对不起了，这个卦象叫持衰不谨，就是说虽然表面看起来是凶，但还有能将其挽回成吉的机会。

那么该如何挽回呢？很简单，把那个持衰给砍死就行了。

以上，便是邪马台国的一些基本情况，与此同时，对于那里的社会风气和一些相关秩序，魏国使者也做了一番比较详细的考察，最终得出了相当不错的评价。

估计是怕自己的老婆被罚抄没收，所以那地方的治安特别好，很少有人去偷去抢。

当然，原始社会的治安一般都比较好，这也是客观事实。

不过，落后归落后，但邪马台并非真的一穷二白，他们还是有经济可言的，比如魏国人发现，当地已经有了市场，而且覆盖率挺高，换言之，这地方其实是有可以用来做交易的剩余物资存在的，同时，也有货币。

不光有市场，就连经济秩序也被建立了起来，比如为了控制物价，卑弥呼就特地设置了专门的机构，安排了专门的人手，用来管理市场，以防价格出现狂飙或是暴跌等恶意操控现象。

同时，在这个国家，渐渐地出现了先富起来的一部分人，他们的房子比起普通老百姓的要考究很多，堪称豪宅，不过这些人大多数都是特权阶级，先当了卑弥呼手下的大官，然后再以权谋私成了有钱人。

邪马台的老百姓对当官的必须要绝对服从，比如农民在路上碰见了官员，就得立刻趴下身子，滚到一旁，用蹲着或是跪着的方式打招呼，当官员问起话的时候，百姓则一定要双手触地，并且大声回话。

在最后，魏国使者们还对邪马台国以及周边地区的住民的健康状况进行了观察。

这个国家的人民身高普遍不高，平均成年男子也就三四尺而已。

汉代的度量衡和现在差别甚大，一尺大约等于如今的二十三厘米，换算下来，当时邪马台人的身高连一米都未满。

人长得不高的原因，多半是和当地的住民很少摄入动物蛋白有关，但或许也正是因为这种饮食习惯的缘故，使得邪马台人的身体都非常健康，平均寿命也很长，活到八九十岁的老人十分多，甚至还有百岁高寿的，让魏国使者惊叹不已。

史料记载的太古先贤们之所以一口气就能活个一两百岁而你活到八十都得横保健竖养生的唯一原因就是历法有差，上古时代原始部落里一年绝对没有 365 天，自说自话自己活了一百岁的原始人，搞不好也就七十来岁。

但无论如何，在魏国使者们的眼里，邪马台都是一个相当不错且非常值得交往的国家，即便有和天朝相异之处，但毕竟是各人有各人的过法，没必要去干涉过问，所谓存异求同嘛。

因此在回到洛阳之后，使者们毫无例外地向曹芳汇报说，在邪马台女王带领下的倭国人民有仁有义，还很懂礼节，相当讨人喜欢——当时曹叡已经驾崩，由养子曹芳继大统，再由曹爽、司马懿左右辅佐。那两位爷虽说相互很是不待见，但至少在对倭国的外交策略方面，还是保持着高度一致的。他们认可了使者们的观点，决定把卑弥呼正式发展成大魏王朝的战略合作伙伴。

七、亲魏倭王

由于在两国之间一来一往的两次互访中，魏国赐予了邪马台很多礼物，尤其是第二次，除了数量和质量远超第一次的那些丝绸珠宝金银等财宝外，甚至连台与的礼物都准备了——木质的兔子玩具一个，所以心怀感激的卑弥呼想到了投桃报李礼尚往来，打算再度派遣使者赴魏访问。

魏正始四年（243），邪马台使者伊声耆、掖邪狗等八人赴洛阳面见曹芳，得大量赏赐，其中掖邪狗还被封为中郎将。

值得一提的是，在伊声耆、掖邪狗的这次出访的礼单中，邪马台国除去像以前一样送了棉布生口小鱼干之外，还多了一样稍微拿得出手的东西：倭锦，即日本自制的丝绸。

也就是说，养蚕和制丝的技术，大概在这个时候已经从中国传到了日本。

而就在这批人回倭之后，卑弥呼又立马开始酝酿下一次的出访了。这次遣使魏国，真的不是占便宜去的，而是去求救的。

狗奴国又杀过来了。

其实这早已是邪马台联邦诸国的日常了。只不过这次狗奴来势特别凶狠，似乎是要一举将卑弥呼消灭在老家的感觉。在他们强大的战斗力下，邪马台联盟失地丢城，节节败退，虽然靠着人多势众才勉强稳住阵脚，可任谁都知道，若要长期这么打下去，那全邦灭亡也不过是个时间问题。

因为此次出访事关重大，所以卑弥呼决定把首席使者的重任再度交给在当年曾在魏国上下好评如潮的老牌外交官——难升米。

出使之前，照例，是要烧个乌龟壳占一卦的。

不过这一回卑弥呼并未亲自出马，而是把机会给了时年九岁的首席大弟子台与。

噼里啪啦的火烤声中，台与双目紧闭，脸上布满了本不该是她这个年龄该有的严肃。良久，睁开了眼睛："我已知结果了。"

卑弥呼则用很沉缓的语气问道："是为何？"

"吉也。"

然而台与的法力到底还是没练到家，那一卦终究没有她预想的那么顺。船才出了海，便碰上了意外：狗奴王打听到了消息，特派一支军队也坐着船杀了过来，打算把邪马台人截杀在海里。

因为是使节团，而且谁也没想到会碰上这种遭遇，所以邪马台的船上并没有安置多少随行的护卫，面对强敌，他们唯一能做的事情只有逃走——划着船逃走。

在经过一阵激烈的追逐之后，尽管邪马台那边被射伤了好几个，但总算是摆脱了对方，并且安全抵达了带方郡。随后，一行人和他们的前辈一样，自带方走陆路，到达了洛阳城并终于见到了曹芳。

时为魏正始六年（245），曹芳正好十六岁，因此难升米他们一般背地里称之为"少帝"。

少帝看着眼前的日本人，显得非常客气，表示你们跋山涉水远道而来，实在是辛苦了，如果没有别的事情，那就先回驿馆歇息着吧，要想谈家国大事，明天找大将军商量去。

大将军就是曹爽。这会儿曹家宗族正得着烟抽，司马懿父子正在老家凉快着呢。

第二天，曹爽如约接见了难升米。寒暄过后，便直奔主题，问其来意。

难升米说我邪马台自从受了大魏的封王之后，一直都把魏国大皇帝当作举国上下的真命天子，卑弥呼大人更是每天都会遥拜西方，为皇帝陛下祈福，本来倒也风调雨顺国泰民安的，可没想到现如今南边的那狗奴试不是玩意儿，仗着兵强马壮就整天来欺负人，眼瞅着我们邪马台联邦是干不过他了，只能请万能的大魏帝国想点法子，帮帮我们吧。

在日本使节团回国后不久，曹芳便下了一道圣旨，赐难升米黄幢一面。所谓黄幢，就是魏国的军旗。这玩意儿虽说从实际价值上来看，确实不如金银珠宝，但却意义重大。

什么人才能用魏国的军旗？当然是魏国的军人。

既然给了难升米一面魏国军旗，那就等于是告诉狗奴，这是我们魏国的人，要想动，先想想怎么跟我们大魏交代吧。

之后，曹芳又派出塞曹掾史张政去了一趟日本。

塞曹掾史用今天的话来讲，可以通俗地被认为是国家对外事务办公室主任。

当消息传到南边，狗奴王听说了邪马台和曹魏频繁互动以及自己名字的正确汉字写法还有天朝使者正赶在来见自己的路上等情报之后，只是淡淡地"哦"了一声，内心毫无波动，甚至还想笑。

狗奴王很自信，这自信来源于两件事：首先，他相信县官不如现管，曹魏跟邪马台关系再好，哪怕是两家和亲，那魏国士兵也不可能漂洋过海来倭国打自己的；其次，又不光你邪马台一家有同盟，老子也有啊。

他真有，那人叫孙权。

八、大魏的小算盘

话说到这里，我们就有必要先来讲一讲这样一个问题：为什么魏国会对邪马台那么好？

因为想找一个同盟，一起对付孙权。

时为三国鼎立，西南是蜀汉，东南是孙吴，整个北方则基本上都归曹魏所管，因为魏国过于强大，使得蜀国和吴国不得不联起手来共同与之抗衡，而对于魏国而言，虽说南面的两国还不至于使自己灭亡，可反过来讲，自己若是想要把它们给吞并，那也是有点力不从心的。

在这样的情况下，魏国就需要有一个盟友，能够对吴国或是蜀国造成威胁，不求攻打，只求牵制，而且最好是牵制吴国，因为吴蜀之中蜀国的国力较弱。

于是邪马台就被选上了。

其实吴国跟倭国的交往要比魏国深厚频繁得多。

吴黄龙二年（230），也就是在难升米他们来中国的九年前，孙权便派遣卫温、诸葛直两人率兵数万出海，根据《三国志》上的说法，目的是为了寻找夷洲和亶洲。

引用《三国志》的原文来讲，就是"遣将军卫温、诸葛直将甲士万人浮海求夷洲及亶洲"。

当时在吴国的一些老人中，流传着这样的一个神话：夷洲虽然不知到底是啥地，但这亶洲却是赫赫有名，当年秦始皇派出的那位找长生不老药的徐福，正是最后在亶洲落了脚，并且还扎了根，再也不曾回来。

徐福到底去了哪儿，这是另外的一个话题，此处暂且不提。反正最终结果是夷洲找到了，就是今天的台湾，卫温和诸葛直在那里驻兵了一年多随后又返回了东吴，回来的时候还带了几千个当地的土人，算是礼物。至于亶洲，则完全没有头绪，因为谁也不知道那地方究竟在哪儿。

其实这是个悬案，今天都没人知道亶洲究竟在何处，从冲绳到日本本土，甚至是南洋列国乃至印度支那，诸说纷纭。

这并不重要。重要的是，这并非真相。

孙权派卫温、诸葛直出海不是为了找亶洲和夷洲的。理由很简单，因为在卫温和诸葛直自台湾回来之后的当年，就发生了一件大事：他们两人被同时下了大狱，然后又同时被杀。罪名是"违诏无功"。违诏，就是违背了孙权的命令；无功，就是任务没完成。

事情发生在回来的当年，而且又是两人同时被杀，所以不管怎么看，卫温和诸葛直的死，似乎都和"求夷洲及亶洲"一事有关。

换言之，他们这次出海，不光没有完成任务，而且还违背了孙权的旨意。

这就很奇怪了。

所以我们完全有理由相信《三国志》写错了，卫温、诸葛直二人肯定不是冲着夷洲和亶洲去的，而是另有所图。

当时在世界上能够为中国人所知的，位于海外的，需要坐船去的，并且确切存在的国度，同时交通还算便利的，说穿了有且只有一个——倭。

他们想去的地方很可能是日本岛。

如果把夷洲换成倭国的话，那整件事情就可以说得通了：孙权派卫温和诸葛直去倭国办外交，结果两人走岔了道儿，误打误撞地飘到了夷洲，于是只能趁势占领，窝了一年之后带了几千个土人回国交差，虽说扩大了版图是个好事，但显然孙权对此并不满意，所以两人就这么被下了大狱，还被砍了脑袋。

本该去倭国的，没去，是违诏。

本该办外交的，却没有丝毫进展，是无功。

总结起来就是违诏无功，依律当斩。

此外，亶洲姑且不论，夷洲这个地方第一次出现在文献的时代是西晋，也就是记载于《三国志》上，在此之前，中国人并不知道自己祖国居然还有这么一个叫夷洲的宝岛。从这点来考虑，孙权也不会让人去找一个自己听都没听到过的地方。无论如何，台湾的发现，都是一种误打误撞。

而孙权派人去日本的动机其实也很简单——他想打造一个曹魏包围网。

话说在太和二年（228）的时候，辽东大乱，原辽东太守公孙恭因病而被其侄公孙渊逼迫让位，公孙渊执掌辽东后，立刻写信私通孙权，两家达成地下协议，由孙权封公孙渊为燕王，然后一南一北共同夹击曹魏。

对于此时的孙权而言，天下的大势从来都不曾如此美好过：南面是自己，西面是蜀汉，北边是公孙渊，若是能再在东面找一个同盟，那么便能让魏国陷入四面楚歌之境。

东面有谁？倭呗。

比起魏国和邪马台，东吴和倭国的关系可谓深厚密切——注意，是整个倭国，而不是某几个部落。

昭和五十四年（1979），在位于山梨县的鸟居原狐塚古坟，出土了一枚铜镜，上面刻有"赤乌元年"的字样。

而在关西兵库县宝冢市的安仓古坟，也出土过一枚刻着"赤乌七年"四个字的铜镜。

此外奈良县的茶臼山古坟和同县的大和天神山古坟，也都出土过赤乌年间的铜镜。

赤乌是东吴用的年号，铜镜则是中华王朝用来下赐或是馈赠给友邦的传统礼物，魏国就送过邪马台铜镜一百枚。

所以这就足以表明，东吴政权和日本在政治方面的交往。

不过曹魏包围网的打造并没有想象中的那么顺利——公孙渊觉得孙权并不靠谱，于是便杀了吴国的使者重新投靠了曹魏，而倭国那边也仅仅是部落而已，摇旗呐喊精神支持尚嫌不足，更别提帮着自己反攻倒算了。再加上孙权原本心中的头号拉拢对象邪马台也当了曹家马仔，于是包围网就在设想阶段这么崩坏了。

所以总结起来就是，自刘秀接见以来，日本列岛经过了两百余年的发展，终于拥有了足够引起中华政权所认可重视的文明程度，并且也成了魏吴两国拉拢的对象。

伴随着文明一起成长的，还有野心。

九、同文同种的分水岭

这样的日子一过就是两三年，在公元 248 年左右，出事了。

卑弥呼驾崩了。

尽管不知生卒年月，但从活跃年代来推算，老太太去世的时候至少也有个七八十岁了。

女王的驾崩让邪马台联邦上下悲痛不已，大伙给她建起了一座规模巨大、纵横百余步的陵墓，同时还填了一百多生口做陪葬。

然后就开打了。

卑弥呼去世之前，曾立下过遗嘱，将女王之位传给台与。然而小姑娘当时不过十三四岁，无论站在哪个时代的角度来看，都是属于那种不折不扣的无行政能力的人。所以，下面的一些大叔开始狂躁了起来。

有的邪马台联邦加盟国国王觉得自己兵精马壮，所谓倭王的王位，直接靠抢就行了，这种现象比较普遍，但凡手头有几个能扛枪的，都在那里跃跃欲试，准备争夺王位；还有人宣称卑弥呼的遗嘱是假的，真正的遗嘱上指名的继承人，是自己，这算是文艺的；而表示应该严格遵照卑弥呼遗嘱，让台与来继承大统的，也不乏其人。

于是场面就不好控制了，为了争夺王位，各部落首领纷纷兵戎相见，而狗奴王一看这架势，大喜称善，也趁乱提兵来战，整个倭国顿时血流成河哀鸿遍野。

史称倭国大乱。

大乱之中，仍在邪马台住着的张政终于明白，天朝使者的身分根本不足以阻挡这场灾难。

一群人一打就是几个月，耽误了生产不说，还造成了数千人死亡的惨剧——对于原始社会而言，数千壮劳力的死，是一种比较沉重的打击。

所以大家决定在人口损耗完之前坐下来谈谈，而谈判的结果是，每一位部落老大都不愿意看到其他老大成为新的联邦国王，可又非常清楚自己也很难坐上这把宝座，于是大家最终拟定了一个极为折中的办法——遵照卑弥呼的遗嘱，公推台与为女王。

这点甚至连狗奴王都表示了认同。

台与成了女王，那个小小的预言者，受着父兄宠爱的小姑娘，成为了日本有史以来的第二位女王。

这是一个里程碑，也是一个分水岭。

日本从原始时代起到明治维新前，在政体方面都会或多或少地模仿中国，所以在很多时候两国的学者都会表达出这样一个统一的观点，那就是两国的历史流程极为相似。不光是历史学家，就连政治家也有不少是这么认为的。比如在晚清那会儿，就有无数政客认为，大清要走向强大，必须要学习和自己同文同种的日本。甚至还有人把慈禧比作幕府，光绪比作明治天皇，要求光绪帝像明治天皇扳倒幕府那样去消灭慈禧。

这种观点是否正确在此不做评论，但其根源，还是源于上述认知，即认为日本的历史其实是中国历史的一个缩影，就算细节不同，但大方向是一致的。

日本史在最初的时候，只是中国史的一部分。

然而，当你读到上面这句话时，就已经不是了。

中日两国的历史流程，从此开始走向不同。

而其中这最大的不同点，则在于两国的最高统治者。

中国古代，最大的是九五之尊的皇帝，皇帝出现之前那叫天子。但无论是皇帝还是天子，他的诞生，绝大多数都是依靠武力来决定的：无论是黄帝胜蚩尤，成汤赢夏桀，还是后来的秦皇汉武、唐宗宋祖，靠的都是拳头，谁厉害，谁老大。

可日本就不一样了。

日本的最高统治者是天皇，天皇这个称呼是很后面才有的，但最开始的天皇，或者说天皇的雏形，其实就是倭王。

第一代倭王：卑弥呼；第二代倭王，台与。

还记得卑弥呼是怎样成为邪马台国王的么？

没错，因为她能通神，所以原来的国王把王位给禅让了。

而台与，也是因为有超能力的缘故，所以被卑弥呼给发掘了出来，从侍女起步，一直当到倭国王位的继承人。

她们靠的都不是武力，而是神力。所以日本人常常称自己的国家叫"神之国度"，宪法都曾经明文记载天皇是神而不是人，就是这么个意思。

通俗地讲，中国的老大，是打出来的；日本的老大，则是拜出来的。

千万不要觉得这只是历史的细节，正是因为这种最初的分歧，才终究造成了中日两国在数千年之后的巨大差异。

　　总体来讲，卑弥呼和台与这两代女王的相继，不仅意味着日本已经完成了从原来互相独立零散的村落群到如今一个具有统一雏形的国家政权之间的过渡，同时，也为后来天皇这一在日本历史上具有半神地位存在的出现，打下了最初的基础。

第五章 日本也是移民国家——
古坟时代与渡来人

一、不要光看书，要挖坟

台与是一名非常不错的继承者，萧规曹随地传承了卑弥呼时代的所有治国之道，将倭国上下打理得井井有条。

公元265年，司马炎取代魏元帝曹奂，建立晋朝，称晋武帝。

第二年，在倭国蹲了整二十年的大使张政结束了自己的外交使命，奉旨回国了。好在新朝不斥旧臣，张大人的身分还是外交官，并未遭到清洗。

圣旨除了要张政回国之外，还希望他向新皇帝展示一下自己二十年来的外交成果。

于是这一年张大人回国时，带回去了一支五十人左右的倭国使节团，团长是当年出访过魏国的掖邪狗，和以往不同的是，本次使节团准备的贡品已经不再是寒酸的破布烂袄鱼干兽皮了，而是珍珠、绸缎、宝石等值钱货。当然，还有独具特色的传统礼物——生口。

贡品质量的提升无疑代表着生产力的发展，也意味着台与确实是个好女王。

这是日本和晋朝的第一次往来，也是最后一次。

之后，邪马台这个在历史上留下诸多谜团的国家，消失在了茫茫史海之中。

和它一起消失的，还有倭国——在日本列岛掌握文字的系统用法之前，其历史记载工作一直是由隔壁中国给免费负责的，问题是中国的史官也不是闲得慌的人，不会专门分一个部门出来管记日本史，通常只有对岸来搞外交了，才会写上那么一两篇。

因为自台与遣使西晋后的一百多年里日本都不曾再和中国发生过官方互动，于是也就使得整个4世纪的日本史都没人记载过一个字。

在公元4世纪，日本的政治中心发生了转移，从原先的九州北部，经中国地区的鸟取县，转至了近畿一带，即今天的兵库、大阪、奈良以及京都。

随着政治中心的转移，版图也不断扩大，一百年里，鸟取、兵库、大阪、奈良都成了倭国的领土。

我怎么知道的？

因为有古坟啊。

古坟，泛指古代的坟墓，在我们中国人眼里，清朝的坟是古坟，汉朝的坟也是古坟，但是在日本就不同了，那地方的古坟是有特指的。在日本史上，通常把建造于公元3世纪后半叶到公元7世纪，且规模巨大的陵墓称之为古坟，同时，也把上述时间段称为古坟时代。

像卑弥呼的那个方圆千百步外加数百生口陪葬的陵墓，就是一个非常典型的古坟。

看到这儿你也就该明白了：这种东西，根本就不是普通人能造得起的，只有权高位重的统治阶级，才有资格和能力在自己死后为自己建起一座规模巨大的、能被后世称作"古坟"的陵墓。

老百姓的那个只能叫尸穴。

古坟时代古坟

　　于是事情就变得很明朗了：既然是只有统治阶级才会有的特权，那么只要根据一个地方所发现的古坟数量，便能推断出此地在古坟时代住着多少王公贵族，拥有古坟最多的地方，等于说就是当年王公贵族的聚集地，自然，也就是政治中心了。

　　据统计，截止到今天，日本总共发现的古坟数量为161560座，其中，兵库县拥有16577座，居全日本之首；鸟取县有13094座，福冈县有11311座，京都府有11310座。

　　这十几万座古坟足以证明上述地区都曾经是日本中央核心政

权的所在地，至少是政治重地。

此外，在千叶县也发现有古坟 13112 座，可这并不意味着倭国迁都去了那地方，也不代表关东也已成了倭国领土，而是表明 4 世纪的日本并非是完全统一的，有人另立政权，抗衡中央。

但是学界也有一个比较可怕的推测，那就是并非有贼人另立中央，而是关东这伙人本身就是中央——他们是一群从西伯利亚、蒙古等地跨海而来的骑马民族，在北海道扎根立足，一路西进，最终将原先根正苗红的九州王朝给干烂后取而代之了，整个 4 世纪都是双方的刀兵相见，于是自然也就没工夫来中国拜码头了。

这就是著名的骑马民族征服论。

不过因为证据严重不足而且处处是槽点，所以你也不用太当真，权当听个故事。

古坟时代之所以叫古坟时代，除了古坟是一大特色之外，更重要的一个原因是由于那个时代所留下的、唯一能够让后人了解它的遗产，也基本上只有古坟了。

所以你要想知道古坟时代是怎么回事儿，就得先明白古坟是怎么一回事儿。

二、如何为自己挖一座漂亮的坟

日本的古坟虽说数量众多，有六位数之巨，但从外观来看，总体上都是大同小异，主要有三种模样：圆形坟、方形坟以及方圆坟。

圆的和方的没什么值得多说。方圆坟也叫上圆下方坟，因为它的外形通常圆形在前部，方形在后部，并且那方也不是正方长方，而是略显梯形，所以站在高处眺望的话，会发现这东西更像是一个钥匙孔。

其实方圆坟在数量上并不多见，甚至可以说是罕见，因为在那十多万的坟头里，真正意义上的方圆坟，实际上不过五六座，其他的多为下面方块，上边则是个近乎圆形的多边形。但是方圆坟的存在意义非常重要，堪称日本古坟的代表，因为这种造起来非常复杂的陵墓里，从来都不埋一般的死人，几乎可以说是皇室专用。

比如据称是天智天皇陵寝的御庙野古坟，便是上八角下方块的伪方圆坟；而位于大阪的大仙陵古坟，全长486米，体积超过140万立方，堪称日本第一大古坟，那可真的是一个非常标准的方圆坟了，里面睡着的据说是仁德天皇，此人我们放到后面详细讲。

500多米的坟包在当时的日本已经算是跟造万里长城差不多一个级别的工程了，而且不光是占那么大的一块地就能算完的，坟外得有壕沟，坟墓的本体得用石头给一块块堆出来，上边还要有装饰，进了陵墓的大门，在墓穴里要画上反映天体群星的壁画，同时还得在里面挖上坑，放上巨大的棺材。

所以长期以来就一直有很多人都很好奇：在那个时代的那种生产力之下，造一座像大仙陵那样的古坟，究竟得用多少人力和物力？

这个问题其实还真有人研究过，并且也真的得出了一个还算靠谱的结论。不过在说这个结论之前，我们得把背景给交代一下。

首先，造古坟，是以当时的生产条件为基准的，也就是说，排除一切诸如推土机爆破弹这样的现代工具，只考虑铁锹木耙。

其次，那年头日本人口真心不多，如果全民动员造坟墓，那恐怕只能是造完了大家一块儿躺进去拉倒，因为没人种地了，故而参加建造大仙陵的劳工，应该在两千人左右，不会有太大的偏差。

仁德天皇陵

第三，这是一个假设，因为活在今天的我们不知道那会儿日本人的作息制度怎样，或许是每天劳作终年无休，或许是做一休一，所以我们只能假设一下，假设他们的工作时间和我们一样，一周五天，每天八个小时。

根据以上背景条件，现在就由我来介绍施工详情。

第一步是清理坟区，除掉杂草，砍掉树木，把地方给腾出来，这需要三个月。

接着是丈量土地，这得花去将近二个月。

做完上述的前期准备以后，便是正式开工了，其中，最外处壕沟的挖掘，需要差不多十一个月，内壕沟的挖掘工作则要四十六个月，而墓穴本体的挖掘则需花时一百零三个月上下。

挖完沟之后就要铺家伙了，那会儿没有大理石，就连青石板都没有，古坟的主要建材是普通的天然石块，地里头捡来看着大小合适、模样凑合就给铺上去了，采石、运石和铺石这三项，总共需要花费一百九十五个月。

　　弄完这一切，整个工程基本上就算是差不多了，接下来，只要再把放棺材的那个地方花上半年整修一下，这地方就能躺人了。

　　最后的工作是拆除工事，整平道路，这些需要九个月。

　　由于有的工事是可以放在一起同时进行的，所以时间总数的计算方法并非是单纯地把上面数字相加，只是各种具体在此不必多费口舌，还是直接说答案吧：十六年。

　　而在动员人数方面，以两千人计算的话，那么挖土需要六十七万人次；运走那些被挖下来的土，则要四百四十六万人次；装土，要二十四万人次；前期测量、清山以及排水，要四十三万人次；采集石块、搬运石块和堆积石块这三项的人次，则在二十万。

　　总计六百八十万人次左右。

　　最后再做一个假设，那就是如果按照今天在日本工地上打工，一天工资为一万两千日元计算的话，那么光是大仙陵古坟的劳务费，支出就在日元八百亿，折合人民币大约六十亿元。

　　以上，便是方圆坟的基本建造步骤和所需成本，但希望你能明白，这成本仅仅是理论上的。

　　在实际操作中，当时的日本民工不但拿不到我们刚才说的工资，相反甚至会因为参加了这份工作而连一日三餐都难以保证，这是因为那个时代的日本还没有用于保护下层百姓的法律，对于统治者而言，老百姓就是自己财产的一部分，有多少就用多少，能用到什么程度就用到什么程度，根本不用考虑对方的死活。所以老百姓跑来修坟，上头除了提供工具和管上两顿饭之外，就几乎再也不给福利了，这便直接导致了很多种地出身的民工误了自己家的耕种，等到坟修完，早就错过了季节，没耕种，自然就没的吃，只能饥寒交迫地挨日子。

此外，在修建古坟的过程中，因积劳成疾而医治无效，因工伤事故死亡，因忍受不了艰辛逃走而被监工毒打致死的劳工们，则更是不计其数了。

三、外来的和尚会念经

造古坟不光是个力气活，更是一门技术活。以当时日本的生产力来看，搞这样的大规模建筑，劳动力倒是没问题，毕竟风调雨顺了那么些年，人口丰足，关键是技术，比如测绘、选地、工事操作等等。

能够造起这十几万座巨大的古坟，不光是古代日本劳动人民血汗的结晶，同时也是大批来自海外的技术人员的智慧心血。

在日语中有个词叫"归化人"，泛指国外出身来日本定居的移民，法律意义上则特指加入日本国籍的外国人，在日本如果有人问你，归化了没有？就是你入日本国籍了没有的意思。

而在历史上，也有归化人这一说，它一般特指的是公元4世纪到7世纪这几百年时间里，漂洋过海来到日本成为住民的中国人和朝鲜人。

只不过"归化"二字，因为有"归顺""服从""被感化"之类的意味，而当时日本纯粹荒蛮之地，真要说中国人在4世纪"归化"日本，实在有些牵强，所以后来史学界对于在那几百年里从中国、朝鲜跑到日本定居的人，往往会专门给予一个新的称呼，叫"渡来人"——坐船渡海而来之人。而在今天，这个概念的时间范围又被扩大了不少，一般只要是古代时候跑到日本来定居的外国人，都会被认作是渡来人。

渡来人对日本历史发展所做出的贡献，是难以估量的。

像水稻种植、冶金技术、房屋建盖等等，都是中国人的功劳。

而挖坟技术，主要靠韩国人——在墓地的选位，陵身的设计以及施工时候的现场指导等方面，半岛人民居功至伟。

但这些技术实际上都是中国的，传经朝鲜半岛后再到的日本，朝鲜人实际上也就是个中间商。

那年头的中国虽然强大，但日子并不太平，天下大势合久必分，秦亡汉兴，东汉混战，每一次都是弄得老百姓流离失所，有很多人在国内实在是混不下去了，只能是带着妻儿出国逃难，离中原地区最近也最像样的国外地盘，是朝鲜半岛，毕竟那地方也算是受过些许华夏文明的熏陶。

而在逃亡朝鲜的难民里，当然不可能只有农民苦力，也会存在着一些知识分子或是技术人员，于是这就起到了一种文化输入的作用，这些难民，为落后的朝鲜半岛带来了文明的曙光。

只不过那时候的朝鲜其实也不太平，地方不大国家不少，主要有三国：新罗、百济以及高句丽。大家齐聚半岛，上演小型版的三国演义，整天互攻。

就这样很多中国移民觉得朝鲜也不太适合自己，所以便又离乡背井，这回他们漂洋过海，来到了日本。

而同样的，朝鲜本国那些宁做太平狗不当乱世人的家伙们，也是这么坐船去日本的。

这些人给日本带去了很多无形资产，比如更加先进的冶金技术，比如陶器的制造技术，再比如纺织技术，当然，还有最重要的东西——汉字。

没人否认日语中所用的汉字绝大多数都是从中国直接进口来的，但在那个航海技术尚不发达，中日两国尚不能频繁往来的时代，很多汉字以及汉文化实际上只能由中国经朝鲜半岛转二手输入日本。

其实中日韩三国的关系从来都是交融交汇且错综复杂的。

四、日本的汉字是隔壁老王教的

由于当时日本的文化局限（没有文字），导致很多渡来人纵然是立下了天大的功劳，却也只能当无名英雄，比如你既无法知道把稻种带来的中国人姓甚，也查不到帮着挖古坟的朝鲜人名谁。在说起他们的时候，只能称其为引进稻种的中国人，造坟墓的朝鲜人，真正能留下姓氏名号的虽说不是没有，但真的非常罕见。

所以可以得出这样一个说法：渡来人里头，但凡能够留名的，那必然是大人物，而在这些大人物之中，最最出众的，堪称是千百年间渡来人里最显眼的超级大人物的，有两个，一个叫弓月君，一个叫王仁。

这两位都是中国人，都有自己原来的汉姓，王仁肯定是姓王了，但弓月君并不姓弓，姓嬴。

先说老王。

王仁，人称王博士，乐浪郡人。

因为他出生在乐浪，以至于今天韩国学界红口白牙众口一致地咬定：王仁是韩国人。

乐浪郡自大汉以来便是中华政权下的固有领土，魏晋时代亦不曾有过变动，几百年间无论风雨，这块土地都跟半岛上的任何一个政权没有半毛钱的干系。

一直到公元 313 年，崛起的高句丽国趁着西晋八王之乱后的风雨飘摇，将乐浪和带方两郡先后攻占，从此时起，这些地方才算是归了半岛政权所管。

乐浪、带方被占之后，当地百姓也基本都选择了就地归顺，从此成为高句丽子民，但还是有一小部分人选择去了南面的百济，这些人里头，就有王仁。

汉字传来者王仁

　　当年百济跟倭国的关系很好，来往也很密切，来造古坟的半岛技师差不多全是百济出身。

　　然后在某一年秋天，百济国王遣使一名，名叫阿直岐，带着宝马两匹来到倭国，上贡给倭王。

　　"上贡"二字不是我说的，是《日本书纪》上的原文。

　　当时倭国的国王叫誉田别尊，也就是被后世称为应神天皇的那个。

　　这里有两个事儿必须要先交代明白：首先，天皇是公元7—8世纪前后才出现的称号，在此之前倭国的国王一般都称大王，只不过后来的日本人为了体现出一种天皇家族万世一系的光辉，所以才把一些有的没的的大王都冠以天皇的名号。

　　顺道一提，著名女王卑弥呼在日本历史上第一部正史，堪称是东洋史记的《日本书纪》里，被冠以了神功皇后的名号，当然，有后必得有王，跟卑弥呼拉郎配的，是传说中日本第十四代天皇——仲哀天皇。

然后他们还有了孩子，就是现在我们正说着的这位应神天皇。

虽说平白无故地多了一个天皇老公和一个天皇儿子确实挺不错，可问题是卑弥呼在历史上的形象是圣女而不是剩女，这么给人乱点鸳鸯是不是有点过分啊。

其次，日本早期的天皇虽说是有史书记载，但未必就真的存在。事实上他们中的绝大多数都只能算是神话人物，和历史人物基本扯不上边儿，即便是我们刚刚提到过的应神天皇，他的真实性也不过仅仅停留在"存在可能性相当之高"的级别，这是因为他具体何时登基、何时驾崩、具体定都何处等等都是未知数的缘故，只是根据后世零散的史料考证出确实应该有这么一号人罢了。

而在他之前的各路天皇，比如什么神武天皇之类，那就真的只是传说了。

话再说回应神天皇，得了宝马当然是一件好事，但问题是这马怎么养，他不懂，当时倭国上下也没一个人懂，因为都没见过——由此可见此时倭国的版图还仅限于九州关西等不产马匹的地带。

但这又是举国上下唯一的两匹马，总不能让它们饿死了吧。

就在这一筹莫展的当儿，阿直岐多了一句嘴："大王，这活儿我懂啊。"

应神天皇大喜，表示那你就留下来给本王养马吧。

于是好好的一个外交官瞬间就成了弼马温，阿直岐这辈子再也没回过百济。

要说阿直岐是一个心态不错的人，虽说变成了弼马温，但还是每天照顾那两匹马，接待络绎不绝赶来围观国宝的权贵们。

在这个过程中，阿直岐发现了一个秘密，那就是这个国家从上到下，全是文盲。

阿直岐是一个眼里有活的好同志，在发现了这个国家机密后，他便利用工作之余搞起了义务扫盲，免费为来看马的王公大臣们授道解惑，讲经释典。

很快，就门徒三千了，其中最出名的有两个：一个是倭国太子爷，叫菟道稚郎子；另一个就是应神天皇本人。

某天上完课，应神天皇突然问阿直岐道："这世上，应该没有人比先生更有文化了吧？"

阿直岐多嘴的老毛病又犯了："怎么会没有？我国一个叫王仁的博士，才华胜我十倍。"

博士就是博学多才之士的简称。

应神天皇求贤若渴，当时就叫来手下领兵大将荒田别和巫别，要他们走一趟百济，把王仁给请来。

人家跨国请文化人怎么着也得派个外交官吧，他倒好，叫打仗的去。

再说两位大将到了百济，没花什么功夫就找到了王仁，一见面做完自我介绍，就开门见山道："先生，我家大王想请您去一趟。"

面对一副给山大王绑师爷上山派头的两位将军，王仁倒是显得特别从容："请我去做什么？"

"请先生去讲课。"

王仁眼睛一亮：好呀好呀，同去同去。

老先生根本没有一丝半毫的犹豫，便跟着两位引路人坐上了渡海赴日的船。

生于中华，客居百济不过数年，后半辈子归化倭国。你要说这么一个人是韩国人，确实有些不太像话。

王仁到了倭国后，应神天皇立刻便任命他为国师，专职为自己以及贵族们讲课。

再说那王仁给应神天皇及其手下贵胄上了几堂课后，发现有点不对。比如在说《论语》中的"太伯其可谓至德也已矣，三以天下让民无德而称焉"时，学生们对太伯三让天下的大德毫无兴趣，只会问王仁：先生，我们都是太伯之后啊，你给我们讲讲祖宗的故事呗？

说到《孟子》中文王"百里而可以王"时，学生们也毫不在乎霸必有大国而王不待大这种道理，只是纷纷询问着王博士那些道听途说来的事情，像妲己到底有多漂亮，姜子牙为啥直钩钓鱼之类，说着说着又会扯到别的地方，比如大家又会互相讨论钓鱼到底应该怎么钓，是不是钩不能太直，饵也不能太咸，等等。

王仁琢磨了很久，终于想明白了问题所在——没有文字。

因为没有文字，所以无法系统学习，你再奥妙的道理，他们也只能当个故事听。

王博士准备改变这种状况。

一次上完课，他让应神天皇留了堂，然后坦言道："听说贵国尚且没有文字，老夫愿意将中原所用汉字，引进倭国，至少让大王和诸位大臣们，能够识文断字。"

应神天皇听完，皱了皱眉头，没有出声。

有此想法的，王博士并非头一个。在此之前就已经有不少朝鲜人将汉字传入了倭国，但始终不过是七零八落的两三字，今天传进来一句话，明天又带过来一个词，即便日本人想学，却也不知道从何学起，更何况中国的文化，尤其是汉字这玩意儿你也知道，那真叫一个博大精深。

王仁似乎是看出了应神天皇的心思，表示说自己并没有靠一人之力这么红口白牙传授汉字的打算，而是带了教材过来的。

不，确切地说，是带了秘籍过来的。

看着对方那副神神道道的模样，应神天皇将信将疑地接过并打开了那本秘籍。

　　然后他的脸色就变了，手也开始颤抖起来。

　　"此乃宝物啊！"应神天皇由衷地感叹道。

　　说是宝物的原因有两个：首先，这是一本小册子，纸做的小册子，在那年头，日本还不曾有过纸张，即便国王也是头一回见着；其次，这本小册子里总共有一千个汉字，都是按照一定的顺序，并四个字一组地整齐排列，且有仄有韵，读起来朗朗上口，是一本难得一见的认字好教材。

　　应神天皇如获至宝，当即聘王博士为皇室教师，让他以此为教材，专门教授王公贵族们认汉字。

　　至此，日本在文化方面，也算是终于开启了一个新时代——和之前零零散散地接触那么百十来个汉字相比，现在总算是有一

位于东京的王仁博士碑

本比较科学靠谱的专业教材可供人们系统地学习了。

顺便一说，王仁带来的那本秘籍叫《千字文》。

你现在能在新华书店里买到的《千字文》普遍认为是南北朝学者周兴嗣所编，而王仁带去日本的，应该是三国时代魏国人的修编作品，算是前身之作。

五、数千年后他们可能都是韩国人，但现在，都是倭国的

一个国家有了文字当然是好事，这意味着文明程度向前迈了一大步。

但应神天皇却并不满足，他要在学术革命之后掀起一场产业革命。

大概在公元 360 年前后，百济王派使节团来到倭国搞例行外交，就是送点贡品啥的。应神天皇也照例笑纳了之后接见了使节团的团长。

只是这个团长不太会聊天："大王，听说我百济曾经有个叫阿直岐的使者，自从出访贵国后就再也没有回去，是这样么？"

于是应神天皇有点不快了，但表面上还是很镇定的："阿直岐大人是自愿归化我国，您可千万别听信外界的谣传哪。"

团长忙摆手，说我不是来问您要人的，我就是想问问，您这儿还缺人么？

应神天皇一愣，颇有些心动，但又怕对方是百济派来的倒钩，连忙摇头："弓月君啊，您可是百济国重臣，我国怎敢轻易夺人之美？"

团长是弓月君，这个名字我们前面提到过的。

弓月君姓嬴，这个姓在中国比较少见，确切地讲是只此一

家——秦始皇嬴政他们那一族。

事实上弓月君正是秦朝的皇家后裔。

话说那一年正值天下大乱，先有陈胜、吴广，后有项羽、刘邦，中国历史上第一个统一皇朝秦朝就这么被灭亡，但嬴家的人却所幸没有被杀绝，当然皇帝是肯定不能继续做了，为了保命，大家纷纷改名换姓地逃出了首都咸阳。

其中有一拨人为表不忘帝国大业，改姓为秦，然后一路逃到朝鲜，安居了下来，这便是弓月君的先人。

定居朝鲜之后，秦家代代都受到了当时半岛统治者的重用，到了弓月君那代，他被自己所在的百济国国王封为融通王，并派遣为使，出访倭国。

结果是刚一出国就叛国了。

弓月君是正经的中华皇族之后，又是在百济被封过王爵的重臣，用日本话来讲，这是应神天皇恨不得从喉咙里伸出手来都想抓住的人才。在确定对方是真心实意要渡来归化后，大王也很迫不及待地表示，那先生您就在这儿住下吧，我这就给您张罗住处。

然而更大的惊喜还在后面。

弓月君表示先不急，这次您先让我回国，下一回我再来，因为我不是一个人。

这人在百济是有封地的，他准备带着自己领地的百姓组团一起偷渡过来。

应神天皇觉得这着实不错，便又顺口问了一句：你们共有多少人？

"共有一百二十余县的百姓愿随我前来归化。"

应神天皇惊呆了。他当即让对方赶紧回去，准备停当了之后随时欢迎来倭国定居。

然而，弓月君这一去，便再也没了音讯。

倒不是他放鸽子，而是出了岔子。

就算百济是个地小人寡的蕞尔之邦，但一百二十多个县城的老百姓怎么着加起来也得上万吧，即便弓月君夸了海口压根就带不出来那么多人，但无论如何，数千人还是有的。

也就是说几千人口集体出逃偷渡邻国，弓月君还没出境呢，后面军队就追过来了。于是大家就只能一路飞逃，一不留神跑错了路，逃进新罗国境内。

就这样一群人被如数扣留在了新罗，而百济自知实力不济，不敢惹毛邻居，只能作罢。

无法脱身的弓月君只能写信给应神天皇求救，在信中，他甚至还用了苏武牧羊的典故来表明自己的心志与无奈的现状。

应神天皇很果断地做出了决定：抢。

奉旨前去动手的，是倭国大将葛城袭津彦。

葛城袭津彦是应神天皇的亲家，他的女儿磐之媛命嫁给了当时的王子大鹪鹩尊，大鹪鹩尊就是后来的仁德天皇。

葛城袭津彦，率精兵数万渡海雄赳赳气昂昂地跨过了对马海峡，直插新罗境内。

新罗王吓坏了，他知道真论动武，自己也就能欺负欺负百济，肯定是扛不过倭国的。但他又不想把弓月君让出，于是想了一个很低俗的办法，那就是派出美女两人前去色诱葛城袭津彦，吹枕边风说，将军您打错人了，弓月君他们是加罗国扣下的，要打，也得打他们啊。

加罗位于今天韩国的庆尚道内，其前身是著名的狗邪韩国。

当倭国大军兵临城下时，加罗王的内心是崩溃的。

他连弓月君是谁都不知道，更不知道人家为什么来打自己，打是肯定打不过了，白白投降又太冤屈。因此加罗王选择了讲道理——他派使者飞奔倭国，询问应神天皇：你们为什么要打我？

　　应神天皇也很奇怪：是啊，我们为什么要打你？

　　不对啊，我们啥时候打你了？

　　一来一去，应神天皇明白了事情的由来，不禁勃然大怒，当即派出木菟宿祢出征半岛，先问责葛城袭津彦，再拿下新罗国。

　　这下新罗王终于没辙了，只能把弓月君和那一百二十个县的百姓给放去了倭国。

六、秦氏的产业革命

　　弓月君和他的追随者们终于踏上了倭国的国土。这些人被应神天皇奉为上宾，除了给编制和奖赏之外，朝廷还赐予了他们大片的土地——这也就是为什么会有那么多渡来人往日本渡的缘故了，不光是因为列岛孤悬海外相对太平稳定，更因为当时的倭国朝廷对于那些有用之才一掷千金的物质奖励。

　　本来应神天皇还想再赏个姓的，但弓月君表示，自己虽然人在异乡也愿意入乡随俗，但毕竟是大秦子孙，所以多少还是让自己留一点祖宗的痕迹吧。

　　于是，应神天皇便准了他沿用旧姓，姓秦。

　　这就是日本秦氏的由来。

　　现在日本都还有人姓秦，比如历史学家秦郁彦。

　　而在漫长的历史中，秦氏作为日本的名门望族，也产生了无数分家，在那些分家里，同样也是名人辈出，比如战国时代四国地区的诸侯，人称姬若子的长宗我部元亲；再比如盘踞萨摩，打遍亚洲都罕逢敌手，人送外号鬼石曼子的岛津义弘；等等。

　　除了贡献了那么多著名的子子孙孙外，弓月君和他的移民们还为日本带来了一场彻底的产业革命。

　　移民里，有人会养蚕，有人会纺丝，这些人通通都被应神天皇封为重臣，先给一块领地几个生口，让他们养蚕制丝，等有所成效之后，再赐一个日本式的姓，而且这姓很有讲究，不是随便阿狗阿猫地乱叫，比方纺丝的那位，天皇赐他姓波多，这是因为生平第一次穿上丝绸衣服的天皇觉得丝绸这玩意儿披在身上非常舒服，其柔软度仿佛贴身的肌肤一般，而在日语中，"肌"的发音和波多一样，故而给了此姓。

这算是开了一个先河，日后天皇再赏人姓氏的时候，多会从那人的工作出发，你干什么就让你姓什么，比如服部家，他们祖上是给天皇造衣服的；再比如犬养家，他们祖宗多半就是为皇上养狗的。

这是后话，以后再讲。

不光纺织户，其他的那些打铁的、造锅的、烧陶的渡来人们，也纷纷得到了同样的恩赏。

日本人里有姓陶的。

正所谓士为知己者死，这些人受到了在自己国家一辈子都不可能受到的厚遇之后，便发奋卖命，不仅自己努力干活报效大王，同时还主动将平生的本事传授给日本人，使得全日本的技术水平一下子就比原先提高了好几个等级。

更有甚者，还主动向天皇上奏，介绍家乡的技术人员。对于这种要求，应神天皇一概来者不拒，并且还表示，只要是有本事的人偷渡到倭国，有一个算一个，都能重用，而组织偷渡的蛇头，也有重赏。

这种大力鼓舞挖墙脚的圣旨一下，直接就在朝鲜半岛掀起了一股移民潮，尤其是百济，因为一直跟倭国都走得比较近，国民中有海外关系的也比较多，一听说只要会点技术活儿就能上倭国去吃香喝辣，于是便呼啦啦地接连走了一群又一群。

除了先进的生产技术之外，还有很多无形资产被渡来人带进了日本，比如礼节，再比如节日。

像七月七日过的七夕节，这东西其实一开始是被弓月君给引入的，但并没有特别受重视，一直到唐朝那会儿，因为两国往来越加频繁，外加那时候的日本也已经基本解决了温饱问题，贵族们开始大力追求精神文明，这才把七夕节在岛上发扬了光大。

有人说过，所谓的日本文化其实就是日本人将全世界的文化吸收进来，然后再加以日本式的消化之后所诞生的特色产物。

此话说的一点都没错。其实你只要看看日语就会明白，在日语中，有来自中国的汉字，有日本自己根据汉字创造的假名，同时也有英语、德语以及葡萄牙语等从西洋文字中引用而来的外来语。可以毫不夸张地说，你在日语中，能够找到世界上差不多所有主要国家语言的影子。

而这种在文化方面几乎毫无排他心态，可以坦然将任何一种文化接纳为自己文化的精神和器量，正是从渡来人时代开始的。

七、神君来了

应神天皇在王位上坐了几十年后，驾崩了。

《日本书纪》上说他活了一百多岁，当了六十年的大王，你一定要信，我也没办法。

这位天皇的主要功绩是将倭国从一个原始国度打造成了文明程度一跃超过朝鲜半岛的强国，同时还建立了一个以倭国为中心，新罗、百济、加罗等半岛小国为跟班的国际体系，依仗着小弟不断为自己提供各种从中华大陆搞来的先进技术和移民。

当然，这种小圈子体系并无稳定可言，毕竟朝鲜半岛诸国向来是中华政权的正式藩属国。

倭国当然想建立一个有利于自己的新体系，但显然时机未到。

应神天皇的继承者是王子大鹪鹩尊，后来被称为仁德天皇。

此人乃是日本历史长河中的一朵奇葩，几乎没人不爱他。这主要得归功于那本万能的《日本书纪》，在该书中，仁德天皇几乎被描绘成了一个集天下所有明君优点于一身的伟大君王，堪称日本早期历史中的红太阳。

在仁德天皇即位之前，便发生了一件轰轰烈烈的大事。

且说应神天皇有好几个儿子，其中被立为太子的，并非仁德，而是王子菟道稚郎子，就是王仁的徒弟。只是这位菟道稚郎子殿下觉得自己并没有继承大统的能耐和觉悟，所以便一心要把王位让给弟弟大鹪鹩尊。

但大鹪鹩尊不肯，他坚持认为王位就是哥哥的，自己永远是辅佐王兄的臣弟，所以坚决不能接受，于是兄弟俩便开始互相谦让了起来。

话说在数度让位都无果的情况下，菟道稚郎子为了国家能有一个更好的储君，更美的明天，毅然决然地操起了一把刀，往自己的脖子抹了过去。

他自杀了。

这样一来，继承人便只能是大鹪鹩尊了。

就这样，大鹪鹩尊含着眼泪坐上了宝座成了仁德天皇，他发誓要当一个明君，好让哥哥含笑九泉。

在成为一国之君后，仁德天皇并没有搬进早就为他准备好的豪华宫殿里，而是在今天大阪府地区的周边让人造了一间小屋，而且还是茅草屋，然后住了进去。

而且，仁德天皇的穿戴打扮，也跟一般农民无异。

虽说自己勤俭，但天皇对老百姓却非常大方。

据传有一天，仁德天皇吃过午饭微服私访，发现大白天田间一个人也没有，于是便问随从，农民们都去哪儿了？

随从回报，说现在正好是饭点，大伙都在家里做饭吃饭呢。

仁德天皇看了看四周，琢磨了一会儿，表示不对。

"为何没有炊烟？"做饭生火必然有烟，但此时的田间却是一望无际的高可见度，这让天皇起了疑心。

最后经过调查，天皇才明白，原来当地的农民因为家里穷，普遍每天都只能吃一顿饭（当时日本人一般没有吃晚饭的习惯），所以每到午餐时刻，大家都只能以休代饭，在家干躺着睡一会儿，以避免体力流失。

天皇知道后非常痛心，觉得自己没能当好领导人，弄得子民连午饭都吃不上。于是当下便下发了一道圣旨，免去了这块地方农民的三年赋税。

除了爱民为民之外，仁德天皇搞经济建设也是一把好手。

在以秦家人为首的渡来人集团的辅佐下，仁德天皇开始对全日本，尤其是自己执政中心大阪地区周边进行了规模浩大的基建工程。

首先被造起来的是一座大堤，名字叫作茨田堤，作用是杜绝了淀川的年年大水，同时也使得周围的大片肥沃土地能被有效利用。

接着，在秦家的帮助下，仁德天皇又在大阪猪甘津上，架起了日本历史上的第一座桥。

然后他还把大阪周围的交通干道整修一新，以便让物流更加通畅。

三年后，仁德天皇登高望远，发现三年前自己曾经宣布免税的那块地方，现如今已经到处都升起了袅袅的炊烟。

他高兴地笑了。

第六章　倭五王和他们的野望

一、哭天，你来那么多次就是为了敲诈

继台与之后，中日两国官方外交的再开，是在公元 413 年。

话说这一年春夏交接的时候，一行来自倭国的使者，抵达了首都建康。

当时的中国已经是东晋时代，定都建康，即今天的南京。时任在位皇帝是晋安帝司马德宗。

这个司马德宗据说是个弱智，连一年有春夏秋冬四个季节都整不明白，堪比当年西晋朝的那位何不食肉糜的惠帝司马衷，所以当时东晋的政治大权基本都落在王公重臣们的手里，朝外的许多将军也多拥兵自重，这其中就包含了后来取代东晋自立九五的南朝刘宋的开国皇帝刘裕。

此次遣使而来的倭国国王一般被认为是日本的第十七代履中天皇，名讳大兄去来穗别尊。而中国人也给他起了一个相当不错的名字，叫讚，史称倭王讚。

倭王讚的父亲就是那个千年一遇的大完人仁德天皇。

不过仁德天皇虽说为后世留下了一段和哥哥菟道稚郎子互推王位的佳话，但他的儿子们在这方面就做得很不怎么样了。

仁德天皇有四个儿子，倭王讚虽说排行老大，但却并非太子，太子是老二住吉仲皇子。结果三兄弟都和老二关系不和，在仁德天皇驾崩后没几天，便共同发难，买通了住吉仲皇子的侍卫刺领巾，在皇子上厕所的时候，以长矛刺杀其于粪坑边上。

之后，众权贵推举出大兄去来穗别尊为王，即倭王讚。

倭王讚和东晋的这一次外交非常简单利索，使者来，磕个头，上贡品，走人。

八年后（421），倭王讚再度遣使来到建康，献上了贡品。

此时东晋已经没了，取而代之的是刘宋——刘裕终于从一介草民坐上了龙椅当了皇帝。

但倭国人对这一切并无兴趣，和八年前一样，他们报过名号，献上贡品，然后转头就走。

但被刘裕给叫住了。

刘裕说你们到底想干嘛？

倭使眨巴眨巴眼睛看着他，说我们是来朝贡的。

刘裕说你们那么远过来一趟也不容易，如此无欲无求更是难得，可朕要不回馈你们一点什么，岂不成了光进不出的无礼小人，跟那白痴司马德宗一个德行了？说吧，想要啥。

倭使摇摇头：我家大王并没有让我向您要点啥啊。

刘裕说那要不你留下来吃个饭再走吧。

这一天，在场的宋国君臣都很感动。

因为天朝历来都见惯了周边的那些小国每年拿着一堆喂狗狗都不会抬眼看一下的破烂贡品跑中国来打算换取高额回赏，常年以往这几乎成了那群蛮夷们的生财之道。现如今冷不防来了一群只送东西不求回报的"活雷锋"，简直是闷热酷暑里的一股凉风，让人清新顿生，好感倍增。

元嘉二年（425），倭王讚再度派遣使者，向刘宋献上了贡品。

此时武帝刘裕已经不在人世，当位的是他儿子，宋文帝刘义隆。

和前几次一样，倭国使者依然是放下东西便走，最多跟皇帝寒暄几句套套近乎，除此之外再也没有其他动作，压根不提回赏或是求封之类的事情。

元嘉七年（430），倭王讚的使者又一次来到了建康。

对此中国人已经没什么好多说的了，因为都习惯了，大伙如例行公事一般地接待了来使，收下了礼物，寒暄过后留着吃了一顿国宴，然后客客气气地目送他们出了宫门。

虽说谁也不知道倭国人到底在打什么小九九，但至少有一点能够得以确认，那就是日本的各类技术，尤其是航海技术，在经过一百多年后，又实现了一次飞一般的跨越，不然他们实在没可能渡海来朝得如此频繁。

元嘉十五年（438），倭国使者又来了，但和上几次明显不同的是，这次的倭国使者穿戴非常朴素，一身白麻，脸上也充满着悲怆之色，仿佛家里死了人。

一问，还真是，倭王讚去世了。

此时的倭国大王，已经被换成了讚的弟弟珍，也就是日本历史上被称为反正天皇的那个。

反正天皇是仁德天皇的三子，据说是个身高超过二米的魁梧之人，当年就是他买通了住吉仲皇子的侍卫将哥哥扎死在茅厕，也因为这个功劳，被倭王讚册立为皇太弟。

看着一身白丧的使者，刘义隆连忙宽慰，说人吃五谷终有一死，你们也节哀吧，别太伤心了，要不这样，讚大王生前多次遣使朝贡，我们也没回送给他什么，现在既然斯人已去，干脆就来个追封，由我们天朝大国赐他爵位谥号，你看如何？

倭国使者听完，悲伤地摇了摇头，说了两句话。

第一句是大家都非常熟悉，已经说了快好几十年了的老话：不用了，谢谢。

第二句则是新创：陛下，您真要封赏，就封赏给我们现在的大王吧。

刘义隆很大方地表示那也行，就封倭王珍吧，封他当个倭国国王如何？

倭国使者又摇了摇头，从怀里摸出了一块写得密密麻麻的木片，照着上面读出了让当时所有在场的人都为之一震的第三句话："请求天子陛下封我家大王为倭国王，征东大将军，都督倭、百济、新罗、任那、秦韩以及慕韩六国军事。"

以上这句话，提到了六个地名，除了倭之外，其余五个都位于朝鲜半岛，而这五个地方拼起来，则是整个朝鲜半岛的南部，大致等于今天的韩国地区。

倭五王时代日本到访中国路线图

换句话讲，倭王珍（反正天皇）这次提出的封赏要求是：除了封自己为倭国王之外，还希望刘宋方面给予自己管辖南部朝鲜半岛所有小国的权力。

刘义隆有些不相信自己的耳朵：这还是当年那个放下礼物便走留名都不怎么愿意留的活雷锋倭国么？

看似一反常态，其实蓄谋已久。

日本人在下一盘很大的棋。

二、生田神社

在说这盘大棋之前，我们先来说一个地方，叫神户。

比起东京、大阪、京都、北海道等旅游热门地区，中国人对于神户的印象似乎相当不深，即便是听过地名，那多半也是因为1995年那场有名的阪神大地震或是总部设立在滩区的亚洲第一大黑社会山口组。

其实神户这地方和中国还是很有缘的。位于中央区的南京町，是日本年代最悠久的华人居留地之一，论历史远超著名的横滨中华街——事实上横滨中华街在1955年之前，正式名字还都是仿照神户叫南京町的。

神户这个地方的得名，也确实与神有关。且说当地有一占地广、规模大、级别高的神社，其周围的人家都从事着为神社酿酒，为神社种地，以及为神社打扫卫生等相关工作，因此这些人家都被叫作"神户"。

由于该神社真的高上大以至于神户众多，久而久之，整个一大圈土地都被叫作神户了。

这个神社，叫生田神社。

生田神社，是日本最古老的神社之一。根据神社官网以及贴在大门口的简介等官方说法，这座神社建于一千八百年前，乃是神功皇后征讨三韩从神户港走海路出航之前，为祈祷风调雨顺不沉船，势如破竹打胜仗而造。

应该讲，这个讲法是有问题的。

首先，我们知道，神功皇后实际上并不存在，如果一定要说她存在，那么相对应的人物应该是卑弥呼。而卑弥呼有没有征讨过三韩（朝鲜半岛）？应该是没有过，不然发生那么大的事情，魏国就算不过问干涉也至少会在史书上记一笔吧。

其次，一千八百年前倭国的政治、文化、经济、军事的中心是九州北部，打朝鲜犯不着从神户坐船，直接走对马海峡，分分钟就能登陆。

然而，尽管神功皇后不可能打过朝鲜，但我们却也不能就此认定生田神社的历史是自己随便编的。事实上，三韩征讨倒是确

生田神社

有其事，只不过并非是在卑弥呼时代罢了。

　　根据朝鲜历史记载，公元356年，奈勿尼师今即位，成为新罗第十七代国王。

　　362年，倭国大军渡海杀到，理由是奈勿尼师今当了大王却没有通知自己，也没有朝贡，所以该打。新罗并没有抵抗多久，便宣布投降，并答应从今往后每年进贡。

　　365年，倭国再次以新罗怠慢朝贡为由，出兵攻打，四处掠夺人口、物资后离去。

　　391年，倭国又一次渡海而来，不过这次不再只针对新罗一家了，而是接连攻打了百济、任那和新罗三国。三个国家全都表示愿意臣服。

　　事情进行到这一步，由于倭国实在气焰嚣张忍无可忍，所以朝鲜半岛上绝大多数的国家都联合了起来，组成一个抗日联盟，牵头的是高句丽的一代明君好太王。

生田神社鸟居

然而这并没有什么用，倭国仍是想打就打，从不手软。

于是百济率先熬不住了，于398年背叛了大家，单独与倭国和谈。盟主高句丽顿感此事不能忍，发兵数万攻向百济首都平壤。倭国得报后，二话不说玩了一手围魏救赵，直取新罗，高句丽为救小弟，不得不掉头迎击，双方于第二年（400）在新罗首都相遇，因高句丽人多势众，倭军不得已退却，但在跑路途中，还顺手欺负了一把任那和伽罗。

公元404年，倭军再度进犯，并在今天黄海道处击败了高句丽大军。

从以上种种史料我们可以看出，从公元4世纪中叶开始，日本便频繁对朝鲜半岛用兵，而且基本上以胜利居多。

此时倭国的政治军事中心早已从九州北部移到了近畿的阪神地区，每次用兵，都是从神户港出发，经濑户内海抵达北九州，再越过对马海峡登陆朝鲜半岛。

而生田神社应该就是在这个时候造起来的。

至于用兵朝鲜的目的，首先当然是要掠夺，之前我们就已经说过很多次了，尽管武力上打不过倭国，但从文明层次来看，朝鲜半岛要比日本高出好几个档次，倭国如果想要快速发展，那么直接去半岛掠夺技术人口以及先进的生产工具显然是一条捷径。

其次，5世纪的中华大陆正值南北朝分裂状态，自己内部都打不过来，自是无暇顾及海外邦交，日本正是想通过这个机会，建立一个有利于自己的全新外交体系。

三、师兄怎么又是你？

元嘉二十年（443），日本人又来了。

此次前来建康，第一件事是报丧，倭王珍病逝，王弟济继位，日本历史上称之为允恭天皇。

允恭天皇是仁德天皇最小的儿子。

每次看到这里，我都会深深地同情住吉仲皇子，一家兄弟四人，三个都当大王了，唯独他被人一枪扎死在厕所，太可怜了。

说起来这个倭王济也算是一代明君，干过很多具有里程碑意义的事情。

他是第一个将中医引进日本的人，据说有一年哥们儿重病，针石无效，情急之下便派人跑去新罗，"请"了一个老中医回来，三下五下的还真给治好了。而那位神医自然也不肯再放回去了，便将他留在倭国，整日里好吃好喝地供着，让其专门给皇家治病，顺便再培养培养人才。

此外，倭王济在当政期间，还修建了一座规模壮观的宫殿，本来这也不是什么稀罕事儿，只不过这宫殿的位置比较特别，在选址的时候，天皇摒弃了他哥、他爹、他爷爷等数代人的传统，不再把家安在了大阪，而是上了奈良，具体说来是今天的奈良县高市郡明日香村，古时候的名字叫大和国飞鸟地区。

这地方在后来的两三百多年里都一直是日本的政治中心，而日本历史上起始于公元 593 年的飞鸟时代，由此而来。

除了各种里程碑之外，倭王济还做过一件在日本古代史上比较有震撼效果的事情。

话说在他刚刚继位没几年的时候，因为那会儿他哥反正天皇，也就是倭王珍的陵寝还没造完，所以遗体暂且还不能入土，得着专人妥善看管做一些防腐工作。而负责此项任务的家伙叫玉田宿祢，乃是倭国重臣，他爹（一说爷爷）之前登过场，就是葛城袭津彦。

不过玉田宿祢这小子命不好，刚刚接手了这个重大任务之后就赶上了一场地震，因为那年头日本国内的科学认知水平极度低下，一看到那地动山摇的就以为世界末日来临，吓得那玉田宿祢二话不说当场抱头鼠窜，找了一个安全的地方当起了鸵鸟。

于是这便犯下了大罪。

身为负责照看先王遗体的臣子，出了大事你第一个想到的应该是那具尸体而不是光顾着自己逃命，现在既然你逃了，不管遗体有没有受损，都是一种罪过。

所以倭王济派出大臣尾张连吾袭前去问责，可不曾想那玉田宿祢心知自己罪大恶极，干脆一不做二不休，准备了一桌酒席宴请尾张连吾袭，背地里却在席间安排了刀斧手，酒过三巡之后掷杯为号，剁得那哥们儿当下就成了一摊肉泥。

照常例，犯下这种违圣名杀钦差的勾当肯定难逃一死，但关键在于这家伙是玉田宿祢。

他爹是葛城袭津彦，他姐是磐之媛命，即倭王济的亲娘。

也就是说，这次的罪犯是大王的亲舅舅。

再加上这厮还是将门虎子，手腕虽不如其父却也是好生了得。

故而在收到风声之后，群臣普遍一片惶恐，有人还主动站出来劝谏大王，说玉田宿祢这小子势力太大，真要处理他搞不好就被反攻倒算了，所以干脆就闷声装一次傻，由着他去吧，反正尾张连吾袭也不是什么举足轻重的大人物，死就死了吧，维护国内的稳定团结才是真正的重中之重。

但倭王济却全然不理会这些人，大手一挥然后迸出来四个字：把他干掉。

当然，不能强干，要有技巧地做。

数日后，倭王济宣玉田宿祢觐见。

在宣召之前，他还让人特地补了一句，说是请客吃饭，只要玉田宿祢愿意诚恳前往，那么对于之前地震和杀钦差一事，可以既往不咎。

也不知道玉田宿祢那天到底是吃了什么吃坏了脑子，居然真会相信这种只要撮一顿就能免去弥天大罪的谎言，真的去了。

到达宴会现场之后，都还没坐下拿筷子，倭王济便一声令下，底下刀斧手四出，将玉田宿祢扎了个五花大绑。

接着，大王宣布罪名，并当场下令拖出去砍了。

与此同时借着这次机会，倭王济还玩了一次大规模的肃清，把一些平日里就看着不爽的、脑后或许有反骨的刺儿头们或杀或罢地通通清理出了朝堂。

总体来说，这是一个非常开明且时常会打破陈旧规矩的统治者，同时他的行事手段也是前所未有的雷厉风行。

这样的一个对手，现在站在了刘义隆的跟前。

而倒霉的刘义隆却一无所知，他只知道倭王珍死了，眼前的这个使者是珍的儿子济给派来的，除此之外一概不晓。

其实这也是中国历来和日本相斗总是吃亏的最大原因——我们总把对方想成是化外番邦蕞尔小国，而对方却早就把我们给摸了个里外门清。

当宋文帝刘义隆收下礼物之后，出乎意料的是倭国使者并没有旧事重提，而是希望皇帝陛下能够把已故先王的封号转封给现任大王。

这是一个非常合情合理的事情，所以刘义隆并未吝啬，下旨加封倭王济为安东将军，倭国王。

倭国使者谢恩而去。

刘义隆隐约感到这帮人可能还会再来。

他猜对了。

元嘉二十八年（451），久违了八年的倭国使节团再次出现在了建康。

在送完贡品之后，他们提出了自己的要求：希望刘宋方面赏自家大王济一个职务，一个能够都督倭、伽罗、新罗、任那、秦韩、慕韩六国军事权的职务。

跟之前相比，这回倭国人给出的地名中，少了一个百济，多了一个伽罗。

此时百济已经是倭国头号贴心小弟了，所以大哥给了面子，让他和自己平起平坐，共当名义上的中华藩属。

伽罗就是加罗，终于也归顺了倭国。

反正倭国给出的那几个地方尽管名称跟上次有所不同，但意思和目的还是一样的：想要朝鲜半岛的统治权，以便在半岛扩张势力。

这应该算是意料之内的事情了，所以宋文帝也遵循旧例，开始糊弄，先是表示你们倭国使者千里迢迢而来，肯定是累了吧，要不要欣赏欣赏我们江南的歌舞？

日本人摇摇头，道了谢之后说，自己是来办事的，真要载歌载舞，那也得在事儿办成之后。

宋文帝又表示，你们倭国真可谓是我刘宋最好的藩国，你们这些倭国使者也可谓是两国之间友好的纽带，这次前来，就让朕给你们各自封官，以资鼓励吧！

日本人还是摇摇头，谢完皇上隆恩，又表示还是请先把正事儿办完了，再说封官许愿吧。

总之不管宋文帝如何扯开话题，倭国使者却全然不为所动，每每都能把那已经被转进或是岔开的议题重新给扭送回来，而且态度死缠烂打，近乎咄咄逼人。

这下刘义隆真心郁闷了，他怎么也想不明白：为什么？为什么他一小小的倭国，居然敢如此底气十足地跟我叫板？

因为人家知道你虚。

话说在倭使来建康的前一年（450），发生了一件大事。

那一年，北魏对刘宋用兵，发起大规模的攻势，太武皇帝拓跋焘率兵一举攻至长江，把江苏六合都给占了，这让刘宋朝廷上下极为震撼。

但震撼之余他们什么也做不了，因为当年曾经把北魏打得跟孙子似的刘宋名将檀道济已经在十四年前（436）因北魏的离间计而死在了刘义隆的手里，此时此刻，刘宋早已无可用之将，只能死守长江天险，看敌人蹂躏国土。

至此，刘宋，或者说整个南朝在军事方面进入了一个极大的被动境地。

而倭国使者们显然是在知道了此事的情况下，有备而来，打算乘人之危的。

至于这消息是如何传到济大王的耳朵里的，那自然是多亏了渡来人们。

当年日本的移民政策非常优惠，导致外国人的往来极为频繁，所以到后来不光有搞生产的技术人员前来定居，就连一些军事圈子里的情报人员，往往也会跑来买卖情报。

当然，主要是卖。

四、纷争开始

建康的刘义隆进退两难，有苦难言：答应吧，那等于是抛弃小弟朝鲜，真心很没面子；可要拒绝吧，那就很有可能造成与倭国翻脸。虽然倒是不怕他们跟北魏一样直接带兵来攻，但这帮倭国人显然会对朝鲜半岛动武，到时候真把朝鲜给打下来自己又救不了，岂不更加丢人？

况且这回倭国使者态度似乎也是一反从前，极为强硬，大有一副你不答应爷就不走了的架势，让刘义隆心中更加纠结。

前思后想了半天，他终于做出了一个痛苦的决定：着倭国王济都督倭、伽罗、新罗、任那、秦韩、慕韩六国军事权；并加封安东大将军（注意大字）、倭国王，钦此。

此外，本次倭国使节团中，有二十三人被封将军号。

这无疑是日本外交史上的一次超级大胜利，也堪称是世界外交史上的一次小小的奇迹。

毕竟一个连文字都还不曾有的化外夷邦能用智慧而非蛮力从一个老大帝国那里虎口夺食，这着实是相当罕见的。

而宋文帝刘义隆并不知道，他的这个完全出于无奈的决定，在某种意义上，等于是打开了潘多拉的匣子，给之后一千多年里的整个东亚局势，都带来了巨大的纠结。

再说那倭国使者虽说是满载而归，可倒也不曾忘恩负义，心中依然挂念着老大哥。

大明四年（460），倭王济遣使拜会宋孝武帝刘骏，当时刘义隆已经驾崩，刘骏是他的儿子。

大明六年（460），倭使再来，不过这次并非拜码头，而是特地前来照会刘宋朝廷，说我家大王因病医治无效去世，现在世子继位，请皇帝陛下照前例，把先王的爵位官号转给新大王。

新大王的名字叫兴，日本人称安康天皇。

这是一个近乎例行公事的合理要求，所以刘骏就下了一道内容为封倭王兴为倭国王，加安东将军一职的诏书，同时还用相当客气的口吻鼓励了几句，诸如倭国国王虽远在海外，但却心系我刘宋，着实忠心难得云云。

宣完圣旨，便命令送客。

倭国使者还想说些什么，但刘骏已经起身离开了。

其实他心里很明白，对方想说什么，想要什么，无非就是想让自己把先代倭王的那"都督倭、伽罗、新罗、任那、秦韩、慕韩六国军事"权让现在的这位倭王兴一并继承。

那肯定是没可能的。

当年是因为北魏人打到六合，现在的刘宋虽谈不上盛极一时，可也是国泰民安，哪能再跟从前似的你要什么就给什么？

倭国使者失望而归，之后便一直都没有来过。

这其中的理由之一多半是由于倭王很生气，可又不能和中国动粗，只能耍耍小孩脾气，不跟你玩了；而另一个更重要的原因则是跟倭王兴本人有关。

这是一个不怎么会治国安邦的统治者，整日里游手好闲调戏良家妇女，虽然比不上商纣、夏桀等传说中的极品暴君，却也是个不太干好事的主儿。

而且倭王兴本不是王太子出身，故而即便是当了大王其地位也并不牢靠。他还有个哥哥，叫木梨轻，乃倭王济的长子，两人是同父同母的亲兄弟。

只不过这个木梨轻是个不着四六的傻孩子，在情窦初开的青春期来临之时，偏偏犯了一回贱，跟自己同父同母的亲妹妹轻大娘公主（瞧这名字给起的）搞到一块儿，两人不光同床共枕，还彼此之间互通情书。

但由于保密工作没做到位（或者那俩人根本就没打算保密），很快就让他们的亲爹倭王济给知道了，大王当然是出离的愤怒，连手都抖了。

就这样，木梨轻王子被气急败坏的倭王济免去了太子头衔，改由弟弟，也就是现在的倭王兴继位。

只是那当爹的没想到，这弟弟其实也是个下流胚子。

而且这哥们儿比他兄弟的口味更重，在继承大统之后，先是设计杀害了自己的叔叔大草香王子，然后将婶婶中蒂姬命强行娶回家，封为王后。

话说大香草和中蒂姬两人有个儿子，叫眉轮王，当年不过七岁，可却人小胆大，当他知道自己父亲惨死、母亲被抢这一系列惨剧的真相之后，在某个夜晚，拿着宝剑偷偷摸进了堂兄的卧室，然后将剑猛地刺入其胸口。

倭王兴就这么死了。

这是日本历史上有记载以来最初的报仇事件，史称眉轮王之变。

撇开一切道德文章人情义理不谈，单说被七岁小朋友拿刀扎死这一条，也能看出这位大王实在是有点儿弱。

五、雄略天皇

倭王兴死后，因为没有儿子，所以几个弟弟便理所当然地成了王位候选人。

其中，大泊濑王子脱颖而出，在接连杀死自己的亲兄弟八钓白彦王子和坂合黑彦王子之后，当之无愧地成了一枝独秀的王家独苗，顺理成章地当上了倭大王。

一般来讲，如果几个兄弟里大都是废柴人渣的话，那么这剩下的最后一个，百分之九十九以上会是旷世逸才。

而这大泊濑王子，正是那个剩下的。

其实从三观性格上来看，他跟自己的那俩哥哥没什么太大的差别，他既是个心狠手辣之人，也是个喜爱漂亮姐儿的好色之徒，只不过天才毕竟是天才，不管捅什么篓子都能摆平，或者说天才跟傻蛋的重要区别之一就是天才知道什么篓子能捅什么不能捅，怎样的坏事能干怎样的不能干。

倭王武是靠杀兄弟搏出位的，而在继承王位之后，为了稳固自己的地位，他依然不吝大开杀戒。

话说他们家有一个堂兄弟，叫市边押磐王子，倭王兴生前曾经开过一个玩笑，说是以后自己若是没儿子，就打算把王位让给这个堂弟。

本来也就是一句说过就算的玩笑之言，可偏偏倭王武在即位之后就当了真，他生怕这位市边押磐王子来抢自己的王位，所以某日特地约他出去一起打猎，在森林里，倭王武弯弓搭箭，直射市边押磐王子后心，一箭命中之后，对方当场吐血倒地而亡。

如果说弄死市边押磐勉强算得上是维护王权，但接下来的事情，就只能说是残忍无道了。

话说在雄略入皇宫中，有一个叫池津媛的，据说是百济国的公主，被自己国家送到倭国用于和亲，结果不曾想这姑娘甚是作死，全然不顾自己的政治使命，非但不看雄略天皇一眼，反而还跟大王身边的一个叫石川盾的青年侍卫好上了，孤男寡女干柴烈火地这么一来二去，百济公主便有了身孕。

被戴了绿帽子的雄略天皇并没有如常人般暴跳如雷摔锅子砸碗，而是面无表情地命令手下把两人带到了一间小茅草房，很平静地把事情经过问了个遍，然后又很平静地说道："看你们孤男寡女干柴烈火的，想必也是情不自禁，算了罢，孤成全你们。"

小两口很高兴，以为大王良心发现要促成一门婚事了。

结果没曾想雄略天皇一挥手，下面侍卫走上前来把两人抓起，丢进了一间小木屋里面。

一声令下，火光四起。就这样，两人被活活烧死在了房间里头。

雄略天皇干过的非人恶道之事还有很多，比方说他会相当无厘头且无征兆地突然问身边人一些非常无聊的问题，例如天上有几颗星星，寡人有几根胡子，只要对方没答上来或是回答得不让他满意，那下场就是被当场砍死。

除了杀个把人爽爽之外，雄略天皇还会以各种乱七八糟的理由来发动战争。

因为以上种种，所以在历史上，这位倭国大王便得了一个"大恶天皇"的外号。

但与此同时，他却也有着自己的另一面——文雅风流，励精图治，拓展武略。

在被誉为日本诗经的《万叶集》里，开卷第一篇便收录的是倭王武的作品。

而在治国方面，他也是颇有手段。话说当政期间，倭王武发现当时作为日本支柱产业的纺织业，虽说各地作坊很多，但生产力却大多相当低下，于是大王亲自深入基层搞起了调研，经过考察，他发现之所以生产力低下，全是因为那些织布的不懂养蚕，往往把蚕宝宝都养在不怎么产桑的地方，没桑，自然也就蚕少，蚕少，丝也少，丝少了，布还能多么？

所以大王当即下令，在全国范围内选出桑叶产量最高的几个地区，然后把所有的养蚕户都集中到那里，结果当年日本的丝绢产量果然出现了大幅度的上涨。

除了搞内政，打人打仗他亦是一把好手。

倭王武之所以被称之为"武"，那显然是因为他很能打。

此人据说能够单枪匹马地猎杀一头成年野猪。

有勇之余，他也有谋，但凡说到行军作战，就没有这位大王不会的。

当时的日本列岛虽然对外宣称是一个名为"倭"的统一政权，但实际上日本人心里清楚得跟明镜似的，自己那可爱的祖国自打有人住以来，就从来都不曾真正地统一过。即便是一代女帝卑弥呼，其势力范围也仅限于九州岛，后来虽然政权转移至近畿地区，但四国、东北以及关东大部分地区，多为豪强林立各自为政，都不曾为倭王所辖。

倭王武决定改变这一切，在他弄死了几个哥哥确保了王权无忧之后，便马不停蹄地开始发兵东征西讨。

第一个被刀枪所指之处是吉备国（今冈山县）。

却说吉备国豪族吉备田狭有个老婆叫稚媛，长得貌若天仙堪称岛国一绝。

结果倭王看上那姑娘了，于是想了个很下流的手段，命吉备田狭去朝鲜的任那办外交，趁着他离国的当儿，派人上门强抢人妻，再霸王硬上弓。

于是吉备大人冲冠一怒为红颜，勾结新罗再回国起兵作乱。

倭王闻讯大怒，率兵征讨，吉备田狭在拼死抵抗后终因没有打仗才华加之说好的新罗援军迟迟都不曾出现等缘故而惨败。

不过倭王武总算是天良未泯，知道这回纯属自己理亏，所以没有对吉备田狭下杀手，而是放了他一条生路。

之后，打上了瘾的倭王开始了他伟大的日本统一战，继吉备国之后，播磨（兵库县内）、伊势（三重县）等国也纷纷遭到攻打，王师所到之处，豪强诸侯们无不望风而降，虽有负隅顽抗者，也会在最短的时间内被武力摆平。

短短数年，倭王武便让全日本都膜拜在了自己的刀枪之下，堪称是日本的秦始皇。

可以说，也就是从这时候起，整个日本列岛，才开始归他倭国朝廷管。

六、外交战

而在扫平列岛之后，意犹未尽的倭王武（雄略天皇）又将眼光投向了海外。

公元464年2月，倭国军队在朝鲜半岛击败高句丽军；次年

（465）5月，攻入新罗，虽然在一开始的时候遭遇挫败，但最终还是拿下了对方的活开城。

据说当时整个朝鲜半岛都为之而震撼，无论是军师谋臣还是武官猛将，但凡听到倭国人仨字，无不丧胆变色，不能自已。

总体来说，这位倭王武应该是早期日本历史记载中最强同时也最为真实的一个国王，他既不像神武天皇那样宛若天神，也不似仁德天皇那般近乎圣人，而是有血有肉，既风花雪月也猥琐下流，既残暴凶狠却也有情有义，总之，立体感很强。

在坐稳了王位，安定了政治军事之后，倭王武便理所当然地开始考虑起了外交事宜。

当时日本的外交对象说起来其实也就两个，一个是朝鲜半岛，另一个是中国大陆。

对于前者，日本人采取的是比较高压的政策，而且也不怎么把对方放在眼里，历来是想打就打想杀就杀的。在当时倭国眼里，朝鲜半岛虽说拥有着高过自己的文明，可终究不过是个智慧型小弟，没啥地位。

而中国自然是不同的，毕竟是古立天朝久称上国，虽说眼下是不怎么太平，但跟倭国相比仍是瘦死的骆驼比马大，轻易不能乱惹。

当然，不乱惹，并不代表不惹。

公元477年11月，久违了十五年的倭国使者再度出现在了建康皇宫内。

此时刘宋坐龙椅的那位已经换成了宋顺帝刘准。

他是刘宋的末代皇帝。

刘准，字仲谋，长相端华，宛如画中之人，而且聪慧睿智，性格温良。

虽说是天赋出众，但却也有个致命的弱点——那一年，他才十岁。

其实刘宋的皇位本不该他坐，只是在升明元年（477）的时候，重臣萧道成杀宋废帝刘昱之后，找了一个天资最高也最容易掌控的家伙来当皇帝，那便是刘准。

因为尚且年幼，所以国中大事全部都由萧道成说了算。

而萧道成心中在想什么，那也是司马昭之心路人皆知。

这路人，包括了倭王武。

"在任何作战计划的制订过程中，最首要的因素便是情报。"

千百年来的日本人们早就把此话给贯彻到了极致。

倭王武从来都不曾忽略过任何来自于中国大陆的情报。他知道该怎么对付刘准和萧道成。

因为这次倭国使者讲明是来朝贡并顺便通报倭国王位交替之事，并没有讨论国际事务的打算，所以刘宋方面只安排了小皇帝亲切接见，萧道成本人则并不在场。

双方四目相对之后，倭国使者开始自我介绍。

"在下自倭国而来，奉了倭、百济、新罗、任那、伽罗、秦韩及慕韩七国军事都督，安东大将军（注意大字），倭国王武之名，前来拜会宋国皇帝。"

此言一出，四座皆惊。

因为除了那"倭国王"之外，其余的各种头衔，全都是自封的。

给人一种你不给我我就自己拿的感觉。

作为一介下属藩国，敢在天朝皇帝跟前如此言行，实属大逆不道，堪称有不臣之心，说白了就是想造反。

望着胆大妄为的倭国使者，年幼的刘准一时间说不出一句话来，底下陪同的臣子们也一声不吭，因为大家都不知道从何说起。

当场跳将起来大声斥责一番？

这似乎不妥。

因为倭国在朝鲜半岛的势力渗透本身已是既定事实，刘宋根本无力干涉，这时候如果跟倭国使者据理以争吵个脸红脖子粗的话，非但说服不了他们，反而会很没面子，甚至加速他们在半岛的进一步行动。

而到了那时候，萧道成是肯定不会提出发兵救援的，因为他正在忙着干私活，等着篡权夺位；至于那刘准，自然也是铁定不可能去的，因为这孩子还等着别人来救他呢。

更何况，即便那两位有心去救，这北边还有北魏在呢。

这些情况，倭王武早就已经熟知于心了。

所以得出的论点是：对于倭国所干出的这种大逆不道的行径，刘宋方面多半会采取不闻不问的态度。

接着，倭国的使者又向刘宋朝廷通报了先王死讯以及新王继位，再献上了朝贡的礼物，一套例行公事之后，便起身告辞。

第二年（478），他们又来了。

这次来建康，倭国使者们担负着两个巨大的重任：叙正以及递交国书。

叙正，就是把上一年自称的那一连串头衔给转正，之前刘宋不过是默认，现在要让他们光明正大地下圣旨给予承认。

只不过去年是都督七国军事，今年则变成了六个，少掉的那个，是百济。

百济被打残了，凶手是高句丽。

话说在三年前（475），高句丽出兵南下，一举攻陷百济首都，还杀了百济王，最后是在倭国的干涉性帮助下，百济王子才勉强出逃，率领残部迁到了一个叫熊津的地方，等候时机东山再起。

而倭王武派人送到建康的那份国书，也正是与此事有关。

这是日本历史上第一份国书，全部用汉字写成。主要分上中下三个部分。

前半段先是自我褒奖，在文中，倭王武以夸张的手法向刘宋朝廷传达了这样一个信息：经过大小几十余战，自己现在已经是完全一统江山的倭国国君了，虽说国力跟天朝上国还不能相比，但也算是东亚小强了：

封国偏远，作藩于外，自昔祖祢，躬擐甲胄，跋涉山川，不遑宁处。东征毛人五十五国，西服众夷六十六国，渡平海北九十五国，王道融泰，廓土遐畿，累叶朝宗，不愆于岁。

这里的毛人，就是虾夷之地，即今天的北海道地区，从此可以得出，日本早在公元5世纪，就已经取得了对北海道的控制权。

其实这是很赤裸裸的威胁——有史以来，日本第一次以武力相威胁中国。

接着，倭王笔锋一转，开始控诉高句丽，大意是说那地方穷山恶水尽出刁民，从很久之前便经常劫掠边境，现如今更是变本加厉，侵略百济，实在是是可忍孰不可忍；在文章的最后，倭王武表示，自己作为东亚小强，从来都不畏强暴，一直有心攻打高句丽，为百济复国出一把力，只是苦于前几年来事情太多，自己先是死了爹后又亡了哥，光办丧事都来不及，实在脱不开身，这些年总算是缓过来了，所以打算尽快出兵，希望天朝能够给予支持，即便不出援军给点名分也行，只要名正，那事儿也就多半能成了。

落款是都督倭、新罗、任那、伽罗、秦韩、慕韩六国军事，安东大将军，倭王武。

也就是说，除了南部朝鲜半岛之外，日本人还想对北面的高句丽用兵，并且希望中华政权不要干涉。

手越伸越长，东西越要越多。

最要命的是，刘宋还不得不给。

因为此时国内的形势已经越发紧张了，萧道成正紧锣密鼓地加紧自己的大计划，刘准则有心杀贼，无力回天。

数日后，刘准下了一道圣旨，把都督倭、新罗、任那、伽罗、秦韩、慕韩六国军事权赏给了倭王武，同时，还加封他为安东大将军。

而高句丽那边，刘宋朝廷虽然没有明确的表态，但实际上也等于是放手了，毕竟倭国索要的名分全都已经如数到手，那么换句话讲，刘宋等于是支持他们对高句丽用兵的。

这不得不说又是一次大胜利，继南部朝鲜半岛之后，倭国连北朝鲜也得到了——当然，目前还仅仅停留在名分上。

至于胜利的原因，主要当然得归功于倭王武的谋略——快速获取第一手情报，然后趁着空隙见缝插针。

建元元年（479），萧道成终于下手，派部将王敬则率兵进宫，逼刘准让位，然后自登宝座，建立南齐政权，是为齐高帝。

在临离开龙椅前，年仅十二岁的宋顺帝留下了一句悲怆至绝的肺腑之言：愿生生世世，再不生帝王家。

同年，幽禁中的他被负责监视的南齐士兵所杀。

萧道成当上皇帝后，倭国使者在第一时间便出现在了建康，以最热烈的言辞代表倭国向萧道成表示了祝贺，齐高帝当然很高兴，当即加封倭王武为征东将军。

南北朝期间，倭国使者的最后一次到访，是在天监元年（502），这一年，梁武帝萧衍接受齐和帝萧宝融的禅让，建立梁朝，倭国闻讯之后特遣使者前来祝贺，倭王武也因此又高升一级，被封征东大将军。

倭王赞（履中天皇）、倭王珍（反正天皇）、倭王济（允恭天皇）、倭王兴（安康天皇）以及倭王武（雄略天皇）这五位倭国大王，在历史上也被并称为"倭五王"。

　　这五位国王对于日本而言堪称居功至伟，因为他们的出现以及治世，使得倭国不再是当年那个唯中华马首是瞻的原始跟班了，日本人开始琢磨着自己该如何作为一个国家去参与甚至是去改变周边的秩序，此时虽说尚未有清晰明确的目标，但一些上层权贵亦开始若隐若现地明白自己应该将国家打造成如何模样了——总有一天，要把日本打造成一个可以和海对岸中华天朝并驾齐驱的国家。

　　当然，这将是一条无比漫长且艰难的道路。

第七章　神道？佛经？

一、佛教传来

公元 552 年，百济国的使者造访了倭国，他们奉君主圣明王之命，为当任的钦明天皇带来了三样礼物：一尊佛像，一套佛具以及一部佛经。

同时，还有一封圣明王亲笔写的信。

在信里，百济国王是这样说的：所谓佛法，是一种比其他任何经典都要高深的东西，其中的奥妙，即便是圣贤孔子或是周公也无法揣测，这玩意儿本源于天竺，后传入三韩，顷刻间就为大众所敬仰。由于佛经中有过预言，称佛法将会继续东传，我想来想去，觉得东边也就你们倭国了，所以才特地遣使送经，希望能让此物在贵国发扬光大，以普度众生。

信不长，百来字，但所包含的信息却不少。

首先，至少在当时日本的上流社会，儒教或者说汉学，已经十分普及了，不然百济国王是不会拿孔子、周公来举例的。

其次，文中所提到的三韩，指的是朝鲜半岛，那会儿半岛的政治格局已经产生了不小的变化，从原先"主要有三国"变成了现在的"只有三国"——高句丽、百济和新罗。

第三，百济王在信中对佛教传来的途径做了光明正大的篡改，把佛教说成了是直接从印度传来的东西，完全忽略了中国的存在。

但不管怎么说，这封信以及那些个佛教用品，对于钦明天皇而言还是很有吸引力的，他当下就开始捧起了佛像仔细观摩，然后敲了敲木鱼，把玩了一会儿念珠，最后打开了那部佛经。

读完之后，天皇深感佛法无边，其乐无穷。激动之余，又觉得独乐乐不如众乐乐，于是第二天就把群臣给召唤到了殿前，先是说了一通佛法奥妙，接着便问了一个问题，那就是要不要把佛教当成倭国的官方宗教，普及一下？

一时间众大臣们议论纷纷，说什么的都有，就在这混乱的当口，突然就站出来一人，先口称大王圣明，再表示自己对于佛法精妙早有耳闻，今日又喜见殿下皈依极乐，心中怡爽万分，至于让佛教在倭国全境普及，那更是天大的好事，自己绝对支持。

话音刚落，猛然间又跳出来一人："大王，我倭国自古便是神之国度，有八百万众神护国，今日若是贸然弃之不顾而奉他国之神为尊，恐怕是要遭报应的。"

顷刻间，刚才还嘈杂万分的殿堂上一下子就安静了，大王以及群臣都默不作声地摆出了一副习以为常的表情然后盯着说话的这二位，静静地等待着他们各自的下一段发言。

其实接下去也没什么有营养的话了，两位直接展开了人身攻击，一个说你是死板脑袋不知变通的老古董，另一个则说你是里通外国别有用心的卖国贼。

宽阔的殿堂内鸦雀无声，只听得那两人铿锵有力你来我往地咒爹骂娘，而底下的大伙则纷纷抄手围观，心里还在琢磨着今天这场吵架谁会赢。

其实这对冤家的结仇历史由来已久，长期以来殿堂之上但凡有点争议性的话题，他们总是要跳出来以口为刀以舌为剑地厮杀一番，不分出个子丑寅卯青红皂白决不罢休。

看着越吵越凶，眼瞅着就要捋袖子开打的两人，钦明天皇连忙摆手制止："物部卿，苏我卿，你们都各退一步吧。"

天皇口中的物部卿，全名物部尾舆，就是坚持八百万众神的那个；而苏我卿，名叫苏我稻目，他力挺要在日本搞佛光普照工程。

物部尾舆是物部家的族长，论起这一族的历史，真可谓是源远流长，据说能够一直追溯到神话时代，而且代代都是倭大王身边的重臣。进入公元5世纪后，物部家主要负责倭国的兵器制造以及管理，在倭王武时代，他们家族的地位达到了顶峰，包括物部尾舆本人在内，一连好几代都担任了国家的最高执政官——专业名称叫作大连。

在当时的倭国朝廷里，物部尾舆主要负责军事以及法务。

另一个苏我稻目，则是主管经济、外交事务的官员，并且还担任了大臣一职。

在那个时代的倭国，所谓大臣并非泛指，而是一个和大连一样的专门职务，其主要职责也是辅佐大王处理政务，大连和大臣，其实就相当于中国的左右丞相。

物部尾舆和苏我稻目，说白了就是倭国的两大权臣。

关于这场佛教之争，两位冤家采取了两种截然不同的态度，这其实本是一件意料之中的事儿——他们能够团结一致那才叫新鲜。至于个中原因，一般认为物部尾舆是政治方面的保守派，不容易认同外来文化；而苏我稻目是开明派，容易接受新生事物。

二、宗教战争爆发了！

物部尾舆之所以反对佛教流入倭国，其主要目的，是为了守护国家。

话说自邪马台的卑弥呼女王之后，经数代巫婆巫师的悉心努力，日本的本土宗教神道教在公元6世纪的时候总算已是颇具规模且深入人心。神道教其实是一种相当原始的多神信仰宗教，其主旨通俗说来就是讲究万物皆有灵，万物都能成神。根据神道教的说法，森林中存在着森林之神，稻田里有稻田之神，就连厕所中都会住上一个厕所女神等等，而日本列岛，正是一个被众神佑护着的国家，倭国大王（日本天皇），则是一个能够与神对话，被神派下凡间治理国家的半神存在。

众神的数目因过于庞大无法具体一一考究，所以往往用虚数八百万来表示，意为很多。

故而在物部尾舆眼里，神道教就是倭国，就是倭王。

因为只要倭国的国民们信了神道教，那么自然而然地也会相信倭王是半神，一旦大伙相信自家的国王是半神，那么只要不碰着太出格的状况，这王权基本就能跟神权画上等号，也就是说，能够得以永存——毕竟这世上愿意与神相抗衡的人真心不多见。

于是，守护神道教在倭国内的唯一性就变得十分必要了。说白了保护神道教就是保护倭国，保护倭王政权。

而现在百济王把佛教输入倭国，无异于一场思想侵略，一旦这种异端宗教蔓延开来，很有可能对日本的本土文化乃至本土政权造成巨大的冲击。

作为一个家族历史几乎能和国家历史持平的人来讲，物部尾舆显然会拼尽全力不让上述这种情况发生的。

至于苏我稻目大力支持佛教，也绝非是什么开明睿智的表现，纯属事出有因。

虽然苏我稻目本人一直标榜自己是日本上古时代著名栋梁之臣，被后世日本人奉为半神的武内宿祢之后，但实际上并非如此。

苏我家的祖先叫苏我满智，本名木满智，是渡来人。

只是他渡来日本的理由很让人说不出口。

这位老兄本是百济国重臣，自幼便是出了名的美男子，方圆百里的姑娘一听到他的名字就会被迷得神魂颠倒。

因为是重臣，所以跟国王走得很近；因为跟国王走得很近，所以也能经常接触到后宫的女性。

于是这木满智利用职务之便以及身体优势跟当任国王的母后搞上了，等于是给百济王他爹戴了绿帽子。事情败露之后，这家伙当然是没法再在百济混下去了，于是只能背井离乡，去了日本。

苏我稻目

　　说穿了苏我稻目就是圣明王的同胞，对于他而言，圣明王就代表着自己的祖国，圣明王的希望就是家乡人民的希望，圣明王想让佛教在日本传播就代表着祖国同胞想让佛教在日本传播。

　　再者，作为一介渡来人，苏我稻目很明白，自己要想在政治上有所作为，要想战胜根深蒂固的物部家族的话，不玩点新意铁定不行。

　　说难听点，苏我稻目其实就是在把佛教当邪教用，先让钦明天皇信上这玩意儿，再让全日本都跟着一块儿信，这样一来兴许就能压过神道教，顺便把以物部家族为首的老古董们赶出朝堂，要是运气再好点，说不定还能把佛教当成国教，那么到了那个时候，自己这个把佛教带进日本的大功臣，甚至还能成为教主，不论是表面风光还是实际好处，都将是无可估量的。

　　讲到底，这场佛教之争，其实是当时日本土著贵族阶级与渡来人集团之间的争斗。

　　再说那朝堂之上，望着几乎要打起来的物部尾舆和苏我稻目，钦明天皇只得表示，这佛教一事，姑且就到此为止吧，佛经留着自己没事儿的时候当小人书看看，毕竟还算有趣，至于佛像，既然苏我稻目你那么推崇，那就赏给你吧。

　　就此，这事儿算是告一段落了，双方第一轮交手的结果算是平局——谁都没有达到自己的目的，但谁都还有后路。

　　这天退朝后，苏我稻目捧着那尊佛像回家了。

　　为了表示敬重，他特地在离家不远的地方造起了一座寺庙——这是日本历史上最早的庙宇，然后恭恭敬敬地把佛像请了进去，并且每天参拜，早中晚各一次，比吃饭都要来得频繁。

　　另一边，钦明天皇见这哥们儿如此虔诚，便把那部佛经也赏给了他，就这样，苏我稻目每天拜完佛后就念经，念完经跑去跟大王交流思想，两人俨然成了一对好道友，惹得物部尾舆又眼红

欽明天皇は、阿弥陀さまを蘇我稲目にお与えになりました。

天皇赐苏我稻目佛像图

又无奈。

按照这样的态势发展下去，只要不出意外，钦明天皇早晚会被苏我稻目说服，在日本大规模推广佛教。

可偏偏这意外还真就发生了。

话说就在这一年，确切地说就在苏我稻目造起日本那第一座寺庙之后的当月，日本的近畿地区发生了一场相当严重的瘟疫，一时间被感染者无数，且不论人畜，只要沾上便数日间命丧黄泉。

望着满世界的那一具具还来不及掩埋的尸体，物部尾舆仰天长啸，大喝三声神不弃我，然后以百米狂奔的速度跑到钦明天皇跟前，上气不接下气地喘道："大大大大大王，这这这这就是是是信信了外外外教的的的报报报应！"

钦明天皇没吭声。

因为他不知道物部尾舆是在说谁。

目前倭国上下，已知已经信了佛的有两个，一个是苏我稻目，还有一个就是大王本人。

原本是神的代言人，结果现在却信了其他宗教，这报应怎么看都是上天降给自己的。

物部尾舆一看大王面有不爽之色，马上就知道是什么原因了，于是又伏下了身子："大王，据臣观察，这次瘟疫，定是由苏我稻目引起。"

钦明天皇忙问为什么。

"百济王献佛经于大王，这本是两国邦交，无可厚非，可苏我稻目却心怀不轨，接二连三地蛊惑大王，意图以佛代神，这才引起了群神愤怒，导致了瘟疫。现在只要大王能够不再听信苏我稻目的一派胡言，重新尊神信道，想必那瘟疫很快就会过去的。"

因为连日来的灾情，钦明天皇早已身心俱疲，现在又被物部尾舆这么碎碎念了一番，更是没了主意，只能一手扶着额头一手摆了摆："物部卿，那就交给你去处理吧。"

刚刚还满脸悲愤正气凛然地痛斥苏我稻目的物部尾舆一听这话，立刻喜上眉梢，忙不迭地弯腰鞠躬告退，表示自己这就回去准备准备，然后替天行道，剑斩妖魔。

三天后，一队全副武装的士兵齐刷刷地来到了苏我家造的那座寺院门前，领头大将自然是物部尾舆。

看大门的苏我家丁正欲上前问个究竟，可话都还没说出口，物部尾舆就大手一挥："绑了！"

于是几个人就立刻被捆得跟粽子似的然后丢在一旁。

接着，物部尾舆又言简意赅地下达了第二条命令："给我抽。"

如狼似虎的士兵拿着鞭子冲进庙里见人就揍，当然，刚才那被捆起来的几个家丁也自然没有被遗忘，一人挨了至少二三十下。

绑完抽完，物部尾舆下了第三道命令："把佛像搬出来，再把这地方给烧了。"

猛烈的大火熊熊升起，日本史上第一座寺庙就这么完蛋了。

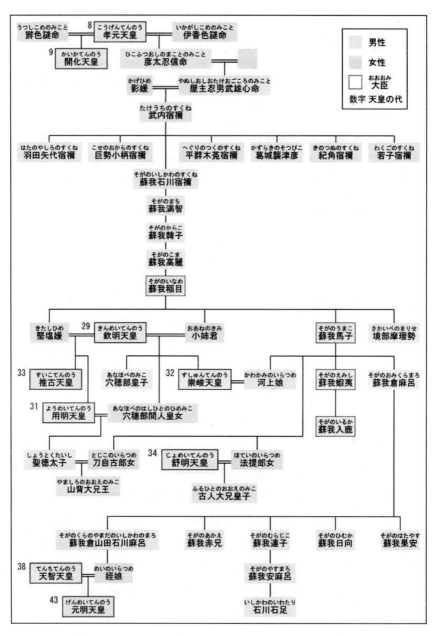

苏我家谱系图

最后，物部尾舆率队来到河边，召开了一个灭佛大会。

具体的操作手法是把这尊佛像抛入河中，再向八百万神灵祷告一番，大致内容是我们已经驱逐了邪教，所以请诸神发发慈悲，赶紧收了神通，结束这场瘟疫吧。

不过，佛像是木头雕制而成，故而丢入河中它会浮起来，于是物部尾舆干脆一不做二不休，直接把这玩意儿给砸了个粉碎，所以当闻讯赶来抢救的苏我稻目奔到河边时，只看到了尚未被河流冲远的一块小木片。

说来也怪，灭佛之后，瘟疫真的消失了。于是物部家上下无不得意扬扬见人高三分："你看，多亏我家老爷子果断烧了苏我家的番庙，这才拯救了黎民苍生。"

就此，神佛之间的第二轮较量，以神道教代表物部尾舆的大胜而告终。

可是胜利的一方心中却并不满足。

其实大伙心里都明白，这物部尾舆虽说是把寺院给一把火烧了，但实际上这哥们儿最想放火的地方，很明显是苏我稻目家。

至于那几十鞭子，也当然是抽在苏我稻目身上才好。

只是他做不到。

三、苏我家的反击

虽然是一介渡来人，可苏我家跟倭国王室的关系却非同一般。

苏我稻目有两个女儿，一个叫坚盐媛，一个叫小姐君，两人天生丽质，堪称绝色，双双嫁给了钦明天皇，这就等于说苏我稻目是倭国大王的双料岳丈。

而另一方面，苏我家也并未放弃自己的信仰或者说理想，虽说是被烧了经文、寺庙，还砸了佛像，但这事儿过去之后没多久，苏我稻目便又叫来了工匠，依着他的回忆重新雕了一尊佛像，然后摆放在家里天天和他儿子一起奉拜。

稻目的儿子名叫马子，这是因为他生于马年的缘故，而末尾的那个子字，虽说在如今的日本都是女孩起名的专利，但在当时，却是男女通用的。

钦明天皇知道此事后，并未做出过多干涉，而是采取了默认的态度。

物部尾舆尽管心有两万分的不爽，可也没辙。

于是两派人马便进入了一个暂时的和平阶段：谁都憋着劲想搞死对方，但因为时机未到所以谁都不曾先下手。

就这样春去秋来地过去了三十多年，物部尾舆和苏我稻目先后去世，两家由各自的儿子物部守屋与苏我马子继承，而钦明天皇也于公元571年驾崩，继大统的是他的第二王子敏达天皇。

公元584年，百济人鹿深臣来到倭国，将一尊石雕佛像送给苏我马子当礼物，马子大喜之余，便又向鹿深臣进一步提出要求，表示自己曾经读过佛经，但对其中意思不甚了解，看你这样子似乎也像是个懂行的，能不能教教我？

鹿深臣连忙摆手，说自己其实也是个门外汉，送送佛像还行，要说带领念佛经，那绝对要念歪。不过既然你苏我大人如此有心向佛，不如干脆招募几个和尚，让专业的来教你，岂不更好？

于是马子又问，我上哪儿找和尚去？

鹿深臣说，据我所知，我们百济有几个僧人曾经来你们倭国隐居，只要苏我大人用心去找且诚心拜访，就一定能够找到。

虽然我到现在都没明白为什么韩国的和尚要去日本隐居，但根据鹿深臣的进一步指点，苏我马子还真的在倭国境内找到了三个百济僧人，而且全是女性，她们的法号分别是善信尼、惠善尼以及禅藏尼。

这便是日本历史上最早的尼姑了。

欢喜之余，苏我马子立刻自费将那三人养在自己家中，整日里都向她们请教佛法问题。

就这样到了第二年（585），因为学习刻苦过头等原因，他病倒了。

而且这病似乎还挺重，倒下了就再也没爬起来，苏我家上下顿时就慌了神，遍请名医，好不容易才把他给从死亡线上救了回来，但心里却落下了阴影。

苏我马子生怕自己可能是受了什么诅咒或者是中了什么邪，所以不顾大病初愈身体还不利索，让人专门找来了一个跳大神的巫师，在家里焚黄草，升香烟，想请各路众神仙来驱驱晦气。

结果那巫师在烧了一串鬼画符的木片（当时日本纸张非常稀少且价格昂贵）又跳了一曲莫名其妙的舞蹈再自言自语了一堆谁都听不明白的念叨之后，对苏我马子说："苏我大人，您这不是病，而是诅咒。"

马子长叹一声表示果然不出我所料，说吧，是哪个不要脸的在背后下咒？

"其实是苏我大人您的父亲，苏我稻目大人。"

"什么？"马子一惊。

"您还记得当年被砸碎了丢入河中的佛像么？正是这尊佛像的怨念在作祟。"

所谓作祟，是一个标准的神道教概念。

在讲究万物皆有灵的神道教中，这世间的万物都是有灵魂的，你的衣服，你的袜子，你的小内裤，其实都是一个个灵体的存在，当你虐待它们，不善待它们的时候，它们便会作祟，对你下咒。

苏我马子在占卜过后，跑到王宫里对着敏达天皇嚎啕大哭，说自己被佛像给诅咒了，看样子是活不长了，请大王无论如何救我一命。

　　救命的具体方法是赶紧再造一座寺庙，每天念经拜佛给佛祖道歉。

　　看着一把眼泪一把鼻涕的苏我马子，敏达天皇动了恻隐之心，再加上马子口口声声表示这次并非是在全国范围里推广佛教，而是仅限于他们一家人拜佛，所以敏达天皇表示，那你就去造寺庙吧，寡人准了。

　　于是在第一家寺庙被烧的几十年后，日本的第二家寺庙终于又开张了。

　　只不过一个信佛的人请人来用神道教的方式占卜而且还对结果表示相信，这实在很难将他认定为真正意义上的佛教信徒。

　　说句实话其实苏我马子跟他爹苏我稻目一样，未必是真的心中有佛祖，而是挖空心思想把佛教当成自己用来搞政治斗争的一项工具。

　　结果不知道是不是真的苍天有眼，反正这种做法很快就遭到了报应。

四、不诚心拜佛的恶果

　　就在马子重新光明正大地开始拜佛念经后，一场严重的瘟疫再度降临日本大地。

　　这场瘟疫之所以被称之为"严重"，是因为敏达天皇本人据说也被感染上了。

　　物部守屋自然不肯放过这样的天赐良机，忙不迭地就跳了出来，跟当年他爹似的主动请缨要去清理邪教。

　　已经病快快的敏达天皇早就丧失了判断能力，再加上最近这几十年里只要一拜佛便会来一场瘟疫几乎都成了自然规律，所以大家都觉得很有可能真的是来自上苍的惩罚，于是敏达天皇下了旨意，说是要收回之前的成命，禁止一切人等公开或是私下拜佛念佛。

至于那个庙，也就交给物部家处理了。

物部守屋兴高采烈地领旨遵命，出了王宫大门便直奔家中，点起士兵浩浩荡荡地朝寺庙方向杀将过去。

当时苏我马子正巧在庙里对着佛像撅屁股磕头祈祷好运降临，结果好运没来厄运倒是真的出现了。

幸而物部守屋还算给面子，望着一脸愤怒出门前来的马子，表示老子今天不打你，只烧你的庙，砸你的佛，你要是识相就赶紧滚开，顺便把那几个和尚给交出来，不然别怪刀枪无眼。

看着眼前那一排排杀气腾腾的精壮汉子跟一杆杆磨得寒光闪闪的长枪大刀，马子非常识大体地滚去了一边，但嘴里却还不饶人："你小子给我等着，我待会儿就去找大王，我要让大王还我一个公道。"

物部守屋懒得跟他废话，一句话都不说就酷酷地打了个手势，接着三个士兵飞一般的冲进庙里，旋即又冲了出来，并且各自手里都多了一个人，分别是善信尼、惠善尼和禅藏尼。

三个尼姑被绑在了庙门口的木柱子上，先是活活晒了半天的太阳，然后当着周围围观群众的面，被物部家的士兵剥光了衣服，再用鞭子抽屁股。

这诚然是一种极大的侮辱。

打完之后，和三十年前一样，寺庙被一把火夷为平地，佛像则被抛入大海。

这次的佛像是石头做的，所以丢得特别顺利，"扑通"一声响过之后便连影子都看不到了。

而苏我马子，在知道了事情的前因后果之后，别无他法，只能是眼睁睁地看着辛苦建起的寺庙从有到无。

　　但是跟上次不同的是，这次灭佛过后，瘟疫非但没有减退，反而更加严重了。

　　于是一股奇怪的流言开始在奈良地区蔓延开来，说是之所以瘟疫不退，全都是因为物部守屋砸了佛像的报应。

　　苏我马子则如抓了救命稻草一般趁机上奏敏达天皇，要求用佛教的祈祷方法来试试看能不能消退瘟疫。

　　但敏达天皇却并没有给予明确的答复，甚至连见都不曾见马子一面。

　　因为此时此刻的他已经病入膏肓，快要死了。

　　当年8月，敏达天皇驾崩。

　　大王死了照例是要开一个隆重的追悼会，大伙齐聚一堂说说先王过去的威武事迹，再一起吃个饭什么的，中国如此，日本亦然如此。

　　敏达天皇治丧委员会会长是物部守屋，整个追悼会从筹备到实行都由他一个人搞定。

　　在大会当天，众大臣围绕先王遗体三鞠躬走过场后，便是重臣的发言时间，即由几位德高望重的臣子轮流读一读缅怀敏达天皇的发言稿。而这第一个发言的，自然是物部守屋。

　　守屋是个性格比较内向的人，平时不爱说话，大家都觉得他很酷，但实际上哥们儿是害羞不敢说，这回发言，他拿着稿子还没念上两句，就已经开始脸红了，接着，身体也开始微微地颤抖了起来。

　　下面的苏我马子见状，当然不肯放过这个吐槽的好机会，他一边捂嘴偷笑一边用足以让物部守屋听到的小声量说道："噗噗，你看那傻相，活像一口嗡嗡作响的大钟。"

　　苏我派成员则非常配合地发出了一阵轻微的哄笑。

物部守屋在上面的感受可想而知，但是又不能一甩稿子说老子不干了，所以只能是咬紧牙关把该说的说完，走下台的时候这脸早就被憋成了猪肝色。

守屋之后，是苏我马子。

马子是个身材比较矮小的人，而且这一天他腰间还挂了一把长长的佩刀，故而当他走上前去之后，物部守屋立刻明白，报复的机会来了。

"嘿嘿，你们看那家伙，像不像一只被射穿了屁股的小鸡？"

于是物部党们也发出了一阵轻蔑的笑声。

虽然在我看来这种低级趣味的玩意儿没有丝毫的笑点，但当时的诸权贵们却是不笑不行。

因为大伙都明白，这种当面如泼妇骂街一般的挑衅其实是一种信号——苏我马子和物部守屋两者之间互相宣战的信号，你跟着谁一起笑，就代表你将跟谁是一路人。

再说那敏达天皇死后，因为连个遗嘱都没留下，所以谁来当下一任大王就成了一个摆上桌面的大问题。

当时最为热门的候选继承人有两个，一个叫池边王子，一个叫穴穗部王子。

这两位都是钦明天皇的儿子，算是兄弟，前者是坚盐媛的儿子，而后者则是小姐君所生，换言之，他们是敏达天皇的弟弟，同时也是苏我稻目的外孙以及苏我马子的外甥。

其中，穴穗部王子因为稍微年长一些，再加之平时比较会做人以及跟物部守屋走得比较近，所以早在敏达天皇还活着的时候他便已经成了热门人物。即便是苏我派成员里，也有不少认为他会是下一代大王。

虽然苏我马子本人是一百个不愿意看到王位的继承者是一个跟物部守屋关系好得不得了的家伙，但怎奈形势已然如此，自己也就只能干瞪着眼了。

　　然而，让人万万没有想到的是，就是这么一位眼瞅着便能登上宝座的王子，却用自己的双手，亲自毁掉了自己如花似锦的前程。

　　话说在敏达天皇的葬礼上，也不知道这位穴穗部王子早饭吃了什么不干净的东西，突然就神经错乱地大声说了一句："奶奶的，烦死了！"

　　底下人立刻小声劝道，大人您慎言，这可是先王的灵前哪。

　　"妈的，活着的时候他是大王，死了他还是大王么？现在的大王应该是老子才对吧？"

　　这话说得那叫一个豪气万丈，当时全场的人就差给这位未来大王跪下了。

　　事后，苏我马子在重臣会议上表示穴穗部王子这种张扬的性格实在不适合做大王，这下一任的宝座，应该由池边王子来坐。

　　物部守屋虽然有心反对，可追悼会那天发生的事情大家伙都有目共睹地看在眼里，穴穗部王子的个人形象早就跌落了谷底，所以守屋也只能随了一回马子，表示反正都是你外甥，那就让池边王子当大王吧。

　　就当诸重臣商量已定准备昭告天下的当儿，突然门外闯进来一个报事的，用颤抖且结巴的声调说道："不——不好——好了！"

　　出大事了。

　　话说由于那位穴穗部王子当时并不在场，所以也不知道群臣们正在商议立自己的兄弟为王，还满心欢喜地以为自己这一回江山坐定了，于是便越发猖狂了起来。

　　他想到了敏达天皇的皇后炊屋姬，也就是自己的嫂子，是一个绝色美女，便趁着追悼会吃豆腐饭时多喝了几杯后壮起来的酒胆，带着几个随从直冲对方所在的宫殿，打算做一些少儿不宜的蝇营狗苟。

好在事先有宫女看出了大事不妙,提前跑去通知了炊屋姬,这才让她得以提前命令将殿门紧闭,同时还派人飞跑出去求援。

这个援,求的不是别人,正是苏我马子,因为如果按辈分算,马子是穴穗部的亲舅舅。

当苏我马子带着人马赶到现场的时候,穴穗部王子正在门口叫骂。

其实他本来想硬闯的,但没能成功,连续闯了七次都被挡了回去。

而这个挡驾的英雄,叫三轮逆。

五、好人苏我马子

此人系大和地区(奈良县)的豪族,敏达天皇的宠臣,大王死后就一直守护在王后身边,忠诚度极高。

不过三轮逆跟苏我马子的关系并不好,在之前物部守屋前来灭佛的时候,往寺庙里丢火把也有他的一份。只是这人反佛教并非出于政治目的,而是纯粹觉得佛教真的是邪教,真会引起瘟疫。仅此而已。

再说那苏我马子一群人一看到穴穗部王子,也不多废话,立刻一拥而上,拖的拖,劝的劝,说王子殿下您喝多了,赶紧回家去吧。

穴穗部王子虽然歇斯底里地喊着老子没醉老子今天要睡嫂子,但终究架不住对方人多力量大,就这么被硬生生地拖走了。

此事过后,穴穗部王子的人气再度落到了一个新低潮,而池边王子则在一片拥戴声中坐上了宝座,史称用明天皇。

于是穴穗部王子理所当然不高兴了。

　　一直觉得位子和嫂子都是自己囊中之物的他，临了临了居然什么都没捞着，这其中的不爽之情那是可想而知的。

　　不爽了就要发泄，这是人之常情，但同时也是一种非常原始的人之常情。

　　毫不夸张地说，只有最无能的人才会一碰到不高兴就要拿别的人或是东西出气泄愤。很不凑巧，穴穗部王子正是这么一个不会调节自己情绪的主儿。

　　他的出气对象是三轮逆。

　　其实想想也能明白，池边王子已经成了大王，惹不起；炊屋姬整日躲在深宫，惹不到；苏我马子权高位重还挺厉害，不敢惹；物部守屋跟其他人等与自己没多少交集，惹不着；剩下的，就只有那天跟自己直接抗衡过的三轮逆了，更何况在敏达天皇死后，这家伙早就成了没有靠山的软柿子，惹起来也容易。

　　故而在闯宫事件没几天之后，穴穗部王子便找到了物部守屋和苏我马子，表示那天三轮逆虽说是为主挡驾，但在那过程中出言不逊，有辱骂王室的言辞，实属大逆不道，应该杀之以宣王权之威武。

　　要说苏我马子到底是念了几天佛的人，还算天良未泯，尽管当年跟三轮逆有过过节，但此时一听这话当场就急了，说你小子自己图谋不轨被人拒之门外，现在难道还想报复不成？

　　但物部守屋却坚定站在了穴穗部王子的那一边，表示这个三轮逆确实是个渣渣，自己早就看他不顺眼了，这次居然还敢忤逆王子，杀，实在该杀。

　　争论的最终结果是苏我马子不得不让步，一来穴穗部王子坚持要杀态度强硬且边上有物部守屋帮着；二来马子之所以开始的时候不赞同杀，纯粹是出于一种道义良心上的考虑，现在经过几个回合的争吵已经逐渐清醒了过来，感到像三轮逆这样的政敌显然是去死比较好。

就这样，穴穗部王子和物部守屋点起大军，旌旗林立地准备出发——物部家是掌管军事的，所以点个千把来人不成问题。

其中，王子本人也一身披挂，弯刀挎弓还骑了一匹高头大马，同时一脸的杀气："本王定要拿住那该死的三轮逆，然后亲手一箭射穿他的头颅！"

本来并不打算蹚浑水的苏我马子一听这话，顿时心中生起了一种不祥的预感，连忙吩咐手下也给自己准备一匹马，他打算跟着一块儿去。

就这样，一行人又到来了炊屋姬的宫殿大门口，穴穗部王子耀武扬威地要前王后把人给交出来。

叫了几声没人应，王子大怒，下令攻门，同时自己也从马上跳了下来，将刀拔出了刀鞘，一副欲亲手斩杀三轮逆的架势。

苏我马子赶紧上前将其一把拉住："殿下，不可。立于上位者，怎可亲手杀人？如此和市井屠夫又有何异？！"

凭良心讲，纵观历史，苏我马子这家伙绝对算不得好东西，但这句话，确实是老成持重的肺腑之言。

但穴穗部王子却并不听劝，不但不听劝，反而还扬起了手中的宝剑直指自己的舅舅："你要是再敢阻拦，那就先杀了你。"

而物部守屋也非常是时候地跳出来帮腔："这是讨逆，王子不身先士卒，怎么给将士做榜样？"

此话说得穴穗部王子心情万分舒畅，于是也不再跟马子多费口舌，在宫门被打破之后，便直接提着三尺长剑大步流星地随着军队一起杀了进去。

当他再次出来的时候，手里已经多了一样东西——三轮逆的项上人头。

看见此景，苏我马子只能哀叹一声："这个国家离天下大乱的日子不远了。"

　　物部守屋听到了，当即狠狠地回了一句："像你这种小臣懂什么！"

　　苏我马子无话可说，因为在历史悠久的物部家族面前，他这一介渡来人之后确实显得微不足道。

　　而且现在的形势也早已严峻到了不再是斗嘴就能解决的地步了，如无意外，自己的外甥穴穗部王子从此便要和物部守屋混在一块儿站在自己的对立面了，倭国的朝廷，将彻底分为两派。

　　天下，真的要大乱了。

苏我马子之墓

第八章　苏我马子

一、穴穗部王子的报应

且说用明天皇继位之后，身体一直都不怎么好，经常发烧，经常感冒，有时候还会吐血抽搐。

对此，苏我马子的态度是劝外甥赶紧信佛，他表示自己以前健康状况也不咋地，可自从信了如来佛祖之后，吃饭倍儿香身体倍儿棒，一口气能绕着王宫跑五圈不喘气，由此可见，佛教是个好东西。

当时用明天皇的身体已经极为衰弱了，请遍了名医巫师，用遍了各种医术法术都不见效，于是便怀着一种临时抱佛脚的心态，在公元 587 年的时候下了一道旨意，宣布从此之后倭国境内无论臣民都能自由信佛拜佛，不必再受任何拘束。

这道圣旨一下，最高兴的当然是苏我马子，他忙不迭地就牵头召集群臣，讨论一下在大和地区修建寺庙以及招募僧侣的事宜。

但当即就有人提出反对意见，而且态度非常强硬。

此人正是物部守屋。

物部守屋依然坚持认为，倭国是神的国度，由本土八百万神明守护，绝不需要什么外国的佛祖，同时他还觉得，苏我马子是在假传圣旨，理由是大王现在病重，连话都说不利索，怎么可能传出这样的旨意？退一万步说，即便是大王自己的意思，那也肯定是在苏我马子的人为操控下所犯的糊涂，当不得真。

于是两个人又吵了起来，一个说你欺君抗旨，一个说你假传圣旨，吵到最后苏我马子一甩袖子，表示既然谁也说服不了谁，那就投票吧，看看群臣里支持你的多还是支持我的多，少数服从多数，这总没问题吧？

物部守屋点头同意，然后一边环顾四周，一边开口道："殿下，请您发表意见。"

他口里的殿下指的是穴穗部王子，此时用明天皇病卧榻上，朝中权贵里地位最高的就是穴穗部，物部守屋认为虽然历经前面两次无厘头事件，但穴穗部王子毕竟是王子，说难听点尽管如果现在用明天皇翘辫子了，那么这位穴穗部王子仍然会是下一任王位的热门继承候选人，这一点群臣都明白，所以只要他出来说一句话，那么大多数人为今后计，必然会随声附和。

然而奇怪的是，在物部守屋连喊数声殿下之后，这殿下却迟迟不曾现身，仔细扫视一番后才发现，原来穴穗部王子这一天根本就没在现场。

物部守屋很失落，因为他心里很清楚，自打用明天皇继位，苏我马子在朝中的势力便不断扩大，现如今即便是在物部家当家的自己，也已经不再是苏我家的对手了，要想在此扳回一局，那么能够依靠的，唯有最有可能继承用明天皇王位的穴穗部王子。

所以他便提议，说事关重大，一定要穴穗部王子殿下在场才能讨论，现如今殿下不在，我们要不暂时休会，把王子先请来了再说？

这话刚一出口苏我马子就点头了："行，那就让人去请吧。"

说来也巧，人还没来得及派出去，穴穗部王子便出现了。

但他不是一个人来的，身后还跟着一个人，确切地说，是跟着一个光头和尚。

此人名叫丰国法师，是出生在丰前国（福冈县）或是丰后国（大分县）一带的僧人。

"大师，快点这边请。"穴穗部王子显得相当殷勤，"这是苏我大人，见过之后，就赶紧去为大王诵经祈福吧！"

顿时，全场都愣住了。

之所以会这样，原因其实也很简单：穴穗部王子被苏我马子拉拢了。

其实物部守屋想到的，苏我马子全都想到了，早在用明天皇病情还未如此沉重的时候，他就跟穴穗部扯上了线，承诺如果用明天皇这次没挺过去死得早了，那么下一任大王，可以是你。

穴穗部王子的人生目标就是当大王然后玩嫂子，除此之外基本没有什么追求，所以一听说王位有希望了，自然是欣喜万分，当场就做出了一个各种肥皂剧、黑帮剧、历史剧里都非常常见的承诺："苏我大人有什么要求尽管开口，只要本王能做到，定然万死不辞！"

于是这两人就这么成了搭档，一个鼓动用明天皇允许传播佛教，一个则亲自去找来了得道高僧，一块儿联手把物部守屋彻底地坑了一回。

就这样，关于在倭国传播佛教一事，便算尘埃落定了，而盛怒之下的物部守屋则离开了大和，回了老家河内国（大阪府东部）。

然而，尽管在大和地区建造起了数座寺庙和佛塔，王宫里也日日都有僧侣念经，但这些终究没能挽救用明天皇的性命，当年5月，这位年轻的大王仍然因病医治无效，过早地离开了倭国的众臣民们。

听到这个消息后，穴穗部王子高兴得不能自已，因为他觉得这下王位终于该轮着自己来坐了。

事实上似乎也正是如此，就在用明天皇死后没几天，苏我马子便派来了使者，嘴里口口声声称的是大王，表示经过以苏我大人为首的群臣商议，决定由您来继承大统，统领这倭国江山。

穴穗部王子高兴得不能自已，当场就重重赏了来使，同时下令手下立刻收拾一下，这就准备去王宫登基。

但特使却表示先别那么急着走，毕竟这是大事儿，怎么着也该好好地、慢慢地准备一下。

穴穗部王子觉得言之有理，便挑出了精干的手下开始着手准备，同时在这天晚上，他在住处摆下了筵席，盛情款待了那位特使。

是夜，王子正待入睡，突然就听得外面嘈杂一片，走出去一看，外面人马无数，火把林立，照得周围如白昼一般，与之相伴随的还有一片喊杀声，他们要杀的，自然是这屋子的主人——穴穗部王子。

王子很害怕也很莫名，他努力回想自己最近是不是得罪了什么人，居然招来如此大恨，但想了半天也没得出个所以然，于是只能挺身而出，振臂一呼："我是倭国的大王，你们有什么事跟我说，我一定能帮你们解决的！"

回应他的，是"我们奉苏我大人之命，特来为国除害"等等。

苏我大人很显然指的是苏我马子。

难道，是我舅舅派人来杀我？

王子更加疑惑了。

苏我马子属于那种腹黑手辣型男子，在不得势的时候，绝不吃眼前亏，一旦得了势，那就一定会一手遮天，且神挡杀神，佛挡杀佛。

现在他要除掉的，正是穴穗部王子。

至于理由，那当然是因为哥们儿跟苏我马子有仇，早些时候又是伙同物部守屋来回给马子添堵又是要霸占马子的亲外甥女炊屋姬，论着哪条都该他死来着。

火光中，闪出了苏我马子的身影："穴穗部王子殿下，我等奉诏前来讨伐，你最好乖乖束手就擒，切莫尴尬了自己！"

奉诏，奉谁的诏？穴穗部王子很莫名：难道新大王已经选好了？不是自己？

其实新大王虽说确实肯定不是穴穗部，但也尚未诞生，苏我马子纯粹是吓唬吓唬他，但不管怎么说这招还是非常有用的，因为穴穗部王子身边的众守卫一听到奉诏二字，立刻纷纷放下武器表示投降，更有甚者则倒戈一击，几乎在瞬间，穴穗部王子就成了真正的孤家寡人，他的身边，一个人都没有了。

于是这位王子终于明白此时此刻自己所处的境地，同时也明白了在那之前苏我马子说打算拥戴自己为王那纯粹是一条用来消除自己戒备心，以防自己在知道真相后联手物部守屋狗急跳墙的策略。

但是，他知道得太晚了。

随着苏我马子的一声令下，数百名士兵一拥而上，呐喊着举起了手中的大刀和长枪。

二、厩户王子

穴穗部王子死后，苏我马子乾纲独断，率领群臣推举了钦明天皇的第十二王子泊濑部王子为君，史称崇峻天皇。

与此同时，正在老家过自己小日子的物部守屋也收到了这个消息，他明白，这下一个便该轮着自己了。

正所谓先下手为强后下手遭殃，守屋决定，要做一个强者。

他点起了手下所有可用之兵，并造起了一座名为稻城的坚固城池，打算以此为据点进行长期抗衡。

崇峻天皇

第32代崇峻天皇（すしゅんてんのう）

　　而苏我马子也毫不含糊地点起了大军朝着河内奔杀了过去，三四天后，双方便在稻城之下展开了第一场会战。虽然苏我家人多势众，可毕竟远道而来，被准备充足的物部家打了个措手不及。之后，两家人又进行了两次战斗，苏我家的攻势均被打退，不得已在稻城外数里的地方安营扎寨，以伺战机。

　　由于物部家确实是兵强马壮，战斗指数极高，以至于屡战屡败的苏我军开始普遍产生了厌战甚至是恐战的情绪，士气也日益低落，所以在第三次被击败后的当天晚上，作为总指挥的苏我马子亲自带人扛着美酒巡视各营，以鼓励士兵卖命作战。

　　随行一起的，还有几个王子，比如敏达天皇的儿子竹田王子以及彦人王子等等。

　　然而一帮人走了没几步，苏我马子突然就停住了："厩户王子呢？他怎么没跟着一起来啊？"

厩户王子是用明天皇的儿子，他母亲叫穴穗部间人王女，是钦明天皇和小姐君的女儿，后嫁给大王为妃，小姐君是苏我稻目的女儿，所以这辈分要是这么算下来的话，那么这王子就应该是苏我马子的甥孙子。

还有一种算法就是厩户王子后来有个老婆叫刀自古郎女，她是苏我马子的女儿，要按这种算法的话，那么王子得称马子一声爹了。

当年日本贵族之间的人际关系挺乱的，想要彻底弄明白谁该叫谁什么比较困难，所以我们只能退而求其次，搞清楚谁是谁就行了。

话再说回战场，且说厩户王子这一年才十三岁，小小年纪便披挂上阵，所以舅公马子特别疼他，凡事儿总要牵挂着一两分。

只是厩户王子性格有些怪，似乎是不太合群，自开战以来，每天只要一到晚上，他就会一个人在自己营帐门口的火堆旁坐着，有时候一直坐到天亮，也不知道都在干些什么。恐怕这会儿，应该也正和往常一样，在坐着烤火。

苏我马子叹了一口气，表示你们先在这儿等着，我去叫他。

当他来到厩户王子的营帐前，果不其然地看到王子正在火堆旁，手里似乎还拿着什么东西。

走近了一看才发现是一把小刀和一块木头。

厩户王子正在雕着什么，且非常用心，丝毫没有发现自己舅公的靠近。

苏我马子站了很久，终于忍不住开了口："王子，您在刻什么？"

"四天王。"王子连头都没有抬一下。

"您会刻佛？"苏我马子很惊讶。

在当时的日本人概念里，四大天王也是佛的一种。

"曾经有缘，拜会过佛像。"王子依然是埋着头。

"战阵之中，刻佛又有何用？"苏我马子伪教徒的秉性不由得开始暴露了。

"刻完之后，我会对佛像祈祷。"

"祈祷什么？"

"我方如若能胜，那我必然用下半生一心侍奉佛祖，并在倭国大地上用心传播佛教。"

厩户王子还是低着头在那里用尽力气一刀一刀地刻着，渐渐地，那块木头上出现了模糊的五官面容以及四肢躯体，再渐渐地，

圣德太子

这模糊的一切开始变得清晰了起来。

而慢慢地，这清晰的佛像又成了模糊的一片。

那是苏我马子的眼泪。

虽然苏我家父子两代人引进佛教的目的说到底不过是为了自己的政治利益，但毕竟两人也都是读过佛经拜过佛祖的人，要是撇开一切不谈，真的让他们在神道教和佛教中间选一个真正属于自己的信仰，那么这两人选的也必然是佛教。

所以当他看到一心刻佛的厩户王子，便自然而然地被感动了。

"王子如此诚心，定会得佛祖庇护，我们此战必胜！"

"嗯！"厩户王子终于抬起了头，满脸的笑容。

他就是后来的圣德太子。

圣德太子在日本历史上的地位基本类似于中国的周公、秦皇，属于那种开创了一个时代的伟大人物。

此人生于公元 574 年，话说在他出生的当天，母亲穴穗部间人王女正在庭院中散步，突然间就感到腹部阵阵剧痛，知情不妙的她立刻疾步往产房方向奔去，但可怜的是才走了一半的路便羊水破裂倒地不起，等到侍女奴仆闻讯赶来，孩子早就呱呱坠地了。

万幸的是神灵保佑母子平安，而且巧合的是，穴穗部间人王女生下孩子的地点，正好是在马厩边上，于是这孩子便以地取名，称厩户王子。

厩户王子自幼便表现出了聪明过人的一面，不到十岁，他就能同时和三十多人一起谈话，而且绝对不会弄乱顺序，甚至和谁在一起谈了些什么之类的事情都能牢牢记在脑中，所以在当时就有民间传闻，称这个王子不是凡人，很有可能是观世音菩萨下凡转世。

总之就是个神童，非常有前途的神童，这次打仗，据说也是他主动请缨，要求上战场跟有灭佛之仇的物部守屋刀枪相见，因为态度坚定，所以苏我马子也拗不过，只得带他一起扛着家伙出了门。

说来也巧，在厩户王子手上的那四尊佛像刻完之后，正好轮着了苏我军的反攻时节，本来人数就不多的物部家最终没能扛住，被彻底击溃，总大将物部守屋也被厩户王子手下侍卫迹见赤梼一刀砍死，物部一族的人亦多被杀死，幸存下来的则隐姓埋名远走他乡。就此，这一名声显赫的超级豪族便消失在了日本的历史长河之中。

三、史无前例的天皇暗杀行动

物部家灭亡后，领地和奴隶大多都归了苏我马子所有。

对于这场大胜利，马子将主要功劳都归于佛祖，认为全靠佛祖保佑，所以战后不久，他便在倭国各地大兴土木地造庙建寺，将佛教发扬光大，以便普度众生。同时，马子也没忘了个人志向，因为物部家倒台，所以苏我家在朝廷里等于成了一个无可撼动的存在，而苏我马子更是成了一个集天下大权于一身的重臣，势力远超当年的物部家，即便是崇峻天皇，看到马子也得让他三分。

所以崇峻天皇不高兴了，他认为自己才是倭国的大王，凭什么要让苏我马子坐大。

只是要论实力的话他又不是人家的对手，看着马子一天天的骄横跋扈，再看看自己越长大越孤单，崇峻天皇的愤怒之情终于再也按捺不住了。

然而，相当遗憾的是，这位大王泄愤的方式，仅限于过嘴瘾。

话说公元592年的秋天，有猎人猎杀到了一头罕见的野猪，据说这头猪的身材极为庞大，已经到了全村杀一口足够吃半年的地步，故而一时间众猎户皆视之为神兽，不敢私吞独享，而是将其献给了崇峻天皇。

当崇峻天皇在一干人等的陪同下前来观摩肥猪赛大象这一奇观的时候，意想不到的情况发生了。

这位年轻的大王突然从腰间噌的一声抽出了护身短刀，然后一跃而起跳到了猪尸上，一手抓住野猪的獠牙，一手举刀对着猪眼睛就是一阵猛刺。

一边刺一边还发出了震耳欲聋的怒吼："捅死你，捅死你，老子捅死你！"

手下一看这情形还以为是大王犯了魔怔，连忙围上前去夺下刀子，再把人从猪身上给拖了下来，并纷纷劝道说：大王这猪已经死了，您不用捅它也已经死了，所以您就淡定点别瞎忙活了。

在大家的抚慰下，激动不已的崇峻天皇才又渐渐恢复了平静。

接着，他仰天长嚎了一声道："什么时候，寡人才能像捅死这头野猪一样，把寡人所痛恨的那个畜生给活活捅死啊！"

很快，此事被传到了那天并不在场的苏我马子耳朵里。

马子是个聪明人，他当然明白崇峻天皇想要像捅死野猪一般捅死的那个畜生到底是谁。

他决定先行动手。

这一年11月，苏我马子上奏崇峻天皇，说关东地区有人感于大王圣德，特地献上特级绸缎一批，并且还自费弄了一个类似于献宝大会一样的活动来宴请群臣，希望大王也能赏个脸，到时候出席一下。

崇峻天皇并未多想便同意了，毕竟在那个年代，国王虽然是神的代言人，可还不算太过脱离群众，更何况又有野猪的先例，让他坚信不疑这只是一次单纯的献宝活动。

到了活动当天，崇峻天皇带着为数不多的几个侍卫走进了活动现场，随后，他并没有看见传说中的特级绸缎，迎面走来的，是一队全副武装杀气腾腾的武士，为首的那个崇峻天皇见过，他叫东汉驹（一名直驹），是苏我马子的部下。

东汉驹是来干嘛的，我想不说大家都知道。

崇峻天皇最后的下场其实也不必多说，是人都知道想必是相当悲惨的，事实上也确实如此，他还没来得及开口问上一句说好的丝绸咧，便被扑面而来的东汉驹白刀进红刀出地当胸捅了一个窟窿。

其实这事儿说大也不大，因为这位大王讲到底不过是苏我马子扶植的一个傀儡而已，活着当木偶，玩坏了就再换一个，仅此罢了。

有必要多说一句的是东汉驹这个人。

崇峻天皇之墓

东汉驹，姓东汉，名驹；名是父母取的，叫什么都不新鲜，所以我们忽略不计，单单来聊聊这个姓。

作为一个会中文的中国人，看到东汉二字，首先想到的八成是由光武帝刘秀于两千年前建立的那个王朝，因定都于洛阳，所以称之为东汉，与高祖刘邦建立的那个西汉相区别。

事实上，东汉这个姓，正是和东汉王朝有关。

话说当年东汉献帝刘协禅位于曹魏高祖皇帝曹丕之后，东汉便宣告灭亡，而刘协本人虽说是被封了山阳公留了一条命，可他的一些后人们则因为怕魏国朝廷日后旧账重提引来杀身之祸，便纷纷选择了隐姓埋名远走他乡的方式来保命，其中有一族人，先是逃去了朝鲜，再是跑到了日本。

到了日本的那群人里为首的叫阿智王，这个称呼和秦家弓月君的那个通融王属于一个性质，或许是封王或许就是本名，反正谁也搞不明白。但不管是阿智王还是阿智大王，这拨人都改了一个统一的姓——东汉，这是为了表明自己不忘祖宗。

东汉氏和秦氏后来在日本历史上被誉为渡来人之双璧。

四、超越的第一步永远是模仿

再说那崇峻天皇死后的第二年（593），在苏我马子的一手安排下，又一位新大王被扶上了宝座。

此人的上台让众人大跌眼镜，因为她不是别人，正是炊屋姬，日本史上第一位拥有天皇名号的女性——推古天皇。

虽然几百年前就有卑弥呼和台与这两位女王的先例，但那怎么说也是遥远的上古时代，而且那两位怎么说也是一代女巫，法力通天，可现如今要再立一个除了长得漂亮就看似一无所长的女王，恐怕实在有些莫名其妙。

但苏我马子这么做当然有他的道理：首先炊屋姬是自己的外甥女，跟自己关系又非常好，所以掌控起来比较方便；其次炊屋姬是个比较清心寡欲的女人，对政治并无多大兴趣，所以掌控起来比较方便。

当然，苏我马子心里明白，自己作为一介相对于王族而言的外人，若是如此把持朝政大包大揽的话，那不光明面上看着不好看，背地里也必然会招致其他人的忌恨。虽说目前自己权威无边，可保不齐哪天脚底一滑就跌了下来，然后千人骑万人跨的死无葬身之地；抑或是哪天上朝迎面就碰上一个热血之士，二话不说上来一刀为国除害，那岂不是就全完了。

为了防止各种因权势过大而引发的种种不测，马子决定另立一个摄政，由王族中人担任，名义上是和自己一起帮助女王处理政务，但实际上也就是个幌子，用来堵群臣之口而已。

选来选去，这样的人当时有且只有一个，那便是厩户王子。

这孩子聪明过人，前面说过；无论在朝中还是民间都有相当的威望，人称观音再世，前面也说过。而且又是苏我马子的舅孙子，同时，这一年他不过十八岁，不管怎么聪明怎么有人气，跟时年四十一岁的苏我马子相比，显然是太嫩了些。

所以，在推古天皇登基之后没几天，便在苏我马子的授意下发了一道旨意，任命厩户王子为摄政。

数日后，又下旨一道，加封王子为太子，也就是王位的继承人。

这主要是苏我马子为了向世间表明自己是真心实意要让厩户王子来当一个实实在在的摄政而非自己的操线木偶的一种手段，可对于厩户王子来讲，这却是一个让自己能够大展宏图，真正实现志向的机遇。

在成为摄政之后的当年（593），厩户王子便实现了当年在对物部家战争中的誓言，他为了感谢保佑自己战胜敌人的四天王，在摄津国的难波（大阪府）造起了一座规模宏大的寺庙，并取名为四天王寺，简称天王寺，这座庙虽说在后世历尽各种灾难，大修重建了多次，但终究还是被保留了下来，建筑风格则原汁原味地保留了飞鸟时代的模样。

在造完四天王寺之后，厩户王子便以摄政的身分发布了政治生涯中的第一条政令——佛教兴隆诏（署名自然是推古天皇）。

该政令文如其名，就是要在全国范围内广泛地宣传佛教，同时，厩户王子甚至还在海外放出了风声，表示欢迎一切有佛教背景的外国友人渡来倭国移民，待遇一律从优。

就在政策出台的当年，便从高句丽来了一个自称是得道高僧，法名叫慧慈的和尚，此人仙风道骨且谈吐之间颇有红尘参透的佛性，让厩户王子倾心不已，当即就拜对方做了老师，整天也不干别的事情，就是讨论佛法佛经，讨论怎么造寺庙。

对此，苏我马子感到非常满意，因为他要的就是这种结果。

但这一切都不过是表面现象。

其实每次慧慈来给厩户王子上佛法课，往往前面四分之一时间说的确实是佛法，可后面的四分之三则会完全偏题，主要谈论的，是大隋的一些事儿。

这会儿的中华大地已经结束了南北朝时代的分裂，在公元581年由隋文帝杨坚完成南北统一，建立了隋朝。

隋是一个相当强大的王朝，如果横向比较的话，它可谓是三皇五帝以来泱泱中华土地上最为强盛的朝代，要是纵向比较的话，称一声世界第一也毫不为过，尤其是和倭国相比，那更是一个让其望尘莫及的存在。

这也是厩户王子迫切地要求知道发生在这个王朝里的一切事物的原因——古往今来的日本人对于比自己更厉害的事物总有着天生的兴趣。

只不过那个北朝鲜和尚慧慈自己也是个半吊子，虽说自称是踏上过几次隋朝大地学过几次东土佛法，但关于一些详细的事情比如隋朝的官制、隋朝的律法之类，也只是一知半解。但此时此刻身为国师的慧慈又实在不好意思开口说"贫僧其实只会念经不懂其他"，于是便只能拼了老命地搜肠刮肚，仔细回忆起任何自己曾经接触到的一切关于隋朝的事物，但每次想了半天也就只能想起一星半点儿，好在厩户王子似乎并不计较信息量的多寡，只是在那天跟小孩子听《三百六十五夜故事》一样要慧慈有多少说多少，每天说一点。

闹到最后慧慈自己也有点纳闷，因为他实在闹不明白这大隋的事情有什么好了解的，如果只是单纯地要知道对方的情报动向倒也情有可原，但偏偏这位厩户王子每次问的不是条条框框就是点点滴滴，比如大隋的朝廷有多少当官的啦，在大隋偷一只老母鸡要判几年啦之类。

你不是爱佛法么？管人家偷鸡作甚？

有一天慧慈实在是按捺不住心中的困惑，于是便开口问了厩户王子。

而王子的答案却让他颇感意外。

"我要以大隋的官制和法律为基础，制定一部我们倭国自己的制度和律法。"

"但是……"

慧慈一脸惊惶。他本来想说的是您虽贵为王子、太子，甚至还摄政，可到底不过是苏我马子用来当幌子的傀儡，制定官制律法这种大事，恐怕很难一个人说了算的。但想想这话实在有些伤人，故而虽然开了口但终究还是没把话续下去。

而厩户王子却毫不在意地摆出了一副笑脸："如果老师您有空担心苏我马子，那还不如多教我点大隋朝的法律条文呢。"

　　慧慈尽管不知王子的这一份自信从何而来，但仔细想了想，觉得这些年经过两人的多次接触，眼前的这家伙天资聪慧不说，平日里为人处世也颇有手腕，或许真有办法对付苏我马子呢，更何况为国家定制度本身也算好事，自己又何必咸吃萝卜淡操这份心。

　　于是他将手头佛经一放，又继续开始跟厩户王子说起在大隋偷一只鸡该怎么判，摸一条狗得怎么罚。

五、冠位十二阶

　　就这样在两人鼓捣了七八年后，厩户王子的第一个研究成果终于在公元 603 年新鲜出炉了。

　　此物的学名叫作"冠位十二阶"。

　　所谓冠位，其实就是官位，这东西说白了就是厩户王子制定的一个官制，把全倭国的统治阶级分成了十二个级别。

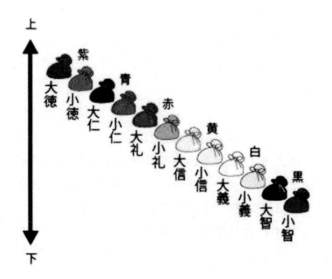

冠位十二阶

而具体的分法是参照了六个中国字，从高到低依次是：德，仁，礼，信，义，智。

每个字分大小两级，即最高位为大德，最低位小智。

较之智力而更重品德，非常明显，厩户王子在钻研佛法的同时，也绝没少看儒家的读物。

其中，象征着最高的大德和小德官员，分别佩戴深紫色与浅紫色的冠帽以及身着与冠同色的衣服。之所以最高位要用紫色，这是因为在当时的日本，紫色的染料非常罕见。

至于各级官员如何能从小智变成大德，厩户王子也在制度里写得非常明白——每隔数年根据各人的政绩进行考评，考评成绩优良的，一律晋升。

在这套制度之前，倭国一律采取的是一个叫氏姓制度的世袭制，简单说来就如同中国南北朝时期的士族制度，只要你出身好，便能身居高位，贵族的儿子永远是贵族，奴隶的儿子下辈子还是奴隶，而且对于贵族的划分还划得特别细——即便是贵族之间也有大小之别，小贵族无论怎样拼命，也不可能成为大贵族，不但这辈子不可能，即便是子子孙孙，也永远都没有打破自己家世的希望。

但在厩户王子制定的新制度里，虽说尚未进步到能让奴隶当贵族，但至少大小贵族之间的那道天堑已经在理论上不复存在了，但凡是个官儿，哪怕弼马温，只要努力了，做出成绩了，也能成为齐天大圣。

当然，仅仅是理论上。

实际上，这套冠位十二阶从出台到厩户王子离开人世的几十年里，真正依靠自己卓越功绩实现数级连跳，被破格提拔过的，有且只有一人，此人是谁，我们待会儿就会提到。

除了那人之外，其余的倭国官员，依然都是照着原样，弼马温还是弼马温，吃得再胖也永远都当不了天蓬元帅。

尽管大家可以比较阿Q地自我安慰一下觉得即便是理论上那也是一大进步，可这事儿你要是仅仅就只停留在这种认知程度上，那实在就有点欠考虑，甚至是幼稚了。

厩户王子这个人，他既然在后世能够被称为圣德太子，那么就绝对不可能是一个单纯的口头派，即便说不上有多么圣德，至少也该是个说到做到的人。

可现如今他却富丽堂皇地弄了一套表面文章，光说不做，这又是为何？

要想弄清这个问题，首先得弄明白的是，厩户王子为何要制定冠位十二阶，说得再透彻点，就是为何要进行这场改革？

其实对于厩户王子而言，所谓的制度改革，不过是一种手段，而他的真正目的，只有一个，那就是让倭国变得强大。

至于到底要变得多强大，那自然也是明摆着的——要与一水相隔的隋王朝并驾齐驱。

这也就是为何他挖空心思要知道隋朝的一切的最大原因：先了解对手，再学习对手，最后超越对手。

但是，正如古往今来一切改革一般，这种事情，势必会引起反对，遭到阻力，而站在厩户王子对面的反对派，不是别人，正是他的舅公苏我马子。

早在佛教传来的时候我们就已经说过，苏我家绝非什么开明的改革派，他们引入佛教的唯一目的就是想借宗教的手段满足自己的政治需要。现在他们得到了一切自己想要得到的，于是自然而然地不会再容忍任何让自己利益受损的情况出现，厩户王子提出的这套冠位十二阶一旦付诸实行，那么很显然苏我家的地位便不再会长久，别看今天蹦得欢，明天很有可能就直接拉你清单——从大德掉到小智。

苏我马子要是真能让这套东西推行下去，那他就是弱智。

其实也别说推行了，就算颁布，马子都不想让这玩意儿颁布。

但是，这个他还真做不了主。

因为厩户王子这边有一个强力的援军，那便是推古天皇。

炊屋姬虽然是个清心寡欲的女人，但并不代表她没智商，事实上往往越是清心寡欲的人越是心如明镜，而那些利欲熏心的人倒常常都是傻蛋的代表。

炊屋姬很清楚她的那位舅舅大人到底在想些什么，实际上她在当政期间，也不止一次地跟苏我马子唱过反调，可跟上一任崇峻天皇不同的是，这个女人即便是唱反调，也唱得相当有水准。

例如曾经有一次苏我马子看中了一块王室的领地，便不拿自己当外人地跑去找外甥女伸手讨要，然后理所当然地被推古天皇给拒绝了，而马子的脸色当时便立马变得难看了起来。

眼瞅着一场暴雨兴许就要来临，女王连忙换上了一副美丽的笑容，说道："虽然您是我的舅舅，但正因为如此，这王家的领地才不能送给您，因为若是我不分公私地把土地给了您，那么千百年后，您可想过人们会怎么评价我吗？而在评价我的同时，您又想过他们会怎样评价您吗？"

因为苏我马子显然还没达到只贪眼前物，不计身后评的境界，故而连忙表示，自己纯属一时脑热，这地女王陛下您可千万别送我，您要送我我当真跟您急。

而这次的冠位十二阶，也正是在推古天皇的大力支持下才能得见天日的，苏我马子虽然心中有两万分的不爽，可事到如今想要把这部官制给抹杀掉是肯定不可能的了，他唯独能做的，就只有从中作梗——不是要做考评么？老子身为倭国首席大臣，自然是考评的主考官，这些官员谁该升迁，该怎么升迁，谁不该升迁，只该一辈子端茶送水，还不是老子说了算么？

这么一来，那部冠位十二阶，也只能非常遗憾地成了一部仅仅停留在理论上的制度。

然而，巨大的阻力并未阻止厩户王子改革的步伐，就在冠位十二阶颁布的第二年（604），他的第二个研究成果也被摆上了台面——《宪法十七条》。

这是日本有史以来的第一部法律。当然，仍旧和中国脱不了关系。

这部总共拥有十七款条文的律法全部由汉字写成，同时大量借鉴甚至可说是大量山寨了隋朝的同类作品，此外，整部宪法里还充斥着满满的一堆儒家思想。

比如开篇第一条就是八个字：以和为贵，无忤为宗。典出《论语》：礼之用，和为贵。

除了这种光明正大地伸手拿来主义外，还有第三条：有诏必谨，君则天之，臣则地之。这是日本历史上第一次把国王的政治地位用文字的方式拔高到无上的地位。显然，是受了三纲五常的影响。

此外还有第四条：群卿百僚，以礼为本；第六条：惩恶劝善，古之良典；第九条：善恶成败，要在于信；第十二条：国非二君，民无二主。

具体的十七条因篇幅关系就不一一列出并讲解了，但从上述的几条随手拈来的例子中你便能发现，这部宪法几乎每一条每一款，都或充斥着儒家的学说气味，或多多少少都能跟儒家扯上一点关系。

而制定这部律法的直接目的，则是为了在官位制度之后再确立一个政治制度，一个以倭国君主为核心，群臣百姓皆围绕着转悠的政治制度。

说句心里话，这还真的挺有儒家那君臣父子一套的模样。

同时，这律法不光是为了推古天皇考虑，更是为了厩户王子的未来着想——因为他是太子。

所以女王再次表示了大力支持的态度。

至于苏我马子那边，厩户王子也不是没考虑到，在《宪法十七条》里，第二条的内容是奉劝百官敬笃三宝，也就是要求大小官员都得敬重佛教。

这一条的出现在很多后世的学者看来，是因为厩户王子本人乃一介虔诚的佛教徒的缘故。其实个人觉得似乎并非如此。厩户王子信佛这个不假，但这仅仅是他的个人宗教信仰，绝非政治信仰，这位圣德太子绝对不会到把两者搞混的地步。

其实想想也该明白了，既然要把倭王捧到一个无上的境界，那显然就应该用神道教而非佛教的手段才对啊。毕竟倭王可是神道教中神的代言人，跑到佛教里就他那地位估计连净坛使者都赶不上。

事实上十七条宪法中的这第二条，纯粹是写给苏我马子一人看的，作用是给他一个台阶：你不是信佛么？你不是打算以佛谋政么？那就给你一个机会给你一个空子，至于你能不能把握能不能钻，那就全凭你的本事了。

苏我马子虽然知道自己纵然本事再大也未必能抓住这种机会，但眼下失去了女王支持的自己，其实在厩户王子跟前是处于劣势的。

所以他能够做的，就是跟冠位十二阶出台的时候一样，先假装一团和气，以和为贵地承应下来，然后再事后慢慢地搞破坏。

就这样，这部《宪法十七条》在推古天皇、厩户王子以及苏我马子三人一致通过的状态下，被推了出去，并引起了倭国上下一片如海浪狂涛般的好评。

定完官制，写完宪法，厩户王子便顺理成章地开始了下一步计划——将眼光投向了西面。

当然，他并没有傻到以为有了官制跟律法，倭国便已经达到了与隋朝同样强大，所谓把目光投向西边，也仅仅是打算搞一次外交。其用意，说穿了就是摸摸底，毕竟迄今为止关于隋朝的事情不过都是道听途说，那地方真正的强大，还得让人亲眼去看一看，体验一回才行。顺便，再掂量掂量统治着这个庞大帝国的君王，到底有几斤几两。

于是，继天监元年（502）倭王武的使者之后，阔别一百多年的倭国官方外交人员又将踏上中华大地，而厩户王子这位近乎神佛，拥有超强实力的家伙，也将隔海站在隋朝皇帝的跟前。

两国之间的纷争，又将拉开帷幕。

这将是一场前所未有的精彩剧目，因为这一回倭国人的对手，也绝不是一盏省油的灯。

法隆寺

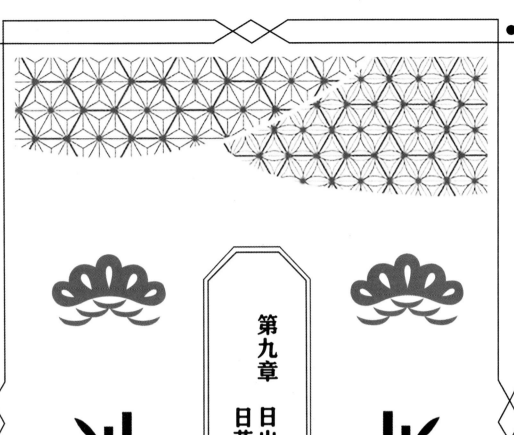

第九章　日出国天子拜会
日落国天子

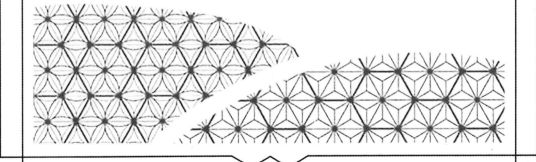

一、叫妹子的未必都是女的

公元 607 年 7 月 3 日，倭国使者抵达隋朝首都长安，受到了当朝皇帝的接见。

这次往来总体而言比较奇葩，无论主家、来客，还是会见的过程，都透着一股比较浓郁的奇葩气息。

主人家是隋朝的第二代同时也是末代皇帝隋炀帝杨广。

杨广这个人吧，不着调的事情确实干得比较多，但在不着调之余，他也同时具备了很多明君的品质：充满智慧，富有谋略，性格豪放并且大气。

在杨广一生所做出的无数政绩中，光是开创科举和修建运河这两条，就足以让他功垂千秋，但史学家在评价一个帝王的时候，似乎更喜欢着眼于一些阴暗面或者说并不看重他做成了些什么而是更看重他的失败，故而隋炀帝在历史上能遭此评价，也就不足为奇了。

其实想想也就该明白了，在天下纷乱四起，王朝统治岌岌可危的时候，一个并未像其他皇帝那样或惶惶不可终日或寻死觅活要自绝于人民，而是一边照着镜子一边摸着脖子，然后微笑着说了一句"好头颈，真不知该由何人砍断它"的家伙，怎么可能是泛泛之辈？

以前在看《Fate/Zero》的时候，觉得里面有一句话说得非常有道理："正因为是暴君，所以才是英雄，对自己统治结果感到后悔的，不过是昏君罢了。"

倭国派出的是一个使节团，总人数几十来号，带头的，是一个在冠位十二阶中身居大礼的家伙，名叫小野妹子。

值得一提的是，此人的性别为男。

这也正是他的第一个奇葩之处，事实上后来日本历史圈内还专门搞过一个研讨会，研究讨论一下如此一个大老爷们儿为何要起名叫"妹子"，但时至今日也没论出个结果来，已然成了千古

小野妹子

之谜。

第二个奇葩的地方就是这个小野妹子真的非常可疑，身为一介男人，他不爱武装爱红装——几乎不怎么碰刀枪剑戟，而是对侍弄花花草草情有独钟，并且还玩出了很多花样，比如拿红花来配绿叶，用百合来装饰菊花，等等，而经过他的那双灵巧的手，很多原本看起来毫不起眼的小花小草，倒也被搭配得有模有样，放在房间里让人看得心旷神怡，跟喝了蜜糖一般甜滋滋的。

这便是日本花道的由来。

在今天，小野妹子一般被认为是这一文化艺术的创始人。

使节团团长小野妹子这次来长安的主要目的是递交一份由厩户王子以推古天皇的名义亲笔写就的国书，虽说他并没看过具体内容，但在出国之前，王子已经告诉了妹子，在这份书信里，除了客套话还是客套话，几乎没有任何干货，所以当杨广接过信封的那一瞬间，小野妹子也顿时如释重负，站在一旁摆出了一脸完成任务的轻松相。

然而万万没有想到的事情却发生了。

那封信到了隋炀帝手里才看了两秒不到，杨广突然就脸色大变，一拍跟前的龙案，怒吼道："混账东西！"

二、日出之国拜会日落之国

小野妹子的第一反应是虎躯一震，一颗心被吊了起来。

难不成厩户王子坑了自己？表面上说信里都是客套话，但实际上却夹杂了私货。可就算那样也不对啊，这隋炀帝才看了一眼就暴跳如雷，横不能开头第一句的问候语就是敏感词汇吧？

身在异乡为异客的妹子又惊又疑，但他知道自己这会儿再这么傻站着一言不发不但会给倭国丢人，同时也会有触怒天威导致小命不保的危险，于是便硬着头皮强作镇定地问了一句："皇帝陛下，这信中有何不妥？"

"拿给他，让他自己看！"隋炀帝把信往地上一甩。

在接过由边上太监递过来的国书之后，小野妹子立刻瞪圆了双眼仔仔细细地精读了一遍。

读完之后他才明白，原来厩户王子真是一个诚实的人。

这封信里确实除了客套话以外就再也没有其他的了。

他突然把目光落在了开头的第一行字上面。

"日出处天子致书日没处天子无恙。"

日出处，也就是日出的地方，通俗讲就是东方，即倭国；日没处，显然说的就是位于西面的隋朝。

这句话的意思说白了就是倭国天子问候大隋天子。

难道……

"蕞尔小邦，敢称天子？！"隋炀帝铁青着脸，"你们该不是想造反吧？"

天无二日，国无二君，自秦始皇时代起，在天朝上邦的中华帝国眼里，所谓的天子也就是皇帝，绝大多数情况下都有且只能有一个，其他的邻邦永远都是附属，可以称王，但决不允许称帝。

而且还自称日出国，说老子是日落国。

眼下隋朝的外交政策主要是针对北面高句丽的，因为那地方不但时常流露出各种对大隋的不臣之心与不服之情，而且还四处骚扰百济和新罗以及辽东边境，直接对隋朝的国家领土产生了威胁。

所以隋炀帝一直憋着想给那帮不知好歹的家伙们一两下子，多年来都处于准备状态中。

也就是说，目前的隋朝除非腾出手来搞两线作战，不然根本就拿活蹦乱跳的倭国没辙。

而两线作战一般是国家外交的大忌，如无大事断不会这么弄。

当然，该情报早就被倭国方面给掌握了。

于是隋炀帝对厩户王子擅自为推古天皇加封天子称号一事的答复只能是强压心头怒火，表示这次看在你们是未开化蛮邦的情况下就饶你们一回，朕亲自修书一封，你拿去给你们倭王看，以后切莫有这种大逆不道的想法了，不然就别怪刀枪无眼了。

不过，虽说这次你们把朕给惹毛了，但大隋和倭国之间总归友好是主流，所以这次我们大隋方面也会派出一名专使和你一同去倭国，会见一下倭王，以增进两国感情。

小野妹子一听连忙跪下磕头谢恩。

三、有时候平等是要拼了命去争的

使者的名字叫裴世清，时任鸿胪卿掌客，其实就是专门负责外交接待的高官。

不管怎么说，该交的国书已经递交了，该拿的回文虽然还没写好但也肯定能拿着，而且对方连回访的使者都已经安排妥当，故而这次出国访问，至少从表面上看，算是功德圆满了。

但实际上小野妹子明白压根就不是这么回事儿，真正的苦难还刚刚开始。

不过此时他也没什么好说的，只是冲杨广行了个大礼，转身结束了这次会见。

看着告辞离去的小野妹子，隋炀帝只是轻蔑一笑："不知天高地厚，也想妄称九五。"

在他看来，倭国之所以自称天子，不过是纯属想威风一下的冲动之举，说难听点就是猴子看到人戴草帽也想弄一顶来比划比划。

他错了，而且是大错特错。

日本人又不傻，怎么可能因一时的激情而跑到长安去踩中国人的底线过嘴瘾？自称天子，那绝对是蓄谋已久的事儿，而且少说也是数代倭国统治者代代相传的一个心愿，换言之，这步很大的棋从准备到走，至少也盘算了百多年。

回顾之前南北朝倭五王的那段，我那会儿就说过，自打从刘宋那里得到了都督南部朝鲜半岛诸国军事权的名分之后，倭国对中国的外交方针就开始发生了相当微妙的变化。在此之前主要是来朝贡，在那之后则每次来都必定有自己的目的。

厩户王子的那封将推古天皇称为天子的国书，绝对不是对中国的无礼之举，它最多是反映了当时倭国人或者说厩户王子本人想要努力把自己的国家建设成为一个不输给对岸中华帝国的强盛大国的期望罢了，这种想法当然没有任何过错，故而所谓的沙文主义肾上激素也完全不必在此爆发。

虽然隋炀帝并不打算跟倭国做兄弟。

数日后，小野妹子再次进了王宫，并且收到了杨广亲笔写好的回信。

回到驿馆，他偷偷将其打开，想看看上面到底写了些什么。

结果才看了一眼，妹子就傻了。

因为在这封回信里，第一行第一句是这样写的："皇帝告倭王。"

皇帝，当然是杨广，倭王，则是推古天皇。

完全一副居高临下的姿态。

此外，该信通篇的格式，也严格遵照了中国历来皇帝写给诸侯文书的格式，同时文中措辞比较激烈且态度相当强硬，大有一副倭国国王欠他多还他少的架势。

这一年8月，在隋朝使节团的陪同下，小野妹子踏上了回国的路程。

　　使节团的团长是裴世清，之前已经提过了。

　　裴世清跟杨广完全不是一类人，这家伙比较好善乐施，跟谁都能走得近，跟谁都能自来熟，估计也正是因为这样，皇帝才会安排他做外交官接待那些小邦附庸的使臣们。

　　一行人于当月末抵达了倭国首都飞鸟，然后受到了最高规格的接待。

　　据说那天厩户王子先是派出了两百名骑兵，出城数十里前来迎接，然后一路上设置仪仗队，敲锣打鼓地欢迎大隋使者来倭。

　　当队伍抵达王城正门，早已等候多时的厩户王子身着紫色绫罗，率百官行汉礼，一字排开地前来恭迎，裴世清一看这阵势，也连忙下了车驾，走上前去行礼答复。

　　两人见面，厩户王子似乎显得特别高兴，一边作揖一边就说："听说大隋在我倭国西方，乃名扬四海的礼仪之国，而我倭国乃一介蛮夷，偏居海隅，不识礼仪，孤陋寡闻，以至久不相见。今贵客远来，特意清扫道路，装饰馆会，以待大使，希望听到来自泱泱大国的文明教化。"

　　而那边的裴世清毫不示弱，也非常淡定地吐出了一套官话："我大隋皇帝的威德与天地同高，恩泽遍流四海，并以王道开化诸邦，故特地派遣我来你这里宣旨传谕，递交国书。"

　　两人一番空对空之后，厩户王子表示这八月的艳阳天热得很，我们家大王早已准备好了国宴，要不进去边吃边聊？

　　裴世清显然没有站在大门口晒太阳的癖好，于是一帮人便在王子的带领下，来到了宫殿之内。

　　虽说是倭国的国宴，但无论是用的锅碗瓢盆还是席间侍者们的穿着打扮，都是百分百地从中国给学过来的，尤其是锅碗瓢盆，几乎就是清一色的原装进口，这让裴世清充分感到了一股清爽的家乡气息。

此外，最让他中意的，则是摆在自己面前的餐具——筷子一双，勺子一把。

陪同在座的倭国君臣们，也使用着同样的家伙。

这就表明至少从那时候起，日本的上流社会就已经普遍把筷子当成了日常吃饭的工具了。

四、失踪的国书

国宴过后，裴世清与推古天皇进行了更为深入的亲切交流，双方你来我往地将客套话艺术发挥到了极致，虽说陪同在旁的厩户王子心中不时会掠过一丝疑惑：说好的国书呢？

而裴世清似乎是看出对方在想什么，所以在跟美丽的女王欢声笑语的同时也不忘顺道一提："这次我大隋的皇上有亲笔国书一封，特地要我呈给殿下。"

推古天皇点点头，说那你就呈上来吧。

裴世清摇摇头："国书交给了小野大人，应该在他手上。"

然而小野妹子这时候并不在场，其实他连国宴都没参加，目送隋朝使节团进了王城之后便找了个借口回家去了。

推古天皇表示反正也不差这一会儿，干脆明天再说吧。

此时厩户王子站了起来，说自己这几天身体一直都不好，现在正襟危坐了那么久，实在是挺不住了，大王您看是不是能让我先去歇着？

在得到批准之后，王子迅速赶回了自己的寝宫，然后差人以最快的速度去了一趟小野家。

很快，小野妹子就来了。

厩户王子开门见山，人都还没坐下就问道："国书呢？"

小野妹子倒也快人快语："掉了。"

厩户王子一惊："什么？"

"掉了。"小野妹子还进一步做了解释，"就是没有了。"

身为外交使节，把对方皇帝亲笔写的国书给弄丢了，这放在哪个国家都是要杀头的大罪。

但小野妹子的脸上却丝毫看不出一丝的惊恐："在路过百济的时候，我们遭遇了山贼，国书就是在那个时候被抢走的。"

这帮人的行程路线跟几百年前邪马台的使者们基本相似，也是从长安出发走陆路抵达朝鲜半岛南部，然后坐船过海到九州，再走陆路来到大和。

在听了对方的说法之后，厩户王子的脸色非常平静："你在骗人吧？"

小野妹子摇头否认："在下不敢。"

"你应该已经事先看过那封国书了吧？里面都写了些什么？"对面一阵沉默。

厩户王子顿时明白了一切，脸上露出了一丝笑容："你立功了。"

第二天，推古天皇和厩户王子一起再度接见了裴世清，在双方交流的过程中，厩户王子表示，那封国书自己已经和大王共同认真拜读过了，写得情真意切，非常感人，通篇都充满着大隋希望跟倭国友好千万代的真诚。

裴世清则嘴角略显抽搐，羞涩一笑之后，表示我大隋自古便是礼仪之邦，搞外交讲究的正是一个诚字，这国书是我们皇上用心写的，你们若是看了觉得满意，那便再好不过了。

此后不久，小野妹子被从大礼提升到了大德，这也便是前面所提到的那个冠位十二阶里唯一一个被破格提拔的例子。

为什么？

为什么把国书弄丢了非但不用掉脑袋坐牢反而还能升官？

这当然和那封国书的本身有关。

之前我们已经说过了，隋炀帝的亲笔国书，内容相当不友好，而且也完全否认了厩户王子所提出的日出国天子、日没国天子的论调，如果这样的一封玩意儿被送到推古天皇的手里，你觉得会发生什么？

推古天皇首先当然会很不爽。

而在不爽之余，这位女王又会做些什么？

很明显，这是一次外交事故，肯定要找事故责任人出来问话。

这个责任人，显然就是写倭国国书的厩户王子。

此外，即便是推古天皇本人心胸宽大不打算追究，可这隋朝的国书并非秘密文件，不消多日必定会让整个倭国朝廷都知道其中的内容，你觉得你的政敌们，比如那位苏我马子，会放过这个打压你的绝好机会么？

以马子的那一份阴湿性格，当然是没可能网开一面，多半就该在朝堂之上公然叫嚣，说一些诸如厩户王子身为摄政却不顾大局，一支秃笔让大王蒙羞，着实罪不可赦之类的话。

这样一来，推古天皇即便不想追究，却也不得不追究了。

而且，更要命的是，因为长期以来中华大陆都是倭国名义上的宗主国的缘故，所以这次隋炀帝的这封国书要真的被公开了，很有可能就造成女王自身的地位动摇，这事儿往小了说，那就是可能会引发王位更替，要往大了说，便真的是要天崩地裂了。

而现在国书突然就掉了，没了，不复存在了，这等于就是说刚才我们假设的那一切糟糕情况都不会发生了，同时也会在倭国朝堂里营造出一种"我们大王跟大隋自称天子，大隋似乎也没啥反应嘛"的假象，从而使得推古天皇和厩户王子的地位不降反升，尤其是捉刀的后者，那更是赚足了人气，为自己日后被冠以"圣德"二字的称号打下了坚实的基础。

你说小野妹子的功劳能小么？

至于大洋对岸的隋朝，那则是结结实实地吃了一个哑巴亏。

对于国书丢失一事，裴世清未必不知道，可他就算知道了又能如何？

既然厩户王子已经当着推古天皇的面告诉他这封信写得很好很生动，那么纵然知道信中内容的裴世清也就只得当对方是真的很满意很感动。

所以总的来讲，这又是一次日本在外交史上的大胜利——在有史以来第一次谋求与中国平起平坐的对等地位的行动中，他们做得相当成功。

在国书风波之后，小野妹子又出访过一次隋朝，据说那次也带去了一封厩户王子亲笔写的国书，这一回倭国人依然没有学乖，虽说是没再提什么天子不天子，但却弄了比天子更狠的一个称呼——天皇。

原话是这样的："东天皇敬白西皇帝。"

东天皇，指的是倭国大王炊屋姬。

非常离奇的是隋炀帝看了居然一点都没生气，反而还乐呵呵地答应了小野妹子的很多要求，比如让倭国派留学生来隋朝学习，再比如搞一些技术输出，等等。

不光是口头答应，这次小野妹子访隋，本身就带去了八名日本留学生，而隋炀帝则全数接受，亲自安排了专门的场所接纳，并且还鼓励他们要在隋朝好好学习天天向上。

于是这就很值得推敲了。

天皇这个词，认真说来其实规格要比天子更高，上一次自称天子隋炀帝就已经拍桌子了，这一次自称天皇对方反倒是没了声音，着实让人觉得蹊跷。

其实你也不用多琢磨，我可以很负责地告诉你，这个故事是日本人自己原创的，真实的可能性普遍低于福利彩票的头奖中奖率。

证据就是"东天皇敬白西皇帝"这句话的出处，它来自于《日本书纪》，而且除了这本书之外，便再也找不到任何一本将此话记录在内的文献了。

换言之，唯有《日本书纪》记录了这件事。

只能说真实性相当有限。

此事的真相基本上就是在厩户王子送去的第二封信里，肯定是没敢再提什么天子、天皇，当然，也未必有臣服的言语，只能说是一封口气很软的普通国书，而隋炀帝一看倭国人这回没提天子，便心满意足地以为人家服了软，同时又脑补对方不敢再犯，于是便很自然地恩威并济了一番，答应了小野妹子的要求。

八名留学生中第一批回倭的三名名字分别叫作高向玄理、南渊请安以及僧旻。

他们日后归国，无一例外地都成了栋梁之臣。

第十章　于是，苏我家族成了最大的

一、大唐出世

公元 622 年，厩户王子因病去世，享年四十八岁。

临走前他留下遗言："世间虚假，唯佛是真。"

此人后来被赐谥号圣德王，也就是圣德太子这个称号的来历。

话说在太子临终的时候，身边陪着的只有一人，那便是他的爱妾橘大郎女，橘氏在看着老公闭眼之后，默默地走出了房间，来到了推古天皇那里，先是把遗言复述了一遍，然后说了一句："太子现在已经往生去天寿国了。"

推古天皇毕竟是个女的，比较擅长针线活儿，在听了橘氏的天国论之后，便拿来了锦缎针线，当场刺绣出了一幅天国极乐图，供奉在了位于今天奈良县内的法隆寺，据说至今尚存。

而那座法隆寺也是在圣德太子的主持下修建的，里面的西院伽蓝是目前世界上所保存的最古老的木制建筑群。

这也应该算是太子的一大贡献吧。

继圣德太子之后，倭国的四朝元老，政坛常青树苏我马子也于公元 626 年离开了人世，享年七十五岁，这在当时算是非常了不得的高寿了。

此后，苏我家以及倭国大臣的位置由马子的儿子苏我虾夷继承，虾夷时年四十岁，正是一生中智慧与精力处于巅峰的时段。而他的行事作风也和苏我马子大不相同，虾夷治世，反而更像圣德太子，讲究一个"和"字。

他很看重与王族以及其他豪族之间的融合交流，话说推古天皇去世（628）后，在苏我虾夷的大力扶持下，敏达天皇的孙子田村王子（田村皇子）被扶上了王位，史称舒明天皇。

这位舒明天皇的爹是敏达天皇的儿子押坂彦人大兄王子，娘则是敏达天皇的女儿糠手姬。不过，当年日本就是这样，两人结合，只要不是同父同母所出的那就OK，押坂彦人大兄的母亲是广姬，糠手姬她妈则是伊势姬，完全符合社会准则。

敏达天皇是钦明天皇的儿子，前面也有说过，而他妈则是钦明天皇的王后石姬公主，也是出自日本王室。

换言之，这位舒明天皇跟苏我家没有一点血缘关系，这种情况在那些年的倭国国王里属于相当罕见的。

这也就说明比拘泥于仅限家族本身的那种单独的自我扩张，苏我虾夷更看重的是利用所谓的融合等手段，实现对大局的有力掌控。

而且苏我虾夷为人也相当低调，每次重臣开会，当要轮到他做决定的时候，开头第一句话基本上总会是："我不如我父亲马子，不敢擅专，所以还是交给大伙一块儿讨论讨论吧。"

这话说得真是相当得体，既检讨了他亲爹苏我马子当年独断专横的罪行，又体现了自己谦谦君子的一面，所以虾夷在朝中口碑相当不错，上到大王下到看门的都把他视作治世能臣。

就这样，在苏我虾夷的带领下，整个倭国进入了一个相对还算政清人和的时期。

而当时的国际局势，也发生了不小的改变。

　　朝鲜半岛完全进入了三国演义期，所有的小国都被高句丽、新罗和百济吞并，而上述三国每一个国家都想着消灭其余两方，以完成统一大业。

　　中国大陆那边，隋朝已于公元 618 年灭亡，取而代之的是著名的大唐皇朝，并且在武德九年（626）的时候，唐高祖李渊的次子李世民发动政变，逆袭兄弟李建成和李元吉，然后从父亲那里得到了皇位，也就是唐太宗。

　　当了皇上之后的第二年（627），李世民便改年号为贞观，在他的治理下，唐朝国力达到了空前的盛况，史称贞观之治。

　　同时，李世民本人也被周边国家称为"天可汗"。

　　当然，不管怎样强大，不服的人肯定还是有的。

　　在当时，不买唐朝账的国家主要有两个，一个是高句丽，一个是倭国。

　　前者是来明的，就是堂堂正正地不肯鸟你，跟当年隋朝那会儿一样，不是偶犯边境就是不来朝贡，更过分的是在隋亡之后，高句丽还大量接纳了隋朝的残兵败将，并且将其编制成为自己国家的军事力量，很有一副你要战我便战的派头。

　　对此唐太宗当然不高兴了，但不高兴归不高兴，他也没什么办法。因为高句丽真的是蛮强的，在此之前，隋炀帝曾经发兵亲自征讨过那地方三次，可三次都是大败而归，并且造成了非常严重的后果，那就是直接动摇了隋朝的国本，为隋亡埋下了伏笔。故而眼下李世民纵然是想动手，却也得好好准备一番。

　　至于后者，那也是延续了隋朝时候的老样子，不过他们跟高句丽不一样，从不摆明了跟你叫板，但实际上，也是不服的。

　　在那个万国来朝拜大唐的时代，偏偏倭国从来都不去凑这个热闹，他们即便和唐朝搞外交，也永远都恪守对等原则，绝不表达任何自己是对方臣属的意思。

不过话虽如此，可对于唐朝的强大，倭国倒也没有视而不见。

当时的倭国虽然不是唐朝的藩属，可国内的上层对于唐朝的一切，都持一种倾倒及膜拜的感情。王公贵族几乎人人都以能和唐字沾边儿为荣，哪怕是只沾着一星半点儿的边儿，也能高兴好一阵子。

二、又一次国书事件

在舒明天皇继位的第二年（630），他就派出了犬上御田锹为使者，出访大唐。我们耳熟能详的一个词叫遣唐使，也就是日本朝廷派往唐朝的使者的合称，其源头，正始于此。

犬上御田锹这个名字虽然听起来不怎么地，但实际上他们家却是名声显赫，悠久古老，这犬上家的祖先，本是日本武尊的儿子稻依别王，御田锹本人也是当时倭国朝廷里的重臣，位居第三高冠的大仁。

犬上大使到了长安之后，先是受到了唐太宗的亲切接见，接着又就地住了两年，贞观六年（632）八月，觉得住的也差不多了，便决定启程回国。

犬上御田锹在华期间深受大唐朝野好评，现在要回国了，唐太宗更是专门派了个人，命他一路护送倭国大使，一直送回倭国。

送犬上御田锹回国的那人叫高表仁，时任新州刺史。

他虽是大唐的地方官，但真实身分却是隋朝的遗臣。他爹叫高颖，早在隋文帝杨广篡位登基那会儿就出过大力气，故而在隋朝建立后一度担任宰相执掌朝政，甚至还跟原太子杨勇结为亲家。不料杨勇后来被挤了下去，杨广登了大位，心怀不满的高颖跟儿子高表仁四处吐槽朝政，说杨广不是个东西，结果炸毛了的杨广处死了高颖，流放了高表仁，一直到隋灭唐立，这家伙才有了翻身的机会。

临走之前，李世民还召见了高表仁，说我这次派你去倭国，你懂是什么意思么？

高大人立刻心领神会，连连点头，说我懂，我懂。

在这位刺史大人看来，这其中的意思有两个，第一是御田锹确实会做人，唐太宗确实觉得他不错，于是便来上一段送君千里；第二是打算跟倭国搞搞外交，都是天可汗了，实在没理由不让这海外小邦拜会一下天朝威风。

其实我在很多时候都一直认为唐太宗在好些方面都未必及得上隋炀帝，比方说这回派人去日本，要换了杨广，肯定会选个宽厚良善之辈诸如裴世清而不会叫这想啥就是啥的官二代高表仁同去，这种公子哥头脑或许相当聪明，但要说待人接物之类，未必够格，留在国内当个幕僚智囊还好，让他跑出去搞外交那只能说是自己跟自己过不去。

一行人坐船坐了一个多月，于当年十月抵达了难波津，也就是现在的大阪港，在接受了隆重的欢迎会之后，又启程来到了此行的目的地，飞鸟。

到了飞鸟之后，犬上御田锹先去王宫复了命，而高表仁则先是被安排住进了驿馆，然后又被告知数日后我们的王后将在飞鸟寺见您。

飞鸟寺也叫法兴寺，位于飞鸟，由苏我马子创立于公元596年，除去他爹当年用来放佛像盖的那几间小佛堂，这寺其实算得上是日本历史最悠久的寺庙，在舒明天皇那会儿，因为放眼全国也没几间像样的拜佛场所，所以那儿更是堪比国寺，级别相当之高。

约定的日子很快就到了，那一天，几乎全飞鸟的王公贵胄们都云集在了飞鸟寺，以便一睹天朝使者的尊容。

舒明天皇的大老婆叫宝皇女，名字听起来似乎满嫩的，但其实这一年已经三十八岁了。

虽然场面上说是在飞鸟寺接待大唐使者，其实本质上也就是一群人簇拥着高表仁在寺里走一圈，一圈过后，高表仁似乎是觉得人活一辈子能这么威风的机会也不多，于是又表示想再走一圈，宝皇女连忙表示您就是转到天黑，我们也陪您陪到底。

高表仁听了这话立刻喜形于色，说久闻倭国学我天朝礼仪学得很像，今日看您这待客之道，果然是有礼仪之邦的风范啊，我回国之后一定跟我家皇上如实禀报，好让他也知道贵国的厚谊。

这是一段比较长的场面话，所以高表仁随身带来的翻译一时间没立刻蹦出词儿来，而就在他斟酌的当儿，宝皇女突然一字一顿地开了口："高大人若肯转达我对大唐皇帝的诚意，那实在是最好不过了。"

说完，她以一种非常平静的笑容看着对方。

翻译愣住了。

高表仁也愣住了。

因为宝皇女说的是一口相当标准的汉语。

高大人真心没想到在这海外的孤岛上居然还有如此精通我天朝语言的人才，而且居然还是国母王后，一时间激动得无言以对，只是连声说好好好，我一定转达。

而就在这时候，陪同在旁的苏我虾夷很是时候地发出了一声叫好声，底下群臣也纷纷附和了起来，场面一时被推向了高潮。

正在这两国人民欢庆友好邦交的热烈时刻，倭国的人群里忽然走了一个人出来，他并非想跟高表仁说话，而是径直朝着飞鸟寺大门的方向走去。

这显然是一种很煞风景的行为，所以当场就被人叫住了，叫他的人是宝皇女的弟弟，轻王子（轻皇子）："山背大兄王，你要去哪？！"

山背大兄王

被称为山背大兄王的那个人表情非常淡然："回家。"

"你没有听到大唐的使者刚才说么，他打算在寺里再参观逗留一会儿，所以希望请你也稍微再在这里陪着一会儿。"

"我又不懂大唐的语言，留在这里做甚？"

"现在站在这里的，又不止大唐使者一人，你没看到宝皇女陛下么，她可是代表了大王来接见唐朝使者的，你这般做，可谓是无礼之极。"

这话的分量相当重，但轻王子说的时候，却并无一丝怒色。

结果是山背大兄王似乎动了怒："若是代表大王来接待唐使的话，那就不应该在我倭国的土地上对着唐朝的使者用唐朝的语言！不管他大唐天朝大国如何强大，今天的你们，不觉得自己过于卑躬屈膝了么？！唐朝的使者既然来到倭国，那理应用倭国的语言，不是么？"

说完，拂袖而去。

按常理，这种人应该被当场拦下的，但当时飞鸟寺里却无一人动手，就连当面斥责他的那位轻王子，也只是目送其离去。

不是不拦，而是有所顾虑。

山背大兄王，实际上却也如名所示那般是个王族，而且还不是一般的王族，他是圣德太子长子，同时也是舒明天皇百年之后的热门继承人之一。

在那个时代，倭国王位还并非是铁板钉钉地由王长子继承大统，甚至连王子也不是必要条件，只要是王族的一员，大王看着觉得爽，威望能够服群臣，那就有机会成为下一代的领导人。

大兄王作为一代圣贤圣德太子的衣钵继承人，本身就有父亲的威望，而且又比较会来事儿，用现在的话叫很懂自我包装，像这次当着群臣的面给宝皇女上爱国主义教育课之类的事情还做了不少，所以在倭国拥有很高的人气，唯一的缺点就是被认为没有他爹那么成熟稳重，说得那个点，这人其实就是个王二代的愤青。

再说山背大兄王离去的时候，不知从哪个墙角里也蹿出了一个黑影，忙不迭地紧跟大王的背影，以飞奔的方式追随而去。

望着这家伙，所有人都面面相觑：他是谁？

他们很快就搞清楚了此人是中臣镰足。

话说回来，山背大兄王此举在后世评价一直还蛮高的，很多人都觉得这是一种典型的维护了自己祖国尊严的爱国之举，而面对唐朝使者唯唯诺诺，以说唐语为荣的宝皇女以及跳出来对爱国的大兄王进行横加指责的轻王子，则很自然地被人认为是面对大国卑躬屈膝的懦弱之辈，更激进一点的，联想到如今日本的一些政治外交现状，甚至还会直接给他们扣上一项日奸的帽子了事。

但事实却并非如此。

在参观完飞鸟寺之后，高表仁回到了住处，又歇了数日，然后去了王宫和舒明天皇会面，顺便递交唐太宗给的国书。

一开始的时候一切都很顺利，双方各自不断地恭维对方，场面话说了一大堆，等到了交国书的时候，舒明天皇正襟危坐在宝座上，等着高表仁把国书捧上来。

结果高表仁却是毕恭毕敬地站在那里，手里拿着国书，可就是不送上来。

舒明天皇觉得很奇怪："高大人，为何不将国书给我？"

"请大王走下御座，面北受我大唐国书。"

圣人南面听天下，这个规矩貌似自古就有，而臣下在接圣旨的时候，则要朝北跪拜。

显然，高表仁把倭国当成了大唐的藩属。

"岂有此理。"一个声音响了起来。

回头看去，正是数日前跟山背大兄王在飞鸟寺有过一番论战的轻王子。

"我倭国并非你大唐属国，更何况此处为倭国王宫，凭什么要按你大唐臣下礼节受国书？"轻王子质问高表仁道。

诚然，尽管从国力上来讲，当时的日本连做中国藩属的资格都未必够，可事实情况是，两国确实不是宗主藩属的关系，从当年小野妹子给隋炀帝送去那份日出国天子拜日落国天子的国书时候起，中国跟日本的关系便是对等的国与国关系。

我可以以学你的文化为贵，以说你的语言为荣，以用你的产品为尊，但我就是我，绝对不会成为另一个你或是你的附庸。

这就是古代日本人对中国的一贯态度——可以是弟弟，但绝不做儿子。

所以高表仁无言以对了，但他明白，这面北接旨的话都说出来了，要是再收回去，那就丢脸了——丢大唐的脸，于是干脆一错再错："倭国难道不是大唐的属国吗？！"

"当然不是。"轻王子说道。

"既然不是，那我看也就不必受这国书了！"说罢，高表仁转身就走。

之后，他在倭国又待了三个多月，因为倭国朝廷无论如何都不肯下御座面北受国书，而高大人为了维护所谓大唐的面子也索性一错到底地寸步不让，最终这次两国的外交没有得出任何结果，第二年（633），大唐使者高表仁带着他的国书坐船离开了日本列岛。

话说这老兄一直都认为自己是爱国的，维护的是大唐而非自己的面子，所以在回国之后，将自己在倭国的各种行径完完全全地向唐太宗汇报了一遍，说到妙处，还忍不住添油加醋一番，俨然一副给祖国长了脸的爱国志士模样。

太宗听完之后当时就双手颤抖了——给气的。

正所谓恩威并施才是外交的正道，即便是面对真正的藩属国，也不能空耍威风不办正事儿，不然把人得罪了不算还很有可能落下大唐只知道以大欺小的口实，更何况这倭国本身就不是大唐的属国，把他们当臣服之国对待本来就是大错特错，就这样还不知反省，还一副扬我国威的爱国志士模样。

李世民用能够想得到的最泼辣的词汇将高表仁一阵怒骂之后又做出了处分决定：罚俸两年。

同时，还在史书上给他留下了千古一笔——表仁无绥远之才。

三、跳大神是当大王的一项必点技能

高表仁事件之后，中日两国之间的高层交往又进入了停滞状态，唐太宗不知道该以何种方法来面对这个被伤害过的邻家小弟，所以一直都没再派去使者；倭国那边倒不是和之前那样闹小性子，而是真的国内事情比较多，忙不过来。

公元 636 年，一场大火席卷了舒明天皇所居住的冈本宫，虽然大王及其重要亲眷都安好无事，但木造的冈本宫却被付之一炬。

这种事情其实并不少见，毕竟那年头消防技术什么的都比较原始，故而在火灾发生后，舒明天皇只是移驾田中宫了事，然后日子该怎么过还怎么过。

只是不曾想这意料之外的情况发生了：以苏我虾夷为首的一批苏我氏重臣突然就罢了朝，他们纷纷表示自己只去冈本宫上朝，绝不去什么田中宫。

于是非常喜感的一幕出现了——每到上朝之日，整修一新的田中宫里头，舒明天皇孤零零地一个人坐在宝座上，然后面对着下面寥寥无几的小臣，也不知这国家大事从何说起，而在差不多已经被烧成平地了的冈本宫遗址上，则正襟危坐了苏我虾夷等一大批国家栋梁，大伙齐刷刷排排坐地在这残垣断壁里头，面向原先放宝座的那个位置，仿佛大王真的就坐在那里一般。

这种情况一直持续了大半年，最后两边人都忍不住了——舒明天皇显然当不了光杆司令，而苏我虾夷他们也不可能在日渐天凉的秋冬季节仍坐在荒地上，于是大家很默契地各自鸣金，聚集在了田中宫里，当然，彼此之间的梁子，肯定是结下了。

之所以要来这一套，其原因不外乎是苏我虾夷觉得舒明天皇似乎越来越难以被自己掌控了，比方说他曾经反复向大王建议选自己的妹妹当王后，可是却被舒明天皇一口回绝，最终让宝皇女上了位。

尽管虾夷是个讲究万事和为贵的人，但这所谓的"和"不过是用来控制朝政的一个手段罢了，现在既然有人不愿意为他掌控，自然就要非常不和气地给他一个下马威，让他认清谁才是这个国家真正的实际掌权者。

所以在事件发生之后，一个看起来挺靠谱的谣言开始传了起来，那就是这把火实际上是苏我虾夷放的，为的就是给之后的罢工做铺垫，目的是警告跟自己越来越貌合神离的舒明天皇。

同时还有一个谣言，就是说放火的其实是山背大兄王。

这倒也不是空口白话，至少大兄王有着充分的作案动机，且说当年推古天皇走的那会儿，这大统本该由他继承，结果因为在朝中的评价是过于年轻，所以不得已让舒明天皇抢了先机，但即便如此，他仍是下一届王位的热门候选人，说得露骨一点，只要舒明天皇死了，那么下一位大王，十有八九就是山背大兄王。

当然，这终归是谣言罢了。

冈本宫的大火到底是哪路英雄豪杰放的，至今已然成了千古之谜，但事实是山背大兄王在苏我虾夷罢朝之后，显得非常高兴，先是在自己家里赏月喝酒吟诗作赋，接着又暗地里频频派人跟苏我虾夷取得联系，甚至还相约一起旷工出去打猎，一时间，两人的关系变得非常密切。

种种迹象表明，本身身上就流着苏我家血液的大兄王打算在苏我虾夷的帮助下，取代舒明天皇。

只是屋漏偏逢连夜雨，大火之后，一场多年难遇的旱灾席卷日本，紧跟其后的便是大面积饥荒，第二年（637），虾夷又发生了动乱，于是无论是舒明天皇还是苏我虾夷都顾不上争权夺位了，大家纷纷救灾的救灾平叛的平叛，好不容易等忙得差不多了，舒明天皇也病倒了。

公元 641 年 10 月，他驾崩在了飞鸟的百济宫。

临死之前，留遗诏一封，将王位传给了他老婆宝皇女，史称皇极天皇。

于是山背大兄王跟苏我虾夷的美好计划就此全部落空，但他们却并不死心，尤其是苏我虾夷。

话说就在皇极天皇即位的当年，日本发生了一次程度罕见的大规模长时间干旱，一连几个月滴雨不下，这在生产力极为落后的原始日本几乎是致命的天灾，弄不好就会寸草不生然后饿殍遍野，然后国家崩溃。

就在这危急时刻，苏我虾夷横空出世，上奏宝皇女，表示自己尽管年纪很大连路都走不稳了，但仍愿意为了国家社稷豁出一条老命——搭高台，焚黄纸，亲自祈祷以求天降甘露。

这事看起来相当稀松平常，其实却是异常凶险的一招。

在讲邪马台卑弥呼那会儿我就已经说过了：中国的皇帝是打出来的，而日本的天皇是拜出来的。

这话我是认真说的，没跟你开玩笑。所以在中国，历朝历代看得最要紧的，就是兵权，生怕你拥兵自重然后黄袍加身，而与此相对的，在日本的上古时代，我指的是信仰啊科学啊文化啊都相当落后的那些年，朝廷看得最重的，是神权。

什么叫神权？说白了就是行使神法的权利，具体讲来包括和神交流，替神行道，为神代言，以及求神办事。

很明显，求天降雨也是神权的一种。

我知道你会说中国的皇帝也很看重神权，不然皇帝也不会叫天子，圣旨也不会叫奉天承运，皇上也不会去祭天等等，但你哪怕说出大天来，大家也都明白，这些个东西在中国纯粹是搞搞形式的，表面意义无限大于实际意义，可在当年的日本，却正好相反——统治者，尤其是大王或天皇，时常需要通过呼风唤雨这种行为来证明自己是奉天承运的统治者。

这就是两国的一个本质性区别了。

问天也好，问神也罢，这都是天皇，或者说大王的专利，你苏我虾夷再狠再大，不过是人臣，属于人类，现在居然想越俎代庖地跟身为半神的大王抢生意，说白了就是在挑战王权和神权，挑战刚刚即位不久的宝皇女。

其实苏我虾夷的用意也正在这里。

他就是想挑战一下初来乍到的女王，只要把雨求来，那么就等于昭告天下，他苏我虾夷同样有神力，甚至还比宝皇女厉害，只要能给全日本造成这样的印象，那么以后苏我家想做什么事情也就方便多了。

但有个前提，就是得把雨求来。

朝廷对于苏我虾夷求雨一事并未做任何干涉，或许是知道干涉了也没用，于是在这一年7月25日，虾夷正式登台，上蹿下跳一连蹦跶了好几天，但除了期间稍微有过一两次时长不超过半小时的小雨之外，便再无收获了。

7月30日，年近花甲的苏我虾夷实在是跳不动大神了，故而只能撒手收工，承认失败。

8月1日，几乎是早就料到有此结局的宝皇女在宫里搭台求雨。

当日，大雨倾盆，并持续了数日。

到底是天皇家真有这个能力还是纯粹的巧合我不知道，上面这些都是书上记的，日期我都没改。

巩固了王权以及神权之后，女王开始大兴土木修建宫殿和寺院并且发布各种政令，和以往不同的是，这一回在做这些事之前，宝皇女并未和苏我虾夷有过任何商量与沟通。

对于多年来一直掌握着国家实际统治权的虾夷来讲，这是一种羞辱。

所以他和山背大兄王走得更近了。

四、一只白鸟挑起的父子相杀

说起来这两位要篡权谋国一事其实早就成了司马昭之心，故而宝皇女也理所当然地做好了兵来将挡水来土掩的准备。

　　具体说来是找盟友，被女王看上的是苏我入鹿。

　　苏我入鹿，是苏我虾夷的儿子，虽然确系亲生，但父子两人的政治立场却大为不同，入鹿这个人更像他爷爷马子，坚信与其搞什么天下大同，还不如依靠苏我氏一家来掌握对日本列岛的统治。

　　当然，不同归不同，可终究是父子，所以一般没什么人会相信宝皇女让入鹿来帮自己入鹿就自动入了伙，这里面显然应该有故事。

　　根据书里面的记载，故事是这样的：话说有一天女王大人单独召见了苏我入鹿，寒暄过后，给他看了一只关在笼子里的白鸟。

　　"这是来自高句丽王族珍藏的禽鸟，即便是整个半岛，也只此一只。"宝皇女介绍道。

　　苏我入鹿一听这话当然是瞪大了眼睛仔细地、用心地、好好地瞧了一番，虽然除了发现这只鸟确实很白之外再无其他心得，但他还是附和说道这鸟一看就知道不是人间产物，太有神兽范儿了，该不会是凤凰吧？

　　宝皇女知道入鹿在拍马屁，却也不在乎，而是直接进入了正题："你可知为何如此珍贵的鸟儿会从高句丽落到我的手中？"

　　苏我入鹿摇了摇头，表示自己不知。

　　"因为这鸟的主人不在人世了。"女王说道，"高句丽的国王被泉盖苏文杀害，整个王族也遭到了清洗。"

　　泉盖苏文原名渊盖苏文，为了避唐高祖李渊的名讳而改渊为泉，是朝鲜半岛历史上罕见的狠角色，此人本是高句丽的将军兼宰相，虽说是按照唐朝的规矩避了讳，但却一直对大唐敌视眈眈，在宝皇女即位的这一年，即公元 642 年，他杀害了亲唐的高句丽国君荣留王，然后立年仅十来岁的宝藏王为傀儡国王，自己则担任摄政，顺便再肃清了一大批王公贵族。

　　顺便一说，三年后（645）击败前来征讨高句丽的唐太宗的，也正是此君。

再说那宝皇女说完了鸟的来历之后，便问苏我入鹿："你的父亲，不会也想学泉盖苏文吧？"

入鹿当然一口否认，表示自家老头还不至于干出弑君犯上的勾当，退一万步讲，即便他真有此心，那么自己作为苏我家的继承者，也绝不会允许。

这是很常见的表忠心，常见到让人压根分不清是真是假，而苏我入鹿说此话时的表情也是一副无所谓有无，就跟小和尚日常念经一般的有口无心。

对此，宝皇女只是微微地笑了笑，笑完之后又说道："其实比起山背大兄王，我倒是觉得古人大兄王子（古人大兄皇子）更适合当倭国之王。"

几乎是瞬间，苏我入鹿的表情变得严肃异常："大王今天说的事情，在下一定铭记在心。"

宝皇女仍是微笑，并不再说话。

看鸟什么的都是假的，关键是最后的那句话。

女王嘴里的古人大兄，是舒明天皇和苏我法提郎女所生之子，而苏我法提郎女则是苏我马子的女儿，换言之，古人大兄王子和苏我入鹿是一对表兄弟。

也就是说，对于无比看重苏我家血缘的入鹿而言，古人大兄其实是下一届倭国大王的最佳人选。

现在既然宝皇女也这么觉得，那么两人自然也就有了成为攻守同盟的理由了。

公元 643 年 10 月 6 日，这一天苏我虾夷再度和山背大兄王旷工跑到深山老林里去打猎，顺便再密谋一些不可告人但又人人都能猜得到的事情。

两人从早上太阳出来一直玩到了夕阳西下，或许是谈得很顺利，苏我虾夷心情非常好，以至于这天他回到家时，全然没有发现气氛不太对。

迎接他的，是儿子苏我入鹿。

"父亲大人。"大门刚刚关紧，人还在往屋里走，入鹿就问了起来，"你今天和山背大兄王都谈了些什么？"

这时候的苏我虾夷仍然没有反应过来，一边走一边笑着敷衍了几句，说也就是拉拉家常罢了，没别的事情。

"你们是在密谋造反吧？"入鹿又问道。

苏我虾夷站住了。

他看着自己的儿子："你什么意思？"

"我的意思是，把山背大兄土除掉，然后一心侍奉当今的王上。"

苏我虾夷认真了，但嘴上仍是无比的轻蔑，表示你开什么玩笑，这事哪有你说话的份？

"我苏我入鹿决不允许你们谋反。"

"你能做什么？"苏我虾夷轻蔑地一笑。

苏我入鹿也笑了，一边笑一边拔出了腰间的佩刀，然后架在了自己亲爹的脖子上："从今日起，苏我家就由我来统领。"

虽然当时在场的有很多仆人、亲信，但他们却无一人向虾夷伸出援手，甚至还表示，自己坚决拥护少主的决定，愿意奉少主为当家人。

搞定老爹之后，苏我入鹿又迅速将枪头转向了山背大兄王。

当年11月1日，入鹿亲率武士一百余名向大兄王所在的斑鸠宫发起了强袭，当时后者身边能拿刀的只有数十人，实力差距相当明显，所以山背大兄王只得选择逃走。

陪着一块儿逃的人里头有个叫三轮文屋，是前面我们提过的那个三轮逆的孙子。

一行人从斑鸠宫跑到了生驹山（奈良县内），大兄王表示不跑了，此地很好，就在这里做个了断吧。

他说的了断意思很明显，是要自杀。

所以三轮文屋急了，劝道，留得青山在不怕没柴烧，我们不如一路向东，退往关东一带避难，同时再以那里为根据地发展实力，等羽翼丰满了再来和苏我家决一死战。

山背大兄王闻言摇了摇头："我岂不知如若避其锋芒则日后必胜？但你可曾想过，这连年的征战要害苦多少百姓？圣人云民重君轻，我损民而成就自己，赢了也算不得大丈夫，不如就这样把我交给苏我入鹿吧。"

这就叫临死前还要装。

以山背大兄王当时的实力和能力，别说让他跑关东，就算跑火星去也翻不了天，后世之所以给这人很高的评价，纯粹是因为他爹是圣德太子，外加苏我家形象一直不怎么特别好，仅此而已罢了。

11月11日，山背大兄王在生驹山下的斑鸠寺里自尽，就此，圣德太子的嫡系一族宣告灭绝。

日本的国政大权，终于落在了苏我入鹿的手里。

山背大兄王埋葬处

第十一章 藤原家当年也给人提过鞋

一、大人物的第一步总是给更大的人物提鞋

苏我入鹿位极人臣独掌大权后，很快就展现出了当年苏我马子的风范，从内到外都搞起了大包大揽，一副天上天下唯我独尊的派头。

在外交方面，他则表现出了前所未有的警觉，尤其是对大唐，拼了命地鼓吹倭唐必有一战，嘴上说了还不算，手里的活也没停下——不仅调用工匠民夫建造了各种城池工事，还攒了很多兵器，同时也不断地派遣使者入唐，名为友好往来，实则是为了刺探各种情报，总之是大有决战就在眼前的架势。

对此，其余的大臣们当然是不爽的。

本来么，当时日本但凡有点政治地位的人几乎都是哈唐派，不但热爱中土文化还能说几句唐话，你在这些人跟前扯什么两国交战的调调就已经很遭人厌了，再加上苏我入鹿造堡垒也好屯兵粮武器也罢都是未经请示宝皇女的擅自行动，虽说女王本身无论公开还是私下都没说什么，但在别人眼里，这简直是大逆不道，而最糟糕的是，入鹿还大兴土木给自己修建宫殿。

如果说鼓吹倭唐必有一战和擅自备战备荒多多少少还打着一

面爱国主义大旗的话，那么给自己造房子一事则是完全出自苏我入鹿的私欲了，这让大伙对他的不满更上了一个台阶，几乎就快要超越他爹苏我虾夷了。

但苏我入鹿却似乎对此一无所知，或者说他知道，但也无所谓，因为自认这帮家伙拿自己没办法，所以在之后的数年里，入鹿一如既往地打压政敌独掌朝纲，并变本加厉地扩充私人势力。

但宝皇女仍是一言不发。

她不是在韬光养晦，而是真的支持苏我入鹿——当然不是支持他给自己造豪宅搞腐败，而是支持他的倭唐战争论。

这不是没有原因的。

话说在公元643年，唐太宗李世民御驾亲征对高句丽用兵，征讨泉盖苏文，虽然最终是没有成功，但唐军的战斗力依然是震惊了东亚诸国，以至于即便是亲唐派的女王大人，也不得不心有忌惮地防他一手。

说白了，对于宝皇女而言，大唐的威胁比苏我入鹿更大。

有了最高领袖的支持，苏我入鹿愈加大鸣大放，因此而引起的仇恨与怨念也自然是越积越多。

公元645年春，在飞鸟寺，一场看起来相当冷清的蹴鞠比赛拉开了帷幕。

蹴鞠就是古代的足球，由中国人率先发明，然后在隋唐时期连同佛教一块儿被传入了日本，并且很快就流行于上流社会。

当时飞鸟寺的这场蹴鞠比赛的主角只有一个，名叫中大兄王子（中大兄皇子），时年十九岁，是舒明天皇和宝皇女所产之子，也是下一届王位热门候选人古人大兄王子同父异母的弟弟，同时他和古人大兄还有另一个关系，那就是翁婿——古人大兄的女儿倭姬王是中大兄的老婆。

这一天中大兄王子和往常一样，和几个仆人一起玩着必赢不输的蹴鞠对抗赛，只不过小哥的实力不咋地，一脚过去球没踢着鞋子反倒飞了出去。

　　望着那几个想笑又不敢笑的狗奴才，王子有点尴尬，正要抬手叫人去拿鞋，突然斜刺里蹿出一个黑影，以迅雷不及掩耳的速度把那只鞋唰地一下就捡了起来，然后跑到中大兄跟前，单腿跪地，再双手捧鞋，恭恭敬敬地奉了上去。

　　中大兄王子着实有些小感动，更难能可贵的是，那个给自己捡鞋的哥们儿从穿着打扮上来看并非是自家的奴仆，非但不是，甚至还应该是个贵族出身的家伙，所以他怀着感激，用真挚的语气说了一句："真是谢谢你了。"

　　然后又问道："你是何人？"

　　"鄙人名叫中臣镰足。"

中臣镰足

中大兄王子点了点头，意思是我听说过你。

这中臣镰足是后来名声大噪的藤原家的始祖。

中臣镰足，原名中臣镰子，是神祇伯中臣御食子的儿子。神祇伯是当时日本神祇官中最高的一阶，故而中臣御食子的地位实际上很高，在很多事情上都有发言权，比如当年推古天皇驾崩那会儿，就是他联合苏我虾夷，然后和其他重臣一起，推荐了田村王子，于是才有了后来的舒明天皇。

可中臣镰足似乎和他爹一直都合不来，他不仅没有子承父业地继承神祇官一职，并且在政治立场上也并不喜欢舒明天皇，而是非常倾心于圣德太子，不过在他成人的时候圣德太子已经不在人世了，故而只好爱屋及乌地去追随他儿子山背大兄王，还记得之前我们在说高表仁访倭那会儿有个黑影跟着山背大兄王一起跑出飞鸟寺么？不错，那正是中臣镰足。

且说自从那次飞鸟寺事件之后，镰足便时常出现在山背大兄王身边，尽管两人关系未必到了那个程度，但他本人却俨然一副大兄王左右的模样，很是英姿勃发。

结果是天有不测风云，没过多久山背大兄王就被苏我入鹿给干死了，于是既没有继承家业当上神祇官也没有跟大兄王一起打下江山坐享荣华富贵的中臣镰足就这么一下子变成了无业游民，每天过着郁闷的日子，并对苏我入鹿产生了极大的怨念。

怨念之余，他决心要把苏我入鹿做掉。

二、杀人前夜

这显然是一件非常困难的事情，中臣镰足自己也很清楚，所以他做的第一件事就是找靠山，期待能找一个可以让自己依靠的后台，然后在这个后台的笼罩下，完成自己的大业。

他首先找的是轻王子，因为轻王子对苏我入鹿的种种行径向来都很不满意，还时常称病不参与朝政，这让镰足很有一种"自己人"的感觉。

但轻王子毕竟是敢跟高表仁争是非的轻王子，胆识与智商具备，中臣镰足心里的那点小九九从一开始就已经被看穿了，所以尽管史书上记载两人关系是"来往频繁，相交甚密"，但实际上大多数所谓的"频繁"来往都是中臣镰足单方面主动去找轻王子，而轻王子虽然也确实相当好客地跟镰足谈天论地东拉西扯，可一谈到实际问题比如苏我入鹿又纳小妾又造武器库之类的时候，他却往往会装傻卖萌糊弄过去。

久而久之中臣镰足也就醒悟了，知道这个"自己人"未必靠得住，故而又调转马头去寻找新的靠山。

就这样，他寻上了中大兄王子。

于是让我们把目光再一次转向那一天的飞鸟寺。

中大兄这一年十九岁，本来有个贵族穿戴的人像奴仆一样地跑过来跪在地上给自己捡鞋子就已经挺打动人了，再加上一听名号居然是有名的才子中臣镰足，所以王子当时就对镰足好感爆棚，在踢完球后就跟他聊了起来，聊得兴起，镰足还请王子去附近的山上一走。

两人来到山顶，中臣镰足将手往下一指，说道："王子，您请看。"

顺着手势，中大兄王子看到了山下的一处规模堪比王宫的宏伟建筑。

"此乃何处？"王子问道。

"这是苏我入鹿的家宅。"中臣镰足一脸的忧国忧民，"这仅仅是其中的一处，而且里面还存放了大量的武器。"

"这样啊！"中大兄王子若有所思地点了点头，"这苏我入鹿的宅子还真大呢。"

"这还仅仅是一处，他们苏我家在飞鸟有五六处宅邸，处处的规模都能和王宫相提并论。"镰足不知何时已经换上了一副义愤填膺的面孔，"我估计用不了多久，他苏我入鹿就会把王室朝廷置于自己的膝下肆意玩弄吧。"

对于这番言论王子显然是信了："那应该怎么办才好？"

中臣镰足等的就是这句话："与其等着苏我入鹿篡权夺位，不如抢先一步把他给消灭了。"

中大兄王子愣住了，很明显，虽然他确实看苏我家不爽也确实认为苏我家对王室是个威胁，但你要他去把如日中天的苏我入鹿弄死，这无论从主观感情上还是客观实力上来看，都不太可能。

中臣镰足很明白这点，所以他又说道："苏我入鹿一直支持让古人大兄王子当下一任大王，对于有实力的竞争者，都毫不留情地斩草除根，山背大兄王就是一个很好的例子，而王子您的人望与德才都在王室里属一流，所以也要小心谨慎哪。"

"你是说苏我入鹿连我的命都想要？"

"那是自然，毕竟王子您也是下任大王的候选人之一嘛。"

中大兄王子又愣住了，不过这一次他并非犹豫，而是一脸红晕的小期待。

听这意思，自己也能当大王？

中臣镰足看出了对方的心思，笑着点点头，并又再进了一步："王子将来必定能背负起倭国的朝政，所以请不要再踟蹰了。"

中大兄王子也笑了："那么，具体应该怎么做呢？"

"此处并非议事的地方，以后我们就以南渊请安老师的塾校为据点，共商大事吧。"

南渊请安，日本飞鸟时代的学者，是被誉为继王仁之后日本历史上的第二位大儒。

　　且说当年小野妹子第二次带着国书访问隋朝时，曾带去了八名留学生，这个我们之前提过，而这南渊请安，正在八人之中。

　　他是公元608年去的中国，在那里一待就是三十二年，主要是学习中国的古典文化和律法政治，在此期间，尽管中国大地历经各种沧桑，先是隋亡再是唐兴，但不管发生了什么，都没能影响到这位留学生每天在书案前的奋发努力。

　　一直到公元640年，他才被舒明天皇召回了倭国。

　　在那个时代，从中国回到日本的留学生通常从事的工作是文化传播，就是把隋朝或是唐朝先进的文化政治理念、科学技术在日本的国土上让其生根发芽乃至开花结果。说得具体一点，这些留学生的职业主要分为两种，一种是登堂入阁官拜将相，把学到的东西直接用在国家政治的运作上；另一种则是在都城开一间私塾，将自己在中华所学的知识倾囊而出，传授于贵族王公的子弟们。

　　一般来讲，大家往往选择后者，比如跟南渊请安同一批出国的一个叫旻的人，他回国比较早，公元632年时就离开了中土，回到倭国后便开了学校，然后结识了苏我虾夷，于是就当上了苏我入鹿的老师。

　　比较有趣的是，在甲午战争之后，中国一度也出现了去日本留学的风潮，而那些学成归国的留学生们大都步入军政商界，肯从事教育的虽说不是没有，但真心比较少。

　　这便是两国之间的又一个差别，不过是后话，我们放到后面再详细说。

　　再说南渊请安，他在回国之后，也依照惯例在飞鸟川（流经奈良县和大阪府的河流）的上游开了一家私塾，而中臣镰足正是他的高徒，成绩相当好，在当时有大才之名。

　　顺道一说，苏我入鹿也是有名的好学生，他的老师旻曾亲口评价说："在我的课堂里，要论成绩，则无人能与苏我太郎（入鹿）

相比拟。"

不过，尽管南渊请安认为倭国想要强大就必须得模仿唐朝的制度律法，但他却并不同意用武力除掉鼓吹倭唐必有一战的苏我入鹿，所以当中臣镰足打着中大兄王子的招牌邀他一起入伙时，南渊老师拒绝了："苏我入鹿乃是国家重臣，岂能以轻言谋杀？"

中臣镰足说苏我入鹿屯兵积粮想要谋反，不除不足以平国难。

老头子又问，你有确切的证据没？

镰足说现在还没有，但以后会有的。

请安老师又问，那么你动手的话打算事先和女王打招呼不？

镰足说，如果让女王知道了，她必然会包庇入鹿，那么大事就成不了了。

请安说，那么你这才叫谋反，恕老夫不参与了，不过看在师生一场的情分上，老夫不会举报你和王子，这学塾今后你也能来，只是一旦事发，无论成功还是失败，都别跟我扯上关系。

在中土生活了三十多年，熟读中华经典的南渊请安当然知道这种清君侧意味着什么。

恩师不肯入伙这让中臣镰足小有不爽，但终究没有灰心，因为他很快就找到了更好的帮手——苏我石川麻吕。

苏我石川麻吕是苏我入鹿的堂兄弟，但却一直都对入鹿不满，主要原因是分赃不均，石川麻吕总觉得已经万人之上的入鹿对兄弟太小气，给自己的荣华富贵还不够多，久而久之就心生怨念，以至于当中臣镰足找他商量时，两人几乎是以一拍即合的速度达成了同盟协议。

接着镰足又找了几个跟王子混得比较好的家伙，一番封官许愿后，大家都表示愿意把苏我入鹿那个人渣给做掉。

具体的操作手法是暗杀。

三、乙巳之变

当年六月，一个相当详细的流程方案出炉了：且说这个月的十二日，宝皇女将在王宫内会见来自朝鲜半岛的使者，苏我入鹿作为重臣当然也会出场，与此同时苏我石川麻吕也会露脸，并且还担任着念国书的重要任务，中臣镰足正是打算在大家都聚精会神听国书的时候，对苏我入鹿下手。

包括中大兄王子在内没有人反对，因为只有在上述这样的场合，入鹿身边的护卫人员才是最少的。

很快，六月十二口这个激动人心的日子到来了。

这一天，在飞鸟的板盖宫前，正准备进去陪同女王一起会见半岛使者的苏我入鹿被门口的侍卫给拦住了："苏我大人，事关重大，为了以防万一，无论是谁都不得带刀入宫。所以还请您把佩剑暂时留在此处。"

这种台词居然真的把苏我入鹿给忽悠到了，他笑了笑，没有任何戒备地解下了腰间的佩刀，递给了那个侍卫，走进了板盖宫。

眼瞅着该到的都到齐了，会见仪式便正式开始了。

礼节性的寒暄过后，半岛使者将外交文书奉上，女王象征性看了一眼之后，又转交给了翻译官苏我石川麻吕，由他现场翻译成倭语并当众宣读。

此时此刻，中臣镰足拿着弓带着箭，躲在大殿深处，手下的十余名刺客亦各自就位，中大兄王子也手持一杆短枪，伏在镰足身旁，随时准备行动。

国书已经读了一半。

中臣镰足拍了拍身边一个叫海犬养连胜麻吕的武士，压低声音道："上吧。"

这是行动暗号。

但海犬养连胜麻吕的身体却纹丝不动,手里拿着的短刀却在不停地颤抖。

很显然,他怯场了。

四分之三的国书被读完了。

中臣镰足又指了指旁边的另一个叫佐伯连子麻吕的,意思是叫他去。

可佐伯连子麻吕也没动弹——按照原定计划,本来他就不是第一拨冲上去的,现在突然变更,难免会有压力。

中大兄王子和中臣镰足顿时就急眼了。

还有一个比他们更急的,那便是正在读国书的苏我石川麻吕,眼看着国书都已经念到最后一行了,原本该发生的却什么都没发生,可到底出了什么事他又不知道,所以急得满头是汗,读的时

苏我入鹿之死

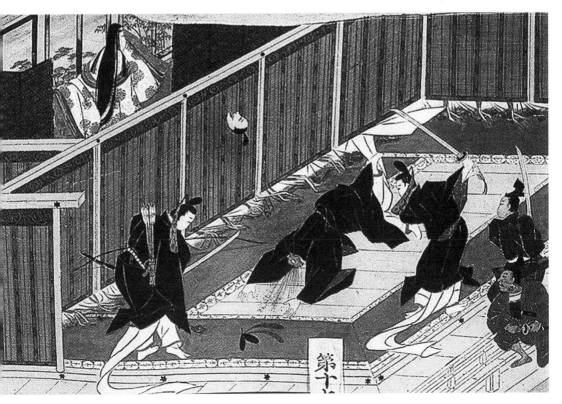

候也连连读错字。

于是苏我入鹿当时就觉得不太对了，还没念完他就叫了停："石川麻吕大人，你今天这是怎么了？"

苏我石川麻吕擦了擦额头上的汗，努力挤出一丝笑容："离王上太近，有点紧张。"

入鹿更加奇怪了："你身为重臣面见王上乃是家常便饭，怎么平时不见你紧张？"

石川麻吕无言以对，只好努力地挤出笑容。

就在两人僵持的时候，中臣镰足突然从埋伏的地方跳了出来，大喝一声："苏我入鹿，你家着火了！"

趁着入鹿莫名其妙的那一刹那，镰足弯弓搭箭，拉满了弦然后发射出去。

没射中。

只好再喝一声："动手！"

之前压力太大的佐伯连子麻吕这时候已经缓过劲儿来了，于是应声而出，冲上前去对着苏我入鹿就是一刀，正中其肩膀，接着又是一刀，砍中了大腿，入鹿当场倒地。

瞬间已经什么都明白了的他朝着女王的宝座奋力匍匐爬去，并且发出了歇斯底里的一声大喊："王上，为何如此？！"

这时的宝皇女惊得表情都已经扭曲了，嘴巴一张一合可就是一句话也说不出来。

她也想知道为何如此。

"苏我入鹿篡国谋反，图谋不轨！"眼看大功将成入鹿必死无疑了，一直躲在后面的中大兄王子也走了出来，"王上，我们今天将为国除害！"

"绝无此事！请王上圣断！"苏我入鹿趴在地上大喊道。

中臣镰足很想说圣断个屁，只见他挥了挥手，佐伯连子麻吕上前一步，对着苏我入鹿的脖子挥下了第三刀……

紧接着，知道大势已去的苏我虾夷在围捕大军前来砸门之前，于家中放火自焚。

因为公元 645 年是乙巳年，所以史称"乙巳之变"。

苏我入鹿之死让宝皇女大为震撼，同时也以为这帮人下一个目标是自己，所以当即就宣布要退位，并表示准备把宝座让给中大兄王子。

旨意传到王子那儿之后，中大兄当时就喜滋滋乐滋滋地准备穿红戴绿地走马上任了，但却被闻讯赶来的中臣镰足一把拦住。

虽说这家伙不是个东西，但脑子确实很好使，正如南渊请安说的那样，苏我入鹿即便是真有谋反之意，那也该和女王事先沟通之后再行杀戮，哪有一声不吭直接在大王跟前把辅国大臣给当场捅死的道理？这才是真正意义上的谋反呢，更何况苏我入鹿也就是为人嚣张跋扈了一点，做事心狠手辣了一些，真要说他谋反，那纯属莫须有。

所以乙巳之变的本质实际上就是中臣镰足和中大兄王子等人一起搞的一场武装政变，并且把女王给逼得退了位。如果这个时候中大兄王子再傻不啦叽兴高采烈地去当大王，那将没有任何悬念地成为众矢之的，民间俗称出头鸟，用不了多时就会遭到不测，而身为王子的左右手中臣镰足，自然也不会有什么好下场。

不管怎么说，苏我家算是完蛋了。

虽然今天在各种日本历史相关的图书资料上我们所看到的苏我家数代人形象都是相当寒碜，但实际上这种观点是明治维新之后才兴起的，在明治朝之前的史学界，对于苏我氏，至少对苏我入鹿的评价，都是相当高的，反倒是中臣镰足，大家普遍都觉得这厮不咋地。

再说那中大兄王子，虽然当不成大王心有不甘，但还是听从了中臣镰足的话，推辞了女王的让位，并且还和中臣镰足一起举荐了轻王子为下一任大王。

这是一个看起来相当莫名其妙的决定，以至于后世为此还产生了乙巳之变的幕后主使是轻王子的说法，但事实上只要稍微想想就会明白，轻王子是最合适的人选。

因为当时具备足够人气威望的王位候选人只有三个，一个是中大兄，一个是轻王子，还有一个是古人大兄，中大兄率先排除，那么古人大兄又如何呢？

别忘了，他是苏我入鹿的好基友，你中臣镰足要敢让他当大王那就等着有一天反攻倒算为友报仇吧。

所以剩下的，只能是轻王子了。

要说这轻王子真心是个聪明人，让他做大王的旨意刚到，他就明白是怎么回事儿了。

然后表示了婉拒。

不但婉拒，还附奏折一份，里面说古人大兄王子德才兼备，在下推荐他当大王。

中臣镰足知道后当时就想哭了，连忙跑去王宫求爷爷告奶奶地请宝皇女再下一道旨意，二请轻王子出山当大王。

轻王子仍是婉拒，仍是推荐了古人中大兄。

在心里骂了无数遍贱人就是矫情之后，中臣镰足仍是只能装孙子，不仅求女王，又亲自拜访了一趟轻王子，跪求他行行好，当个大王混两年吧。

三揖三让之后，轻王子终于点了头，然后于当年的7月14日登上王位，史称孝德天皇。

孝德天皇登大位后做的第一件事是立中大兄王子为太子，就是接班人，毕竟自己的宝座是中大兄和中臣镰足哥俩拼命换来的，总也该表示表示。

而中臣镰足当然也没落下，他被任命为内臣，就是王家政务总顾问，这虽然不是编制内的官员，但却拥有比其他重臣更大的话语权。

还有苏我石川麻吕，则当上了右大臣，当然这是对他弃暗投明的表彰，但还有一个原因是为了让苏我氏的人在朝中牵制那匹新兴的黑马中臣镰足。

犒赏完诸有功之臣后，孝德天皇开始着手做起了第二件事：改革。

这主要是因为经过苏我家几代人的折腾外加隔壁大唐看起来很有威胁，整个倭国堪称内忧外患，不改不行了。

和圣德太子那次被各种牵制伸不开手脚只能搞搞表面功夫的皮毛之举所不同，这一回的改革，将是全面而又彻底的。

至于如何彻底如何改革，孝德天皇自己心里也没谱，所以他找到了南渊请安，请他来帮忙当一回总设计师，拿出一个改革的总纲领来。

但南渊请安表示自己不干。

同时他还用了圣人不喝盗泉之水的典故，意思很明确：你们的这个政权是靠反动政变夺来的，老夫绝不同流合污。

但看在倭国黎民苍生的份上，重民轻君的老夫子还是破例给了忠告："目前的倭国只有以大唐为蓝本，效仿大唐的一切，才有可能脱胎换骨。"

千金难买爷不干，于是孝德天皇只能退而求其次，把苏我入鹿的老师旻先生给请了出来，顺带还找来了和他们同一批去隋朝的另一个老留学生高向玄理，任命这两人为国博士，为改革建立理论基础。

旻高两人的政改理念和南渊请安基本相同，认为倭国当下的出路就是以山寨大唐为目标的幡然振兴，而且这山寨还得做到无不山寨，哪怕是造房子的一砖一瓦，也最好跟大唐一个款式。

四、大化改新

山寨，哦不，改革的第一步，是创立元号。

元号就是年号，用于纪年的名号，由中国的汉武帝首创，象征着皇权的正统，在历史上，很多中华周边的藩属小国往往会跟中国用完全相同的年号，以表臣服。现在倭国要创立自己的年号，则首先表示了他们是一个独立的王国，其次也为了表达朝廷的唯一性和正统性。

当年6月19日，孝德天皇颁布圣旨，说是即日起创立元号名为大化，据说意思是伟大的变化，同时召集群臣要求他们发誓：第一，帝道唯一；第二，暴逆已被诛杀，从此往后，国无二君，臣无二心。

然后再宣布改革，史称大化改新。

誓言中的暴逆当然指的是苏我入鹿，由此可见乙巳之变未必得人心，不然何苦抓着人家又是表忠心又是发毒誓的呢。

当年九月，入鹿的好基友古人大兄王子被杀，罪名是企图造反。虽然这时候的他已经出家当了和尚，但却依然不妨碍钢刀砍下他的脑袋。

大化二年（646）元旦，孝德天皇颁诏四条，是为改革的具体内容。

第一条，叫公地公民制，就是废除原有一切豪族私有的土地和领民，一律改为朝廷公有。

第二条，重新调整地方行政制度。

国家的核心地方自然是首都，首都外一圈叫近畿，同时在近畿之外的地方设令制国为行政单位，一国就相当于今天日本的一县，管理令制国的地方官由中央任命，但大多是当地的豪族，国以下设郡，仍是交由豪族管辖，和之前的区别只是在于土地和百姓不再属于他们了。

此外孝德天皇还开创了日本最初的传马制，用于将地方情报及时传达给中央，以便加强统治。有了这个制度，自然少不了修桥开路，所以也就很顺理成章地规划出了日本历史上最早的官道。

第三条，效仿了隋唐的均田制，实行班田收授法，中国历史在此我就不作科普了，总之是朝廷计口授田，就是根据人口分土地，而所分土地不许买卖，死后归还国家。

第四条，山寨了唐朝的租庸调制度，要求分到田地的农民必须每年向朝廷缴纳谷物为租，服劳役或者纳织布代役（庸），同时再上交地方土特产（调）。

这四条通称改新之诏。

除此之外，对于其他的制度，孝德天皇也先后做了相应的变革。

首先颁布的是薄葬令，也就是针对古坟时代造大坟刻大碑的那一套，政令宣布从即日起废除殉死这种极不人道又严重扼杀劳动力的风俗，同时也规定任何人的任何坟墓，从开工到完工不得超出七日，包括大王在内。

这条其实纯属只拍苍蝇不打老虎，比如中大兄王子后来当了大王，史称天智天皇，他的陵墓我们之前就有介绍过，乃是日本历史上规模数一数二的著名古坟，这样的陵寝只造七天，你信么？

其次是重新制定了冠阶。尽管圣德太子的冠位十二阶实行了没多久，但这么多年来要求进步的同志不断增多，外加搞死苏我入鹿前后封官许愿了那么多人，十二个阶显然是不够用的，故而孝德天皇在大化三年（647）的时候将冠阶分为了十三阶，大化五年（549）时又增加到十九阶，等到了四十来年后的天武天皇十四年（685），全日本的冠位总共分四十八阶，每个阶段穿的衣服戴的帽子都是不同颜色，当文武百官聚集一堂时，那一眼望去，仿佛置身在个大染缸里头。

制定完冠阶，接下来就得制定礼法了，每个等级的官员见到上级该行什么礼，碰到下属行礼该怎么答复，孝德天皇都做了相应的规矩，之前说的每个阶级穿戴的颜色不同，这也是改革后礼法的一部分，此外大王还规定老百姓不许穿红戴绿只许一身素白见人，这叫白丁，也是从大洋彼岸山寨过来的。

再然后是改革军制，首都设五卫府，地方设军团，老百姓要服兵役，叫作防人。

还有就是接着向大唐派出遣唐使或访问或留学地吸收那边先进技术和华美文化，虽然这几乎已然是惯例了，但既然大王都说了，那就姑且算它一条吧。

以上，就是日本历史上最著名的两次改革之一的大化改新基本内容了。

另一次著名改革想必你已经猜出来了，那就是明治维新。

总体而言，这次几乎完全山寨了隔壁唐朝的改新，确实在客观上巩固了当时日本的中央政权并且大大提高了生产力，但实际上对于根本的东西并没有起到多大的改变作用，这里的根本我指的是国力，倭国仍是倭国，并未脱胎换骨。

第十二章　第一次被教做人的地方叫白村江

一、改革元勋哪有那么好当

大化改新并没有给日本带来什么奇迹般的发展，相反，在改新之后的那几年里，列岛上下一直都挺乱的。

这主要是由于改新的很多内容并不为广大贵族所接受。

毕竟原先个个都是大地主，家有良田千顷不说，还坐拥苦力无数，结果一道诏书全部化为乌有，都归了朝廷，归了大王。

不过改新四条毕竟是国策中的核心部分，即便不服也没人敢跨雷池去明目张胆表示反对，只能在别的内容上做做文章，比如冠位十三阶之类。

出头鸟是苏我石川麻吕。

这人估计被分了不少浮财，所以怨念挺大的，整天背地里碎碎念着一夜回到解放前之类的反动言论，而且还不肯换新衣，身为右大臣却仍是经常穿戴着圣德太子时代的衣冠，虽说还没有豪放到上朝时刻如此标新立异地鹤立鸡群，但久而久之他的所作所为所说所想还是传到了孝德天皇的耳朵里，大王当然是相当的不高兴了。

也正在这个时候，石川麻吕的弟弟苏我日向跑来检举揭发，说自己的哥哥想造反，要复辟。

这简直是正中下怀，孝德天皇本人还没开口，太子爷中大兄就先发话了，表示既然石川麻吕想要造反，那就先下手为强，把他给灭了吧。

接着，中臣镰足也紧跟一步表示老子早就看出石川麻吕这厮有心造反了，该杀，绝对该杀。

如此一来，原先也只是不太高兴并不真打算怎么着的孝德天皇反倒是不好说话了，只能由着中大兄王子和中臣镰足点起兵马浩浩荡荡地向苏我石川麻吕家杀过去。

寡不敌众的石川麻吕且战且走，一直退到了飞鸟境内的山田寺，实在是逃不掉了，于是只能自杀。

死之前留下一句话："尽管蒙受如此冤屈，但我做鬼却也依然是大王的忠臣。"

一般而言人之将死其言也善，所以我们有理由相信苏我石川麻吕真的只是个爱抱怨的小老头，至于他对孝德天皇的忠诚，完全没有去质疑的必要。

说白了中大兄王子跟中臣镰足除掉石川麻吕是假，真正矛头指向的是孝德天皇。

远日无怨近日无仇的为什么要针对他？这个我们稍后再讲。

顺便一说，孝德天皇有个王妃叫苏我乳娘，正是苏我石川麻吕的女儿。

大化六年（650）二月，穴门国（后改名长门国，今山口县）国司意外得到了一只浑身雪白羽翼没有一丝杂色的雉鸟。一般来讲在古代的东方，全白的动物几乎是被当作神兽来看待的，所以不敢私藏，转手就贡献给了朝廷，为此，孝德天皇龙颜大悦，不仅重赏了那名国司，还将该年年号改为白雉。

这是日本历史上第二个年号。

正所谓新年要有新气象，兴许是觉得光改号还新得不够，于是在白雉二年（651），孝德天皇又下了一道圣旨，说是要迁都，打算把首都从飞鸟迁到难波（大阪）。

当时没有人说什么，于是当年12月，大王按照正常的搬家程序把东西都打包好然后带着后妃奴仆们欢天喜地地从飞鸟出发住进了难波的宫殿里头，第二年（652），再发圣旨，表示此地很好，并让群臣们也迅速跟着一块儿来，以便尽早展开工作。

然后就没有然后了。

大家都表示待在飞鸟挺好，不想去难波。

还有胆大的干脆上奏指责大王明明有飞鸟的板盖宫却一定要去难波盖难波宫，实乃浪费民脂民膏，一点也没有改新的派头。

最后是中大兄王子和中臣镰足，哥俩联名上奏，请大王别再折腾了，赶紧回飞鸟吧。

孝德天皇秒懂，知道该来的终于来了，这矛头总算是对准自己了，于是并不甘示弱，打算以君威压群臣，一口气接二连三地又发了数道圣旨，但依然没有效果，并且反对声一片。

要说日本人也真够胆大的，几百年后的岳武穆能有这一半的魄力就不用上风波亭走一遭了，这孝德天皇的圣旨连发五六道，愣是没有一个人肯上难波，当年舒明天皇换王宫那会儿好歹还有几个小臣跟着，这回别说小臣了，连小仆都没有。

于是大王被气病了，而且还是一病不起的那种。

知道为什么没人跟他一块儿去难波么？

中大兄王子和中臣镰足兴风作浪当然是原因之一，但更因为大家都恨孝德天皇。

为什么恨？

因为这些王公大臣们祖祖辈辈积累下来的土地和子民，都因为大化革新而化作了泡影。

　　所以你就不用奇怪为什么当年冰雪聪慧胆识兼备连大唐帝国的使者都不在他眼里的轻王子为什么当了天皇就变得那么弱了，历史上的每一次重大改革都要付出代价，轻王子仍是那个文武双全的轻王子，但他即便再厉害，也无法以一人之力抗衡那些因大化改新而失去了原本利益怀恨在心的旧贵族外加故意存坏心捣乱的中大兄王子和中臣镰足。

　　白雉五年（654），被后世誉为尊佛好儒，用人无分贵贱的一代明君孝德天皇在郁闷和寂寞中离开了人世，享年五十八岁。

二、亲妈登场

　　王位的接替者出乎所有人意料，居然是宝皇女。

　　这是日本历史上头一回已经退位了的大王梅开二度再登宝座——而且还是个女人家。

　　不是中大兄王子乐善好施谦让有瘾放着王位不肯要，实在是没办法。

　　孝德天皇被孤立至死，最大的原因不是他迁都也不是他干了别的什么，而是他是大化改新的领导者，至少是名义上的领导者——四条诏书是他颁布的，薄葬令是他签发的，一切遭人恨的事情不管到底是谁琢磨出来的，底下总盖着一个通红通红的王印，这理所当然地就要遭人恨了。

　　改革就像小二子讨老婆，剥夺旧贵利益就如同上吊，你让人刚娶了媳妇就上吊，是个人都要画圈圈诅咒你。

　　所以摆在国家实际统治者中大兄王子和中臣镰足跟前的只有两条路：要么是宣布大化改新到此结束，把土地百姓都发还给豪族们，让诸君继续祖先的好日子，这样至少不遭人恨；要么就是硬着头皮扛下来，继续孝德天皇未竟的事业，在仇恨与唾弃中把倭国发展起来。

这两条路堪称凶险异常，要么亡国，要么亡命。

其实中臣镰足和中大兄王子心里很明白，大化革新再得罪人，但它毕竟能强国，故而跟孝德天皇斗归斗，可他颁布的那几条圣旨跟政令却都被认定为是不可动摇的基本国策。因为一旦把这些给废除了，那么这个国家的前途不堪设想。镰足也好王子也罢，即便再不是东西，也不会拿国运来开玩笑。

而第二条也不实际，毕竟这哥俩从来就不是那么大义凛然的货。

于是只能走第三条了：再找一个人来当大王，说穿了就是顶缸——背黑锅你来，送死也最好你去。

当然了，为了国家的前途命运着想，这个背黑锅的最好要把那口锅牢牢地扣住，别像孝德天皇那样风雨飘摇了几年就撒手人寰了，然后最好也能把手底下那群乱折腾的贵族们给罩住，在顶住巨大压力骂名的同时，把大化改新继续推行下去，让倭国稳步发展。

这个活中大兄王子肯定是干不了了，中臣镰足也不行，放眼当时列岛，唯一有这个威望有这个能力的，只有退位数年的宝皇女。

公元655年,时年已经六十有二的老太太重登王位,史称齐明。

齐明天皇上位之后，开始稳步地继续推行改革，顺便再安抚贵族们的人心，具体的做法是从老百姓那里多征一些民脂民膏上来打赏诸权贵——你丢了土地，我给你折现。

诸如此类的手段老太太在重出江湖之后用了很多，为此齐明一朝也一直被后人指摘过于铺张浪费以及消耗民力物力。

这就叫兴百姓苦，亡百姓苦。

此外，中大兄王子跟中臣镰足这一回也相当的配合，毕竟女王是王子的亲妈。于是国内的形势便开始逐渐平稳了，只是没想到一波未平一波又起，家里刚安生隔壁又出了大事。

我指的是朝鲜半岛。

百济被灭了。

此事的因果还要从多年前讲起。且说半岛上有三国——高句丽、新罗和百济，三个国家之间明争暗斗了很多年却一直没能分出胜负。在这种情况下，公元648年的时候，新罗和唐朝结成了同盟，打算借助大哥的力量一统朝鲜半岛。

对此，高句丽表示无所谓，从隋炀帝到唐太宗，天朝上国对其用兵不下五六次，但从未成功过，所以他压根就不怕。

不过不怕归不怕，但他们还是跟百济结了盟，以防万一。

另一方面，很多年来一直都相当弱势的百济当然就不能那么洒脱了，在跟高句丽拉关系的同时，他们还做了另一手准备，那就是与倭国结盟——大化改新后不久，时任百济国军义慈王就主动要求和倭国结盟，还把他的儿子扶余丰璋送到了飞鸟，实际上就是同盟国之间的人质，而倭国朝廷对扶余丰璋也非常照顾，他的一切吃喝享用都和倭国王子一个级别。大化六年（650）发现白雉的时候，孝德天皇还特地请他来一起观摩神兽，甚至后来还给他找了一个倭国的老婆，可以说是极尽优待。

而另一方面，在知道百济频频向倭国明着暗着送秋波后，新罗那边也迅速展开了行动。大化五年（649），新罗使者金多遂出访飞鸟，明面上是开展两国友好工作，实际上是告诉倭国朝廷，如果将来朝鲜半岛上发生什么战争了，你们最好别多管。

两边都想拉拢飞鸟朝廷，于是倭国在又一次成为香饽饽的同时，也面临着重大的抉择：是选唐朝和新罗，还是选百济？

正常人一般肯定选前者，毕竟前者很强，但在当时的倭国朝中，新罗派和百济派之间的人数却相差不多，尤其是最高层，几乎是五五对分，孝德天皇赞成和新罗结盟，但中大兄王子却坚定地站在了百济一边。

之所以要迎难而上帮百济，是因为百济对于倭国，并非是普通的同盟那么简单，说得露骨一点，其实那地方是倭国的小弟，是附庸，所以才会在结盟的时候把王子送来当人质。而对于倭国来讲，百济是他们在朝鲜半岛的一个落脚点，只要这个落脚点在，那么今后就能继续在半岛，甚至是中华大陆扩张自己的势力，所以现在显然不是当墙头草随风倒的时候，而是应该为了自己的切身利益，站出来争上一争。

更何况，大唐虽然和新罗结盟，可百济却也跟高句丽有一腿，中华帝国会不会为了新罗而出兵百济还是个未知数呢。

但显然孝德天皇并不赞同这种观点，他坚定地认为，新罗和唐朝结盟就是为了打百济，如果倭国帮百济一起打新罗，那么背后的大唐必定会出战，倭唐一旦开战，胜负根本不用说，这种明知道结果的战争，还有必要开打么？

于是双方就杠上了。

这便是中大兄王子和孝德天皇之间如此水火不相容的最大原因。

可以毫不夸张地说，在那个时代，倭国和大唐之间关系的变化完全有可能导致双方本国国运的变化，也可以引起最高决策层之间的斗争与对立。

白雉二年（651），左大臣巨势德陀子上奏孝德天皇，说是干脆出其不意搞个偷袭，毫无征兆地直接攻打新罗，然后再结交高句丽，这样就算唐朝反应过来想要来救，也来不及了。

虽然这个听起来相当二的作战建议就连中大兄王子都断然否决，但在之后的两年里（653、654），朝廷还是连续派出两批遣唐使跑去长安打探风声。

这些使者归国之后，口径相当一致地表示：新罗准备攻打百济那肯定就是这几年的事儿了，而唐朝，也极有可能一同出兵。

虽然这间接证明了孝德天皇的观点是对的，但很可惜此时他已经不在人世了，接任的齐明天皇和中大兄王子自然是母子同心，更重要的是这位能说唐话会写汉字的老太太心里宛如明镜一般，她知道倭国如果还想要朝鲜半岛的那一块利益，那么和唐朝之间直接的硬碰硬是绝对无法避免的。

当双方相争的利益超过了一定程度时，即便是兄弟，也会翻脸。

其实朝鲜半岛出身的苏我入鹿当年早就料到了会有这一天，所以才会在一大堆哈唐派大臣中间不断地疾呼倭唐必有一战。

齐明五年（659），唐朝方面突然下令倭国来的遣唐使从即日起一律不许回国，另行等候通知，如有违反，以重罪论处。

女王明白，战争就在眼前了。

好在当年苏我入鹿在给他自己造别墅的同时也没忘了干正经事，经过哥们儿数年奋斗，还真的攒下了足够战争开销的兵粮和武器。此外，为了巩固大后方，使倭国能全力面对可能到来的战争，齐明天皇还命令越国守（今福井县到山形县一带的地方军政长官）阿倍比罗夫水陆并进，征讨虾夷和肃慎。

虾夷就是今天的北海道，至于肃慎，这个地方在中国的古籍里，指的是东北松花江流域一带，不过以当时日本的能耐不可能攻到那么远，故而一般认为日本古代所说的肃慎，应该就是北海道的一部分或者是现在的库页岛。

经过两三年的苦战，两地先后于齐明五年（659）和齐明六年（660）被彻底平定。

就在肃慎被摆平的同一年（660），新罗联合大唐，向百济发起了进攻，仅仅五个月，王城就被攻了下来，国君义慈王投降，百济国宣告灭亡。

百济亡国的主要原因出在国君义慈王本人身上，这人是当时全亚洲出了名的昏君加暴君，关于他的斑斑劣迹简直是罄竹难书。比如有一年国家饥荒，这位仁兄自己照旧花天酒地，不开仓放粮也就罢了，还把前来劝谏要求拯救灾民的大臣们给杀了个精光。所以在攻下王城之后，唐军将领特地立碑一块评价义慈五，内容主要是十六个字：外弃直臣，内信妖言，惩杀忠良，咎由自取。

然而，尽管百济国就这么没了，但国民却还在，即便义慈王在位的时候常常视大伙如草芥，可不管怎么样，这亡了国没了根的滋味毕竟不好受，所以一些百济的遗老遗少们纷纷出钱出力，四处招募义军，准备光复祖国。

百济复国军的总司令叫鬼室福信，他是义慈王的从兄弟。

只不过连正规军都被打垮了，这临时拼凑的乡勇游击队当然就更不用提了。虽然一开始的时候，在鬼室福信的带领下，一些尚未被攻下的百济城池纷纷加入他们的队伍也打了几次胜仗，但随着唐罗联军对百济残余势力扫荡工作的展开，这伙人很快就支撑不住了，无奈之下只能遣使入倭，请求援助，顺便再要他们把扶余丰璋送回来，想立他为新的百济王。

使者到达飞鸟之后，倭国朝廷上下马上召开了紧急会议，讨论应对策略。

把扶余丰璋送回去这个好说，但关键是要不要援助百济，说白了就是要不要为了百济和新罗乃至大唐开战。

虽然此时最大的反战派孝德天皇斯人已去了，但飞鸟朝中仍有不少人反对和大唐动武，理由很简单：打不过。

想想也是，当年百济把王子送过来当人质的时候说得好好的，是一旦新罗和唐朝打过来了，让倭国出兵相救，可现如今别说救了，还没反应过来这百济国就被灭了，这种战斗力谁敢惹？

但更多的人却觉得如果就此坐视倭国在朝鲜半岛唯一的势力范围消失，那今后必定将是一个无法弥补的损失，同时他们也相信，大唐确实很强，历经大化改新的倭国虽然实力有所增强，但与大唐还有很大差距。

两个国家，一个打百济只用了半年不到，另一个打个北海道外加库页岛这种原始部落都花了两三年，这两拨人要放一块儿对阵，你说谁会赢？

但齐明天皇仍是下令出兵半岛，为了鼓舞军心，老太太还决定御驾亲征。

是她不明白么？不是。

就在这一年的早些时候（660），高句丽也派了使者到倭国，并送来一封信，说如果倭国出兵百济的话，我大高句丽也愿意在适当的时候助一臂之力。

落款人是著名的泉盖苏文，当年被女王用来打比方教育过苏我入鹿的哥们儿。

虽然不怎么待见他，可泉盖苏文是狠角色却不假，如果有他相助，那么这一场对大唐的战争，兴许有的打。

三、先下手遭殃

抱着这样想法，齐明七年（661），齐明天皇率部西行，当年5月，第一批倭军先遣部队总共一万多人一百七十余艘船在指挥官朴市秦造田来津等人的率领下先行离倭，护送扶余丰璋前往百济。

这个名字可能有点怪，我简单说明一下，此人姓朴市秦造，听起来有点像韩国人，实际上却是中华后裔，乃是渡来人秦氏的子孙。

同月，女王抵达了位于今天福冈县内的朝仓宫，然后一病不起。

这也难怪，本来就已经六十八岁高龄的老太太，在如此医疗科技不发达的时代长途跋涉，当然身体要吃不消。

7月24日，女王驾崩。

中大兄王子是个孝子，本来这大王的位置怎么着也该轮着他坐了，可他却偏偏不肯上位，表示自己先要守孝七年，等七年过后，再登宝座。

王位继承人行大王之实却不登大王之位，专业名词叫作称制，在日本历史上只有两例，一例男一例女，男的是中大兄，史称天智天皇，女的则是后来的持统天皇。

称制归称制，该干的活还是得干。

天智称制元年（662），第二批倭军也出发了，这是主力部队，总共两万七千人，带队的是当年平定虾夷、肃慎的名将阿倍比罗夫，带战船七百余艘。

我插一句，阿倍比罗夫是当时日本列岛最能打的人，同时还是陆奥（日本东北部）阿倍家的开山老祖。

陆奥阿倍家延传至今已有一千多年，最有名的那个子孙叫安倍晋三。

在姓氏中，安倍和阿倍大多相通。

再说另一方面，大唐当时最能打的，貌似应该是薛仁贵。

不过他没来。

还有第三批部队，总共一万余，不过他们并不用出国作战，只是在今天静冈县清水市一带驻守待命，以防不测。

根据倭国大本营制定的构想，这次作战的计划应该是这样的：先由百济王子扶余丰璋回国称王，然后带领百济遗民在第一军的配合下赶走新罗人，接着唐朝势必会派大军前来，到了那个时候，再由登陆半岛的主力部队第二军与其最终决战，将其击败。

平心而论，这个想法很美好，更难能可贵的是，在实际操作的过程中居然也意外的顺利，至少在开始的时候是这样的。

当年 6 月，两万七千人的主力部队登陆半岛，随即在阿倍比罗夫的率领之下向新罗发起进攻，夺取沙鼻歧、奴江二城，使新罗与唐军的联系通道几乎被完全切断。

唐军之所以被打成这样，并非战斗力不高，而是人数不够，之前配合新罗灭完百济后，觉得待着也没啥意思，就撤走了主力，只留少数人协防，不曾想让倭国人钻了空子。

于是只能写奏折回国求援了，但正打得顺手的阿倍比罗夫毫不在意，他和第一批一万人的部队合并一处，做好了和唐罗联军决一死战的准备。

形势喜人，形势逼人。

就在所有倭国人都以为能一直这么春风得意下去的当儿，一件意想不到的事情发生了。

百济的内部出了大状况。

王子扶余丰璋虽然被护送回了国，也很顺当地被拥护为百济新一代国君，称丰璋王，可是没过多久，他就跟鬼室福信有了矛盾。

矛盾的主要焦点在于兵权，丰璋王想把复国军统归到自己麾下，因为他觉得自己才是唯一能够拥有这支部队指挥权的人，而鬼室福信自然是不肯，因此，两人就这么对立了起来。

对立的结果是丰璋王说鬼室福信要谋反，鬼室福信骂丰璋王是腐狗痴奴，然后丰璋王拍案而起先下手为强，于天智称制二年（663）六月率亲信突袭鬼室福信，将其擒获后斩首，并把头颅挂于闹市示众。

这次行动所导致的直接结果就是百济复国军瞬间士气大跌，因为不管怎么说，这支部队也是鬼室福信一手带出来的，他丰璋王名为百济王，实际上在倭国生活了十好几年，复国军将士除了知道他是义慈王的儿子，王室正统继承人之外，几乎就没有任何交集了，现在这个路人甲把大家的老领导给弄死了，还想统领部队，谁肯听他啊？

鬼室福信之死，使得百济复国军就此变成废柴一根，几乎再无战斗力。

这挑大梁的任务，终于落在了倭国人的身上。

而对面的唐罗联军自然不会放过如此机会，当年8月，大唐皇帝高宗李治应奏派七千兵马走海路抵达百济，和留守部队会师之后，分两路展开攻击，一路走陆地，一路走海面。

当时百济复国军的大本营在周留城（今韩国忠清南道内），那地方跟前是一条江，叫白村江，背后是大海，那条白村江流经周留城边后再奔腾至海，入海口则名为白江口（今韩国锦江口）。

唐罗联军的水上部队正是打算走白江口逆流而上配合陆军夹击百济人和倭国人。

而在周留城的边上，还有十来座小城，但都在半个月不到的时间里被唐罗联军的陆地部队逐一攻陷，唯独剩下一座任存城，是进攻周留的必经之路，只不过那里地势险要外加倭国大将阿倍比罗夫亲自带队死守，所以联军一直无法拿下。

也就是说，是否能够顺利拿下周留城乃至此战成败，最终将由双方的水军来决定。

倭国水军统领是朴市秦造田来津，这人不但负责水战，还负责造船，当时倭军所用将近千余艘船只都是他负责监工督造的。

而唐朝的水军将领，叫刘仁轨，时任检校带方州刺史，时年六十二岁。

四、首战白村江

刘仁轨，河南人士，平民出身。本来家境就不怎么样，又恰逢隋末大乱，所以年轻时日子过得非常清贫，但即便如此，他却依然专心于书本，素有恭谦好学之名。

唐高祖时代，因受开国功臣任瓌赏识，在息州（今河南息县）参军，不久，出任陈仓县尉。

本来以为一辈子就这么安安稳稳地过了，结果却摊上了大事儿。

话说贞观年间，陈仓有个人叫鲁宁，官居折冲都尉。

唐朝实行府兵制，基层组织的军府叫折冲府，折冲府的长官叫折冲都尉，最低也是个五品官，要比陈仓县尉的刘仁轨强很多了。

不过这个鲁宁性格不太好，嚣张跋扈喜欢欺负人，上到老百姓下到地方小官无一不遭他魔爪虐待，因为官大，也没人敢管，属当地一霸。

只是没想到鲁都尉有一天不幸惹了刘仁轨。刘县尉知道这人的来头，所以一开始好汉不吃眼前亏，但鲁宁非但不领情反而越发张狂，终于把谦恭的刘仁轨给惹毛了，当即命令衙役把鲁宁关入大牢，命其好生反省。

鲁宁活了半辈子就没碰到过这种事情，所以非但不反省，还骂不绝口，就这样，刘仁轨叫人把鲁都尉提出大牢，施以杖刑，就是打屁股。一顿棍棒，鲁宁就这么被打死了。

县派出所所长打死了地方军区长官，这放到现在那也得上头条，在当年更是大事，故而当地高官一面拘捕刘仁轨一面将经过上报朝廷，等候回音。

然后这事儿就传到了唐太宗那里，太宗首先是觉得非常不可思议：为什么一个县尉敢杀折冲都尉？多大仇啊？

百思不得其解之下，便将刘仁轨押至长安当面质问。

面对煌煌九五，刘仁轨毫无惧色，说道："鲁宁肆虐百姓侮辱朝廷命官，臣实在看不过去，忿而杀之。"

这话在朝堂之上说得相当铿锵有力，以至于唐太宗本人还没说什么，一代直臣魏徵就跳了出来，问太宗道："皇上知道隋朝是怎么灭亡的吗？"

不等回答，又补了一句："隋末时期的官员，大多和鲁宁一个货色。"

李世民是聪明人，知道魏徵的意思，于是不但没有处罚刘仁轨，反而还让他做了栎阳（今陕西境内）县丞。

从这件事中我们可以看出，刘仁轨有过人的勇气，不然他绝不敢杀鲁宁；同时却绝非匹夫之勇，做事相当有分寸，否则也不会先礼后兵好言相劝不成再关入大牢；此外，也相当有担当，即使被绑上了金銮殿，也绝不会放弃自我的立场。

因为篇幅问题，我们也就不再做更多的介绍了，总之鲁宁事件之后，刘大人算是发了迹，虽然不敢说是青云直上，但也至少算一个萝卜一个坑地稳步升官。高宗显庆五年（660），唐朝联合新罗攻取百济，此役中，刘仁轨也奉命出战，担任水军统领。

不过，刘大人主要负责的是后勤粮草，而非攻城略地。

这主要是因为他没作战经验，事实上除了早年当过几天大头兵之外，刘仁轨后来担任的几乎都是文职，并没有怎么带过兵，也基本上没怎么打过仗。

其实这次跟倭国打本来也用不着他冲锋陷阵，只是天有不测风云，当时真正管打仗的左卫中郎将，熊津（今韩国公州）都督王文度突发疾病死了，这才让刘仁轨这个管后勤的从幕后走到台

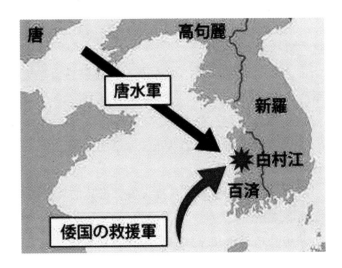

白村江之战

前，负责水路的攻略。

8月17日，四国双方水师聚集白江口，大战一触即发。

唐朝兵力大约七千，战船一百七十艘；倭国兵力一万上下，战船数量则超过了八百。

一方是七千人一百七十艘船，另一方是一万来人八百多艘船，知道这意味着什么？

没错，这意味着那八百多艘都是小船，属于军舰里的碰碰船。

当刘仁轨第一眼看到满江扑面而来的倭船时，着实吃了一惊，还以为是附近渔民集体跑这儿捞外快来了，再仔细一看，发现真的是倭国的战船，于是非常淡定地下了命令：不动如山。

而倭军那边也很快发现了自己的劣势，故而从一开始他们就打定主意要以数量取胜，领兵大将朴市秦造田来津下令全军冲锋，自己站在船头大喊："只要我们拼死往前冲，敌军自然就会退了！"

他说的没错，唐军真的退了。

望着汹涌而来的倭军越来越近，刘仁轨命令先头部队往后避退，以诱敌继续深入。

大概也就一个多小时左右，八百余艘倭船大部分都开进了唐军的船阵之中。

刘仁轨下令：放火箭。

火箭就是弓箭，箭头上点火，可以让自己的攻击附带燃烧伤害。

很快，倭军船阵里一片火海，士兵们哭爹叫娘，或被火烧死，或跳海淹死。

但朴市秦造田来津却依然保持着高度镇定，并且又大喝一声："我们也放火箭！"

这又不是什么高精尖的玩意儿，你有，我也有。

于是倭军也弯弓拉弦，万箭齐发，因为人多箭也多，所以场面比大唐的还要壮观。

但很快，一幕让他们绝望的剧情上演了。

弓是一样的弓，箭是一样的箭，只不过船是不一样的船。

唐军的战船楼高甲厚，小时候背着爹妈偷偷玩过火的熊孩子都知道，容易烧起来的只有纸片、薄木片，真正的厚木板是很难被点燃的。

所以倭军的火箭对唐军基本上没有作用，偶尔射在了易燃易爆物品堆放点上了，那希望的火苗也会被唐朝士兵以最快的速度扑灭。

远程的不行，那就来近战吧。

已经被打急了眼的朴市秦造田来津决定孤注一掷，下令全军划足桨力，朝唐军阵中冲去。

他的意思其实也很明确：我一条船撞不翻你，我十条撞你一条总能撞沉吧？

不得不再一次地重复一句：船和船，真的是不一样的。

倭船想跟唐船玩冲撞，这种感觉就跟拿鸡蛋往石头上碰差不多，你拿一百个鸡蛋砸在一块石头上结果只能是一地蛋黄。很快，海面上不再火海一片了，而是漂浮着一片片碎木板。

朴市秦造田来津疯了，造了一辈子的船，带了一辈子的水军，堪称是日本历史上最早期的水战专家的他，被一个头一回打水战的老头子（尽管他未必知道）给虐成了这样，于是一下子就失去了理智。

在仰天长啸一番后，朴市秦造田来津提起战刀，冲向了已经跳上船来准备将自己生擒活捉的唐军士兵，一口气连杀数十人，但终究还是因寡不敌众而被活活砍死在了船上。

这就是命啊。

经过一天一夜的奋战之后，倭国水军沉船过半，不得已退走岸上，而陆上部队在亲眼目睹了水军惨状之后，也顿时斗志全消，纷纷表示这仗没法打了，于是也从各个据点内撤出，水陆两军会师一处后，立刻马不停蹄地展开了胜利大逃亡，当年的9月19日，前来参战的数万倭军全数离开朝鲜半岛，带着愿意跟着他们一起走的百济遗民浩浩荡荡狼狈不堪地逃回了倭国。

百济复国运动宣告失败，从此历史上再无百济这个国家的存在了。

而丰璋王则逃去了高句丽，后被唐军所俘，流放江南，不知所终。

两国第一战，以唐朝的大获全胜而告终，此役，唐军破倭船四百余艘，歼灭倭军万余，刘仁轨也因此名声大振，留芳史册。

公元1935年，适值中日战争一触即发的时候，一代学术大师傅斯年中年得子，取名傅仁轨，为的就是纪念这位在白村江大扬国威出尽了风头的刘仁轨。

　　值得一提的是，这次大战原本说好要来的高句丽虽然自始至终没出现过，但绝非是这伙人放鸽子，他们一直在北面跟大唐对峙，而大唐也确实不得不分出一部分力量来防止他们的偷袭，我可以很负责地讲，如果这次没有高句丽的牵制，一旦唐朝全力以赴打过来，那倭国绝对会死得更难看。

　　不过，尽管是一败涂地，用日本人自己的话来讲叫作"须臾间兵败如山倒"，但在这场战争中，倭国的表现倒也不是一片漆黑，还是有一些能让后人（只是日本人而已）津津乐道并小小引以为自豪的故事的。

　　却说在白村江之战中，倭国那边除了战死的，还有很多被俘的，其中有五个人，分别叫大伴部博麻、土师连富杼、冰连老、筑紫君萨夜麻和弓削连元宝儿，你不要吐槽他们的名字，当时日本仍旧用自己的文字也没有系统的语法，人名只能用汉字来表达读音。反正这五个人估计平时关系很铁，一起打仗然后一起被抓，接着又一起被送到了长安。

　　到长安之后，就没人管他们了，于是五人组就成天四处打探如何回日本，当时长安城里头大家都在谈论大唐和倭国的会战，各种小道消息满天飞，坊间还传闻说唐军准备剩勇追穷寇，跨海打到倭国去。

　　这本是人家茶余饭后的谈资，但那五个人却真的相信了。

　　信完之后他们就急了，心想当俘虏已经够凄惨的了，这要再当亡国奴那哪还有脸见祖宗啊，横竖得把这个消息送回国内，让祖国人民有所准备不是？

　　就这样，问题又被绕回了起点：如何回国？

　　其实回国不是问题，关键是路费，五个人身上没一分钱，船家当然不肯帮他们渡海，只要解决了金钱问题，自然也就能回家了。

正当他们各自琢磨着是去搬砖还是摆摊来挣钱的时候，大伴部博麻发话了："要不你们把我卖了吧，然后用卖得的钱，当作路费。"

他说的卖不是卖窑子，而是卖去当奴隶，唐朝时的中国流行用各种外国人当奴仆，市场上黑奴都有，学名昆仑奴，倭国奴应该也有人买，尽管可能价不高，但换几张船票应该还是问题不大的。

四个人齐声叫好，当场就把大伴部博麻送去了人肉市场，接着买了船票就回了倭国。

而大伴部博麻在长安一直干了三十多年的苦工，才被后来的遣唐使给搭救回了国。

然后他受到了时任的持统天皇亲自接见，天皇都被这苦人儿给打动了，不仅赏赐了财宝和土地，还在史书中大书了一笔。

与此同时，大伴部博麻的这种自我牺牲精神也教育了后来一代又一代的日本人，到了江户幕末，甚至还被尊攘派刻成了碑四处宣传。

我之所以要说这个跟冷笑话一般的小故事，是为了告诉你两件事：第一，大唐对于战俘真心挺优待的，不砍头不坐牢任你到处溜达只要有钱就能回家；第二，唐朝并不打算乘胜追击把倭国给攻下来，不然就会跟多年前准备对百济用兵时一样，不让一个日本人回国。

但当时倭国人并不知道这点，战败的消息传来以后，全国立刻陷入一片恐慌，人人自危，都觉得看不到明天的太阳了。

曾经有史学家把白村江战败评价为日本两千多年历史上最大的两次亡国危机之一。

另一次是昭和二十年（1945）第二次世界大战战败无条件投降，日本列岛面临着被美国占领的危险。

或许有点夸张，但倭国国内因此而产生的绝望和恐惧却是真的。

而朝廷那边也乱，应该说更乱，当时甚至有人把当年苏我入鹿的那套倭唐必有一战的论调拿出来老话重提，这显然是针对消灭了苏我宗家的中大兄王子和中臣镰足，目的无非是想趁乱捞一票。

经过数昼夜的紧急磋商，最终中大兄王子拿出了一套分两步走的方案。

第一步是抽壮丁，当时倭国国内几乎是见人就抓，抓到之后用绳子一套，送往九州北面修城墙堡垒，以期靠此来抵挡攻来的唐军。

第二步仍是抽壮丁，不过这些壮丁不用干活，而是当炮灰，即传说中的防人，还是到往九州北面，驻扎在第一批壮丁修建的各种工事里头，如果唐军来了，他们就冲出去对打。

不过实际上大家也知道，造城也好拉壮丁也罢，这些都是自我安慰，唐军要真的渡海攻过来，谁也挡不住。

所以中大兄又想出了第三步：迁都。

天智称制六年（667）三月十九日，中大兄王子将国都从大和迁往大津（滋贺县）。

这其实说白了也是一步没啥太大意义的棋，但或许是大唐国力太强盛太厉害，使得中大兄也不得不如此这般地死马当活马医，只求个心理上的太平。

结果却并不太平。

自迁都大津后，中国人倒是没打来，倭国内部却先乱了。

主要是因为大家都不喜欢新首都，理由是风水不好。

对于当时的大和民族而言，大和（奈良县）是一块风水宝地，主要因为那里有一座三轮山。

三轮山是日本的神山，自石器时代起，就有原始人在那里搞信仰崇拜，之后更是成了政治以及宗教的中心，因此早期的大和政权也被称为三轮政权。现在中大兄王子要抛弃这块好地方，把首都迁去还相对荒凉的大津，自然便会惹来诸多不满。

再加上迁都的同时还要把原先大和的一部分老百姓一起带过去，这种迫使人民群众背井离乡的行为，同样引发了民间的愤恨。

不过中大兄到底是扛住了所有的压力，将首都搬到了大津，每天立于王宫，遥望琵琶湖，坐观潮起潮落。

然而大唐终究是没有打过来，论其原因，主要是因为两家并无直接仇恨，再加之大唐举国上下对这个东邻小弟也没什么太大恶感，自然也谈不上要乘胜追击；其次，从客观上来看，倭国当时还不具备让唐朝出兵远征的资格，此时唐高宗最大的敌人是高句丽，他之所以要跟新罗一起打百济，主要是为了能对高句丽形成一个夹击之势，事实确实是这样，白村江战后仅仅三年（666），泉盖苏文刚死，高宗就再度出兵半岛，经过两年苦战，终于将高句丽这个一直悬在帝国东北的不定时炸弹给消灭了。

换言之，中日第一战的本质，实际上是唐朝本来就没想打倭国，也没空打倭国，结果倭国自己凑上来白白挨了一顿揍。

不过这样打一顿也有好处，百济彻底亡国之后，很多百济人都移民日本列岛，其中有很多知识分子以及技术人员，同时还有不少壮劳力，就这样，倭国因祸得福地又有了一次较大规模的产业发展。

第十三章　当年最重入唐人

一、遣唐使

白村江惨败之后,使得倭国上下明白了一个真理:大唐是霸主。所以就甭多想了,接着跟人屁股后面学吧。

至于怎么个学法,我相信很多人会脱口而出三个字:遣唐使。

遣唐使,广义上来讲就是唐朝时代日本派去大唐出访的使者,这些使者一般按照职责分成三种人,第一种是正儿八经的外交官,去搞外交促友好的,尤其是在白村江战败后,倭国方面四年内连派三批使者过去,为的就是卖萌示好,请求大唐不要出兵列岛。

四年三批,以当时的航海技术来讲,这个频率堪称高得惊人。

第二种就是我们常说的留学生,说起来这三个字还是人家日本人发明的,他们派过来之后往往会留在长安学习中华文化和先进科技,然后或学成回家报效祖国,或留在大唐继续发展。

第三种是干什么的我们在此暂且不说,放到后面再讲,这里先来扯一扯一些关于遣唐使的基本情况。

首先来说一说航路。

当年遣唐使从倭国出发到长安,一般有三条航路可走,分别是北路、南路以及南岛路。

北路，从难波出发，一路坐船至九州岛北边的海面，再经对马海峡，沿着朝鲜半岛西海岸一路北上，最后在山东半岛的登州登陆，然后走着去长安。

应该讲这是一条具有悠久历史传统的航线，邪马台卑弥呼那会儿就是这么走的，只不过白村江之战后，朝鲜半岛南部被新罗给占了，倭新两国正不对付着，也就不太方便从人家门口过了，于是只能另辟捷径，这就有了南路。

南路的前半段和北路一样，难波坐船到九州北面，然后不往北了，而是一直向西，横渡大海之后在苏州或是宁波靠岸，再走陆路去长安。

当然，我们知道，在那个时代漂洋过海是具有很大风险的，而且当时日本用的船是平底船，经不起大风浪，很容易出事。一

遣唐使船

般来讲遣唐使能够全须全尾平平安安地从难波抵达苏州、宁波或是登州的概率在百分之八十以下，除了一阵风浪过后集体姓陈（沉）名到底之外，更多的时候则是会被狂风刮得偏离原有的航路，比方从九州北部被吹到了九州南部。

然后就有了南岛路。

和之前的北路、南路不同，南岛路并非固定航线，甚至具体有没有目前也不敢确凿地判断，只是从当年记载的只字片语中我们可以知道，每当海面上刮起大风把遣唐船刮到九州南部时，开船的便会就势一直南下，沿鹿儿岛、冲绳群岛朝西北进发，最后在苏州或是宁波登陆。

对了，虽然我一直在念叨苏州、宁波、登州这三个地方，但实际上在那个还没罗盘的时代，遣唐使们的登陆地点基本是不可能被百分百确定的，往往是靠哪算哪，上了岸之后再联系当地县府州郡，递上通关牒文后再在他们的安排下前往长安。总之这是一段充满了不确定性的旅程。

说完了航路，再来简单说说遣唐使的日常。

在抵达长安之后，第一类遣唐人员，也就是正儿八经的外交官们，他们在安顿好一切后要做的第一件正经事是去皇宫报到，告诉皇帝，我们来了，然后奉上信物，比如国书什么的，这个行为专业名词叫作礼见，通常的地点在大明宫宣政殿，而皇帝一般也是不会出面的，都是交给大唐负责外交的官员来接待；走完这个程序大概数日之后，皇帝便会下诏，说是想亲眼见见这批从日本来的客人，于是大家赶紧沐浴更衣熏香一番之后进了皇宫，拜见天子龙颜，这个叫作对见。

对见一般被安排在内朝，也就是皇上处理政务和休息的地方，皇帝通常会问问遣唐使们日本国内的一些情况，比如收成好不好啊，人民幸福不幸福啊，同时也会做一些实质性的指示，像赏赐一点东西，或是让人给留学生们送点礼物，等等。

通常来说遣唐使中的外交人员在历经礼见和对见两关之后，任务便算完成了，可以先回住的地方歇着去了。

遣唐使的住所叫作外宅，外宅所在的周边一块，是禁止唐朝居民进来的，同时也不让外交人员出去，这主要是为了双方的安全考虑，首先是为了大唐的安全，怎么说你也是一外国人，让你到处走来走去随便看的，那岂不是连隐私都没了？其次则是为了遣唐使本身的安全着想，毕竟你初来乍到对长安又不特别熟，汉语也没到炉火纯青的程度，这要让你到处乱跑万一走丢了怎么办？

不过虽然上述的确是当时命令规定的律法，但实际操作起来往往会有例外，毕竟那个年代的各种警备技术还落后得很，而且中国人本身的性格就是来者是客，既然是客当然不会真把你当贼防着，所以诸遣唐使们还是有不少机会可以零距离接触长安百姓，切身体验大唐社会的，同时还可以去集市逛逛，买一些好玩的好看的珍奇异宝回国。

外交任务完成之后，就该回国了。这是一件让遣唐使们非常不情愿的事情，从历史记载上来看，除了安史之乱以及晚唐等动荡时期，大多数遣唐使都希望自己能够长期住在长安，如果一定要给一个期限的话，那最好是一万年。

不过这显然不可能，就算唐朝答应了倭国也不会答应，于是万般无奈之下，大家只能收拾好行李，登上回国的船，临走之前，还要再见一次唐朝皇帝，请求准许放行，这叫辞见。而唐朝皇帝除了准行之外，往往还要好言告别几句，再给上国书一封，以增进两国友好，有时候还会指派一名唐朝的官员跟着一块儿去倭国回访，这叫送使。

而能够长期以遣唐使身份留在长安并且也不用住外宅那么不方便的地方的，有且只有一种人，那便是第二类遣唐使：留学生。

比起外交官，留学生要比较自由，但作为代价，他们的生活将非常苦。

在唐朝，留学生一般学习的场所是传说中的最高学府国子监，国子监里一般有六个学院，分别是四门学、太学、国子学、律学、书学和算学。

前三个学院是读正儿八经的圣贤书的，后面三个是培养律法、书法和数学这三门专业人才的。

在圣贤书学院里，一般学生要参加旬考、月考、季考、年度考以及最后的毕业考，毕业考若能通过，则可以选择考科举或是升级，即四门学生升级成太学生，太学生升级成国子学生，但每一学院平均下来最多读三年，三个学院最多读九年，九年读完你要么选择考科举要么就去抱孩子，不可能一辈子赖在那里头的。

不过话又得说回来，国子监的圣贤书学院一般招的都是官僚子弟，等级最低的四门学生也必须得是七品以上家庭出身，而且在正式科举考中，主考官也会有意录取国子监的学生，所以唐朝前期的进士多是圣贤书学院里头出来的。

作为对外国人的优待，无论是哪里来的留学生，只要进了国子监，那么都可以直接从第二级的太学开始念起。

当然，之前得通过鸿胪寺、礼部以及国子监本身这几个部门的考试，考试内容是汉学基础，口语对答，虽然在中原读书人眼里这都是小儿科，但对于外国人而言，那就很难了。

曾经新罗有过一批两百多人的留学生团体来报考太学，最后录取了十个都不到。

日本虽然还没有如此巨大的落榜率，但说实话也够呛。

不过，平心而论的话，其实还是落榜更好一些。

那些也不知道该说是幸运还是不幸地通过考试而入了太学的日本留学生们，在开学的第一天就发现自己身处的并不是什么最高学府，而是地狱。

大唐的太学生所习经典分为大、中、小三种，留学生亦是如此，大经《礼记》和《左传》；中经《诗经》《周礼》和《仪礼》；小经《易经》《尚书》《公羊传》以及《穀梁传》。

还有必修的科目两部：《孝经》跟《论语》。

除了必修之外，大、中、小三经可以选修，或二经（一大一小或两中），或三经（大中小各一），或五经（《诗经》《周易》《尚书》加全部的大经）。

你不要看着就这几部书以为挺简单的，当时国子监里的唐朝学生也是读的这些，科举考的还是这些，要知道那些个从日本、新罗、越南、爪哇来的留学生，在汉语基础几乎为零的条件下，却要和五岁启蒙七岁读圣贤的官宦子弟同堂学同一种教材，其难度可想而知。

而且每部经典都有修学期限，超过时间没念完的，就请你回国。

听起来是不是很残酷？

所以很多日本孩子们只能咬紧牙关头悬梁锥刺股地三九三伏闻鸡起舞，支撑他们的，其实并非是学成之后出人头地之类的想法，而是一种一定要用在大唐所学到的知识把日本打造得不输给大唐的信念。

虽然，他们在某个夜深人静的时候，也会偷偷地朝着日本列岛的方向望两眼，然后暗自羡慕一下那些已经先行回国的同期生们。

这是因为那些在最开始考试就落榜的以及受不了念书之苦中途而废的同学们，在回到了倭国之后仍然可以以大唐海归精英自居，照样浑身一层亮闪闪镀金地坐享荣华富贵，混他个风生水起。

礼乐传来启我民，当年最重入唐人。

最后，再来讲一讲遣唐使的人员配置。

遣唐使基本实行的是四船一团制度，就是四艘船组成一个船队，组成一个使节团，通常每条船上装一百人，最大的叫大使，比大使低一个档次的叫副使，这两个职务掌管全团事宜，而且天皇或是大王在临行前会赐予大使宝刀一把，叫作节刀，就是尚方宝剑，谁敢在船上撒野直接剁了丢下海去喂鱼。

此外，如果天皇或大王本身有非常要紧的事情想跟唐朝皇帝沟通而又觉得大使看起来不靠谱的时候，往往会在使节团里再安插一名钦差，叫押使，就是天皇代言人，属老太爷级别的，地位比大使还高，系全团最大。

押使、大使和副使，都是外交人员，而且一般也都能在长安见到皇帝，同时根据我国的一贯传统，皇上也会给他们封官，往往押使和大使能得个三品，副使则略低一些。

话再说回船上，副使之下，还有判官、录事、知乘船事（船长）、译语生、主神、阴阳师、医师等等，当然还有留学生，除留学生外，其余的都是甘草角色，默默地各尽其能，只为确保全团人员平安到达长安。

遣唐船上的苦力们大多是农民出身，作为回报，除了发放相应的报酬之外，还一律免去他们全家的三年课税。

二、壬申之乱

天智称制七年（668），七年守孝期满，天智天皇正式登上王位，成了倭国的大王。

即位后，他发布了日本史上第一部古代法典《近江令》，从此，倭国正式成为了一个律令制国家，用中国话来讲就是变成了君主专制的中央集权国家。

不过非常可惜的是，《近江令》已经失传了，所以没有人知道里面具体写了些什么，但有一点可以肯定的就是，这是一部参考了中国隋唐两朝律法之后所炮制出来的山寨之作，但不管怎么样，这都是倭国社会的一大进步。

天智八年（669）十一月，中臣镰足病倒了。

当月13日，天智天皇亲自探访了已经没有可能再从病床上爬起来的中臣镰足，在明知道他还只剩下最后一口气的情况下仍是鼓励他坚强起来战胜病魔。

中臣镰足摇了摇头，笑着说道："我这一辈子唯一不行的，就是军略。"

虽说几乎没怎么参与，但其实他很在意白村江那一战，真的很在意。

次日，中臣镰足与世长辞，享年五十五岁。

临死前一天，天智天皇赐姓藤原。

不错，这位中臣镰足就是后来称霸日本朝廷一千多年的藤原家族的祖先。

藤原镰足走后没几年，天智天皇也不行了，天智十年十二月三日（公元672年1月7日）驾崩，年四十六岁。

正所谓出来混总归是要还的，天智天皇的王位是怎么来的大家伙都知道，就在他尸骨未寒的时候，报应就来了。

话说天智一朝的太子是天智天皇的儿子大友王子，同时天智天皇还有一个同父同母的亲弟弟叫大海人王子。

天智驾崩后，大友王子登位，史称弘文天皇。

结果坐上宝座才几个星期，他叔叔大海人就发难了。

就在天智天皇走的当月，大海人王子就联合各地豪族官员高举反旗，并亲率兵马杀向近江，大友王子虽然也写信给九州以及关东的诸豪族们，但大家要么是找各种借口不肯来，要么是想来却被大海人的同盟军们挡着过不去，总之是孤立无援。

所以大友王子很理所当然地数战数败，当年7月23日，实在是败无可败退无可退了，只好举刀自裁，年仅二十四岁。

因为这一年是壬申年，故而史称"壬申之乱"。

之后，大海人王子登基大位，称天武天皇，然后迁都飞鸟，近江朝廷就这么灭了。

此外，关于大海人王子造反的理由除了私欲膨胀想当皇上之类的说法之外，最主要的是因为白村江之战的惨败。

前面说了，白村江后天智天皇又拉壮丁又修城墙，以防大唐入侵，这些行为都是要花钱的，而且得花大量的钱，这钱中央当然不会拿出来，都摊给了地方，于是地方的诸长官以及豪族们当然心怀不爽，所以当大海人王子揭竿而起的时候，大家伙一呼百应地墙倒众人推，就是这个道理。

天武天皇即位后，自比汉高祖刘邦，一腔的雄心壮志。

他上台后干的第一件事是废大臣，不是具体废哪个臣子，而是把原先辅佐大王的高官全部罢免，自己一个人独揽了政务、兵务和法务三权，实在是忙不过来得找人帮衬了，也都找的是皇族，当时倭国的冠阶已经升到了二十六阶，天武天皇规定，最上面的五阶，只许由皇族担任。

请你务必记住这个时代，因为这是日本古代天皇专制政治的顶点，最主要的是它还是昙花一现的顶点，以后就再也看不到了。

外交方面，此时的倭国已经熬过了白村江惨败后最难过的日子，而且又恰逢唐朝和新罗为了朝鲜半岛的统治权而翻了脸，而翻脸的同时双方又一起想到了要来拉拢一下倭国。就这样，飞鸟在同一个春天里迎来了两批使者，各自都带着满满的友爱。

天武天皇以非常低的姿态亲自接见了新罗使者，并且还派了使者回访，以增进两国往来。

对于唐朝使者，他当然也很客气，只不过客气完后，就没有然后了。

天武天皇并未派出回访的遣唐使，不仅当时没派，在他整个执政生涯里，都没有向长安派出过一批遣唐使。

这是试探。

虽然和新罗交好，但该捞好处的时候也不能手软。

天武一朝曾经大肆从朝鲜半岛挖墙脚，也就是拉人过来移民，并且给予相当优厚的待遇。天武元年（672），天武天皇就承诺，但凡从半岛来的移民，免除课税十年。

这个政令确实被很好地贯彻执行了，而且在十年期到后，天武天皇又表示，从朝鲜半岛来的移民中，小孩子的课税一律不收。

天武十年（681），天武天皇召集全国专家，说是要修撰律令。

律，即刑法；令，是民法、行政法、诉讼法的合体。律令，说白了就是国家的根本大法。

修根本大法是要花很长时间的，天武十五年（686），天武天皇病重去世的那会儿，那本法都还没修出来。

三、可怜天下父母心

天武天皇临死前，把江山社稷托付给了他老婆鸬野赞良皇女，就是后来的持统天皇。

当年 10 月 1 日，天武驾崩，持统称制，改年号朱鸟。

这是日本历史上所有女帝里头最为持家的一个，至少在我看来是这样的。

其实她一开始完全没有要登大位的意思，所以尽管改了年号理了政务，却一直不曾真正地登基，而是采取了称制法，这是因为在女王的心中，王位只属于一个人，那便是她和天武天皇的儿子——草壁王子。

　　只不过当时的草壁王子并不适合当大王，主要是因为犯了众怒。

　　这人从小体弱多病，而且文才武略也不咋地，其实这都没什么，古今中外历史上比他更傻的人当国君的例子随便也能举出一大把，只是关键在于，他有个同父异母的弟弟，叫大津王子。

　　说起这个大津王子，那真是人见人爱，用史书上的话来讲，就是"状貌魁梧，器宇轩昂，自幼专攻文武两道，博览群书，力大擅剑，性格放荡不羁，不拘法度礼贤下士，敬慕者无数"。

　　跟大津一比，草壁真的就是一根草。

　　故而当时朝中的主流意见是，希望持统天皇立大津王子做太子，也就是下一任大王。

　　持统天皇当然不干，因为大津不是她亲生的。

　　只不过那会儿形势逼人，王室宗族们绝大多数都认为如果让大津王子担任将更有利于倭国的前途发展。

　　鉴于这种情况，无论是持统天皇还是草壁王子都认为应该来一手绝的。

　　当年10月2日，大津王子的好朋友，天智天皇的次子川岛王子向持统天皇告发说大津王子密谋造反，此言一出，女王便以最快的速度派人将大津王子逮捕，第二天就命他自尽，期间没有经过任何审问和盘查。

　　本来是想搞定了大津王子便直接传位给草壁王子，可事情显然并不是想象中的那样简单。

　　对于这种明眼人一看就知道是污蔑陷害，诸王公们表现出了离奇的愤怒，更有甚者还找到了天武天皇的另一个儿子舍人亲王，说愿意扶他当上大王，取代自己的哥哥。

　　这真的是被惹毛得失去理智了，要知道舍人亲王那年才十岁出头，不过孩子倒也机灵，谁来找他商量此事都找借口离开，不是要尿尿就是要吃零食，时间一长也只能作罢。

在这种形势下，持统天皇明白这大王的位子已然成了一个雷包，如果在此时把王位让给儿子，那就等于是让他成了众矢之的，前思后想之下，她决定继续称制，以大王的名义统领倭国天下。

说实话敢这么干的只有亲妈。

可惜的是人算不如天算，持统称制三年（689），多病的草壁王子还是没能斗过病魔，与世长辞了，年仅二十七岁。

持统天皇当然心如刀割，但她却并没有心灰意冷。同年，女王正式登基成为倭王，结束了称制时期，随后，立轻王子为太子。

此轻王子不是彼轻王子，而是草壁王子的儿子。

这时候他才不过六岁。

持统十年（697），女王将王位传于十四岁的轻王子，也就是后来的文武天皇，而自己则成了日本历史上第一位太上天皇。

公元701年，对马岛发现狗头金一块，不敢私藏，进献朝廷，文武天皇大喜，将当年改号为大宝。

注意一下，大宝之前，日本虽然已经创立了年号，但拢共只有三个：大化、白雉和朱鸟，就是属于那种大王想到了给设一个没想到就不管它，而自大宝后，年号不再间断，一个没了另一个接着跟上，所以这等于是日本历史上的一个里程碑。

还有一个里程碑也在这一年被树了起来。当年8月，天武天皇到死都没修完的那部律令，终于完稿了，也就是历史上赫赫有名的《大宝律令》。

不过说实在的，这本堪称日本史上最早律令的《大宝律令》，其实基本是抄袭了大唐的《永徽律令》，有的地方甚至连标点都没改，相似度相当之高。

不过还是有两个时代性的突破之处。

第一是建立了新的官制，中央分二官八省一台；地方则分国郡里三级。

所谓二官八省一台，指的是神祇官、太政官，中务、式部、治部、民部、兵部、刑部、大藏、宫内八省以及弹正台。

神祇官就是一群拜神的，太政官则是一群帮助天皇处理政务的最高决策层，而弹正台相当于纪委，用于监督调查弹劾官员的违规行为。

虽然是山寨了隋唐三省六部制，但却被用了整整一千多年，直到明治维新之后才废除。

第二个就是用法典的形式确定了天皇这个称号。

长久以来，日本的国君都叫大王，那些个什么天皇什么天皇的名号都是后世追封的，这个我前面就说过，所以本书在之前也严格遵照历史，一律叫大王、王子和王女，但现在这个叫法要改了，因为在《大宝律令》中有明确的规定，日本的国君称天皇，或是天子。

不过现存的《大宝律令》残卷中并没有找到这条记载，故而很多人都认为日本国君称天皇的规定是从完成于天平宝字元年（757）的《养老律令》里开始的。

应该讲这是一个误会，尽管从现存的日本古典文献来看，那部《养老律令》确实是最早规定了天皇的称号，但这并不代表因为没有从《大宝律令》中找到这条就认为它没有规定。你得明白，作为一部拥有一千三百多年历史的法典，现存至今的《大宝律令》是残缺不全的，而将大王改称天皇的文字内容，应该就在这失传了的部分中。

这绝对不是我的臆想。首先，天皇称号在天武时代就有了，天武天皇在很多次场合中自称或是让别人称自己为天皇而非大王；其次，在《大宝律令》制定后，《养老律令》出台前，日本的一些官方文件文献里，关于国君，称呼都变成了天皇，比如那本《日本书纪》。

所以我们可以得出一个很靠谱的结论：天皇二字作为一国之君的法定正式名号而登场，是从《大宝律令》开始的。

大宝二年（702），倭国历史上的第八批遣唐使抵达了中国，这也是自天智八年（669）以来的第一批。

这批遣唐使节团的团长叫粟田真人，不过他的职位既不是大使也不是押使，而是持节使，比押使还要大，由此可见，他们这次是带着重要任务去的。

粟田真人一行抵达长安之后，照例见到了皇帝，然后奉上了两样东西：一样是国书，一样是刚制定完不久的《大宝律令》。

如果那时候要有著作权法的话估计还得再交一笔使用权税。

四、日本诞生

这次国书的内容跟以往空对空的友好问候有所不同，而是一次照会，文武天皇告诉中华皇帝，我们改国名了，从此往后不再叫倭国了，而叫日本。

日本的意思就是日出之国，这个隋炀帝那会儿就说过了。

而改名的理由，根据日本那边的说法，是觉得倭这个字眼不太雅观，改成日本够帅气些。

后世很多人都觉得这个说法比较可疑，但到底可疑在何处谁也无法拿出确凿的证据，反正从这里开始，本书也将用日本来指代我们隔壁的那个邻居了。

国书实际上没什么问题，我很久之前就说过了，中国历史上对于周边小国姓什么叫什么一直都很宽容，所以天朝如日本人所料的那样认同了照会。

问题的关键，在于那部《大宝律令》。

不是版权纠纷，而是律令中明确提到了日本国君称为天皇。

虽然那份照会至今早已不知去向，但我敢打赌，十有八九上面的落款用的也是天皇二字，最次也该是日本天子。

也就是说这次日本人来主要是为了告诉中国人两件事：第一，我们改名叫日本了；第二，我们的老大叫天皇。

第一件无所谓，第二件很要命。

隋炀帝那会儿我们就讲过，中国古代容不得周边小国称帝，这往往会被视作背叛。

但日本人在明知道这种习俗的情况下仍是踩了一脚中国的底线。

更出人意料的是，中国居然并没说什么，也认可了，既收下了国书，也夸了夸《大宝律令》修订得不错，甚至还赞扬持节使粟田真人是一个难得的饱读诗书精通经典之才。

为什么？

理由很简单，因为那时候没有大唐了。

时为公元702年，此时此刻统御中华君临天下的皇帝名叫武则天，国号大周。

我不是反对女人当皇帝，实事求是地讲中国历史上女人主政的时代都挺不错的，但武则天继位之后引发了各种宫廷争斗和周边国家外交混乱却也是事实。国内不去说他，老太太到死都有好几个大臣要逼她退位；国外情况也不容乐观，其他国家不明就里以为自己多年来追随的大唐就这么被女流之辈给篡权夺位了，于是纷纷前来交涉，即便不是明着表示不满，但至少也要来问个究竟。

在这种时候，日本人跑过来搞友好，二话不说不仅承认女皇继承大唐的合法性，还拿了一本山寨大唐律法的《大宝律令》以示日本从前、现在、未来将一直紧跟大唐的步伐，你说女皇岂有不高兴之理？

　　更何况从粟田真人被单独列出夸赞一番的情况来看，这哥们儿在对见武则天的时候肯定没少说自家持统女皇的事情，而且还要大大赞扬一番女皇的各种丰功伟绩。恰逢此时，持统女皇正以太上女皇的身分在那里扶持朝政，虽然彼老太太和此老太太掌权的出发点完全不同，但至少武则天一听大洋彼岸也有这么一个跟自己经历身分相近的女人在做着同样的事情，而且还做得很好，那么一份心理上的亲近感、认同感总是会有的。

　　外交战中，日本又一次获得了自己想要的东西。

　　取胜的理由跟从前一样，还是情报。

　　天武天皇那会儿之所以不派遣唐使，那是一种叫板。

　　他想藉此告诉大唐，日本不用看你们的脸色，日本和你们一样也是大国。

　　所以才会交好新罗，不理会唐朝。

　　同时也是试探，想看看唐朝会有什么反应，万一反应激烈，也好趁着局势变成无法收拾之前做出妥当的对策。

　　但是正如他所料想的那样，唐朝那边没什么反应。

　　因为此时的大唐皇帝唐高宗身患严重的风疾，据说几乎到了全盲的地步，政务全都由皇后武则天一手掌控，一群人且斗着呢，哪有工夫管你日本来不来遣唐使。

　　之后，李治去世，武后继续逐步蚕食李家的基业，先是临朝称制，最后在公元690年自立为皇帝，建立了武周政权。

　　在这种时候跑去给自己弄一点名义上的好处，八九不离十可以成功。

　　问题是，日本从哪里知道的这一切？

　　毕竟宫闱斗争连长安的老百姓都不可能在第一时间里知道其每一步动向，远隔千万里的日本又怎么做到了如指掌的？

　　现在该告诉你第三类遣唐使是干嘛的了，或许你应该已经猜到了，是的，他们就是间谍。

虽然这两个字有点难听而且也确实不怎么确切，但日本依靠遣唐使的往来获取大唐的情报甚至把唐人挖墙脚移民去日本这的确是不争的事实。

此外，在没有遣唐使的情况下，日本则以新罗为渠道，自朝鲜半岛照样能够源源不断地知道大唐国内发生了什么。

如果说隋炀帝国书那会儿日本还只是偷偷摸摸自娱自乐地关起门来寻求和天朝平等地位的话，那么这一回，则是修成了正果，终于光明正大地和中华帝国平起平坐了。

大宝二年（703）十二月二十二日，一代女帝持统天皇因病医治无效而于飞鸟驾崩，享年五十八岁。

这位忠实执行了丈夫天武天皇生前所制定的所有政策的女皇在遗体被火化之后，又与丈夫天武天皇合葬一处，这也是日本历史上第一位火葬的天皇。

史书上对于她的评价是"深沉大度，知礼勤俭，有母仪之德"。

我表示同意，顺便再加上一句：她确实是一位伟大的母亲。

持统天皇驾崩后，轻皇子继位，称文武天皇，不过这位天皇跟他父亲一样，身体也不怎么好，年纪轻轻地就离开了人世，所以在庆云四年（707），文武天皇的生母阿閇皇女继承大统，称元明天皇。

元明时代（710），天皇下令迁都至平城京，也就是今天的奈良县奈良市，这意味着日本历史上的奈良时代被拉开了帷幕。

顺道一提，平城京内的规划和建筑几乎完全参照了长安城。

元明天皇之后，继位的是草壁王子的另一个女儿冰高皇女，即元正天皇。

元正天皇刚继位的那年（715），因为在日本的某个角落里发现了一只高寿的乌龟，认为是祥瑞，所以改年号灵龟。

两年后（717），又在美浓国（岐阜县）发现了养老瀑布，于是年号又被改成了养老。

五、日本书纪

养老四年（720），从天武天皇时代开始编撰的日本史上第一部正史《日本书纪》终于成书了。

其实《日本书纪》这本书，虽然自称是正史，还得过一个"东洋史记"的美誉，可你若是真把它当正史来读，那就错了。

该书开篇第一卷，说的是两兄妹通过直系近亲交配的方式，弄出了日本列岛和日本诸神。

这种内容要是在中国敢放入"正史"行列，那估计修书的有一个算一个，全得拖出去杀全家。

不过这并非是说古代的日本人修史精神不严谨，也绝非说《日本书纪》是一本满纸荒唐言之作，事实上这本书里大多数史料还是非常靠谱的，我们现在说的事儿有很多也都是以这本书为依据的，只不过，就书本身的性质而言，《日本书纪》与其说是一本历史书，不如说它是一本政治宣传教材更为贴切些。修撰此书的最大动机，是因为天武天皇是通过发兵攻杀亲侄大友王子才得到的王位，虽然事成但毕竟名不正，于是为了宣扬自己正统，这才命令手下，修史一部，先是把关于大友王子一切正面的事迹给抹杀了，以至于今天的你在《日本书纪》里是很难找到大友王子被册封为太子，然后还曾经登位当过天皇的记录的。

同时，天武天皇还鼓吹了一下君权神授，表明自己能登大位，绝对不是因为杀侄篡位，而是八百万诸神早在千万年前就已确定的冥冥安排，是正统中的正统，不仅自己正统，就连天皇这个皇位，也是神安排的正统，从神的时代开始，就一直来历清楚地代代血脉相传，这便是被后来日本的国粹主义们喊得震天响的"万世一系"的由来。

实际上天皇家族既没有"万世"，也绝非"一系"。

所谓万世，那只是个虚数，没必要去较真是不是真的有一万代天皇，同时早期的天皇们事实上绝大多数都只能算是神话人物，和历史人物基本扯不上边儿。比如我们之前曾提到过的应神天皇，他的真实性也不过仅仅停留在"存在可能性相当之高"的级别。

而在他之前的各路天皇比如什么神武天皇之类，那就是传说。

至于那个一系，则纯粹是一种给自己脸上贴金的说法了。日本是一个妥妥的、有过王朝更迭的国家。

至于大友王子的那个弘文天皇的称号，还是明治年间明治天皇追封的。

该书总共三十卷，全部是汉字所写而成，从神话时代一直写到持统天皇时期。

一般认为这书的主编是天武天皇的儿子舍人亲王，也就是那个打死不肯当天皇的哥们儿。

这种书的主编么你也知道，多半是挂个名当当监工和第一位读者的，真正的编撰工作，自然是由下面的那些学者们来完成。

现在要讲的，就是学者们的事情。

话说就在十几年前，有日本学者在研究《日本书纪》的时候，发现了一个相当有趣的现象。那就是这部三十卷的书其实可以按照某种规律分成 a、b 两大部分，a 部包括十四到二十一卷以及二十四到二十七卷总共十卷，剩下的当然就是 b 部分了。

至于那个某种规律，仔细说来是这样的：虽然整部著作通篇用的都是汉字，但 a 部的汉字书写以及语法都非常正确，堪称完美，而 b 部分虽然也是汉字文章，但其中对汉字的误用错用现象比比皆是，和 a 部相比几乎就只能说是文理不通。

得出的结论是 a 部出自中国人之手。

同时,因为十四到二十一和二十四到二十七两部完全不连着,故而从常理上判断,负责修书的中国人应该主要有两个,一前一后。

那么那两个中国人是谁呢?

他们分别叫续守言和萨弘恪,一个姓续,一个姓萨。

虽然中国人现在确实有姓续的也有姓萨的,不过续守言和萨弘恪这俩名字应该是归化后改的,他们真正的中国名至今已然不可考。

至于这续萨二人为什么会到的倭国,那还要从白村江之战那会儿说起。

却说当年百济复国军总司令鬼室福信,在请求倭国出兵援助的时候,事先也考虑过万一对方害怕大唐威名不敢相帮怎么办,在一番苦思冥想之后,琢磨出一损招,那就是抓了一百来个在百济定居的唐朝人,对外宣称是唐军的俘虏(有部分确实是真战俘),然后送到了飞鸟。

言下之意很明确,就是唐军其实不厉害,你看,我们游击队都能抓那么多活的。

在这群倒霉蛋里,就有续守言跟萨弘恪。

好在飞鸟朝廷见他们识文断字,是个读书人,所以也没太难为他们,还问要不要来我们这里当官?

两人没有反对,于是便一起出任了音博士一职。

音博士就是在宫里教那些王子王孙们正确的唐话发音,定员两人,从七位。那会儿的日本人要能发一口标准流利的唐音那绝对比今天中国人说一口英式宫廷英语更出风头。

到了养老年,正好赶上国家修史,天皇见两人有大才,觉得光教书有点委屈他们,于是便又请出来一块儿编书。

换而言之,日本史上的第一部正史,其实有三分之一是中国人修的。

这是中华文化对整个古代东方文化做出的杰出贡献之一，是属于我们的荣耀。

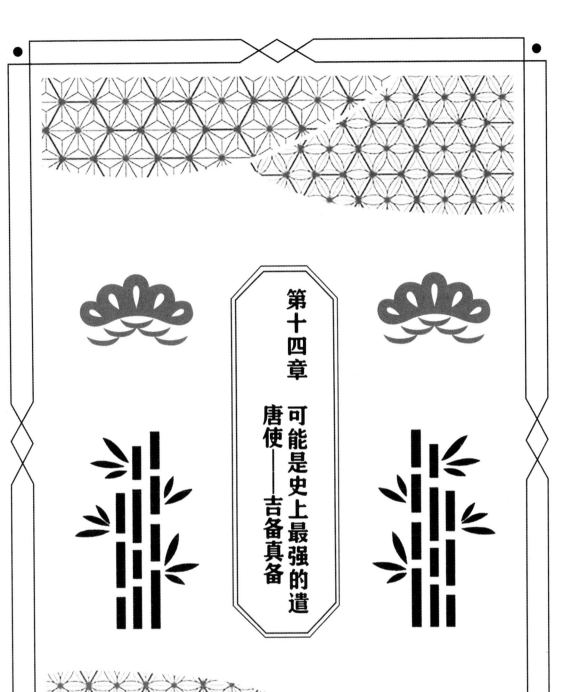

第十四章　可能是史上最强的遣唐使——吉备真备

一、船沉见真情

　　天平六年（734）十一月，四艘从大唐返回日本的遣唐使船在中国的东海遭遇了大风暴。

　　因为当时造船技术的问题，所以船都不怎么靠谱，曾经有一位不知名的遣唐使在日记里这样写道："当一个巨浪从右面打来的瞬间，整个船舱里的所有人都滑去了左边。"

　　这次的风浪比日记里的那次更大，整个船舱里不光人都随着船身颠簸而左右乱滚，就连东西也撒了满地。

　　有点经验的人都已经看出来了，这船要翻。

　　于是一下子场面就乱了，各种哭爹声叫娘声跪求祖宗显灵声不绝于耳，还有的什么话也说不出来了，只是嚎啕不已，觉得自己眼看着就要学成归来光宗耀祖了却碰上这等倒霉事，太不幸了。

　　在这一片混乱中，有两个人显得格格不入。

　　一个人紧紧地抱着一个超级书箱，虽然一言不发一动不动但却满脸的害怕。

　　还有一个家伙则跟没事儿人似的在那里笑看着一切。

　　两人四目相对，没事儿人先开口了："哟，你是留学生？"

　　抱着书箱的那个仍是不说话，只是点了点头。

"我是留学僧，叫玄昉，你不用怕，这艘船不会沉的。"

所谓留学僧就是去长安留学的和尚，他们主要学习大唐的佛法佛经，不用去太学专攻孔夫子的圣贤书。

"你怎么知道不会沉？"

"因为我有这个啊！哈哈哈！"那留学僧一边说一边笑一边从怀里摸出一张脏兮兮的画，然后往那书生跟前一亮，"看到没，这是南海龙王的画像，只要有了他，就会在海上得到庇佑，此船必然不会沉。"

留学生很无语地看着他，什么也没说，只是更紧地抱了抱那个大箱子。

或许真的是南海龙王附身在了那张都快皱成菜皮的画上了，这一次的遣唐使团，四条船里沉了三条，唯一剩下的，就是带画的那和尚跟带书的留学生所在的那条。

不过他们也够呛，被漂到了种子岛，只好上陆安顿几天，再坐船北上去福冈，虽然要花费些许日子，但也总强过沉海。

脚踏上了陆地，那个留学生的脸色明显好转多了，也开始和那个和尚聊了起来。

和尚只是一脸的得意："怎么样，我说我们的船沉不了吧？正所谓大难不死必有后福，我们在长安留学了十六七年，现在终于能衣锦还乡了。"

"是啊，我在长安整整十七年，连家父病故都不能回家送葬尽孝。"留学生一脸的忧伤。

"人活一世岂能不死，回不去又不是你的错，过去的就让他过去吧。"或许是死者为大，和尚在说这话的时候，脸上已经完全没了笑容。

"你倒是挺会开导人啊。"

"废话，贫僧干的就是这个啊。"瞬间和尚又笑了起来，"话说回来，你小子在快翻船的那会儿真有意思，你就那么怕死么？"

　　"不是怕死，我是怕我那个箱子沉了，那里面可全是无价之宝啊。"

　　话说到这里和尚才发现，留学生不知什么时候让仆人把那个大箱子也给拖了出来，这会儿正坐在上面呢。

　　"我说，这里面有什么宝贝值得你这么劳驾地把它背来背去？"

　　"书。"

　　"书？"

吉备真备

"这里面装的都是大唐儒学、律法、历法等各种经典，如果日本想要有未来，那么就必须要学习大唐，要学习大唐，那么这些书是必不可缺的。我死了不要紧，只要把这些书带回日本就行了。"

"唉……看不出来你还这么有抱负，你叫什么？"

"下道真备。"

"嗯，我记住了，等到了奈良之后有缘再见吧。"

下道真备，备中国下道郡（冈山县内）出身，他们家本是当地很有力的豪族，但大化改新之后，豪族的土地、领民都被没收了，于是真备的父亲下道圀胜只能应朝廷召唤，来到了京城当了个右卫士少尉。

右卫士少尉就是宫廷近卫兵里负责看守皇宫四周的小军官，官阶从七位上，待遇地位跟在老家那是完全不能类比的。

家道中落固然不幸，但好在儿子下道真备相当有出息，自幼便有神童之称，年仅十七岁就进了大学深造。

大学就是那会儿日本的最高学府，很显然是山寨了大唐的国子监，国家挑选全国的精英在里面读书，然后再在精英中挑出精英送出去留学。

养老元年（717），年仅二十一岁的下道真备被选为留学生，坐船前往长安读书。

到了大唐之后，他的天才神童属性彻底爆发了。

虽然那会儿去长安的日本留学生主要学的是儒家经典，但在读圣贤书的同时，他们中的很多人还要学其他东西，大致可以分为三类：律法、建筑、工艺。

工艺就是金属加工啊陶瓷制作之类。

而下道真备则是奇葩，因为他什么都学，无论是圣贤书、律法、建筑、工艺，还是兵法、医学、天文学，甚至是琴棋书画这种娱

吉备真备雕像

乐活动都没落下，而且还学得相当好，一般中国读书人都不如他。

　　所以当时的皇帝唐玄宗李隆基数次希望他能留在唐朝做官，但都被婉言谢绝。

　　一连苦读了十七年，到了天平六年（734）年底，一来是感到该学的都学了，是时候回国报效了，二来是正好有一团遣唐使从长安出发准备回日本，于是下道真备便也搭上了顺风船，同船的还有几个跟他同一年去大唐留学的人，比如玄昉。

　　一行人走了数月，一直到第二年（735）年初才回到平城京。

　　正如前文所说的那样，遣唐使回到日本，基本都能得到富贵，下道真备当然也不例外，作为资深海归精英，他一踏进平城京，就接到了升官的通知，官阶从原来的从八位下一跃升至了正六位下。

虽然八和六之间只差个七,但在当时日本的官阶里,从八位下和正六位下之间,差了整整十个级。

不过这也算不了什么新鲜事,毕竟谁都知道那会儿最重入唐人,而下道真备真正在平城京内引起轩然大波让大家都知道他名声,还是因为数日之后,他把那个拼死也要保住的大箱子给献了上去。

在这个箱子里,有总共一千六百卷经典,除了常规的儒家书籍和史书之外,还有天文学、音乐和兵法等著作,其中的《唐礼》一百三十卷、《大衍历经》一卷、《大衍历成立》二卷、《乐书要入》十二卷等,都堪称是无价之宝。

和各种书一起被献上去的,还有弦缠漆角弓、马上饮水漆角弓、露面漆四节角弓各一张,射甲箭二十支,平射箭十支,日时记一个,以及乐器若干。

这次献宝行动在京城里引起了轰动,天皇还特地搞了个展览让王公贵族们前来观摩,而在各种围观的过程中,有两个人同时注意到了下道真备,他们都是朝中的重臣,一个叫葛城王,一个叫藤原仲麻吕。

葛城王是敏达天皇的后裔,藤原仲麻吕的曾祖则是藤原镰足,两人都是当时平城京里能呼风唤雨的人物,但同时也是一对冤家。

二、君子泰而不骄

对于这个带了一箱子宝贝回来的精英下道真备,两人都想把他拉拢到自己的阵营,于是铆足了劲跑去套近乎,先是葛城王非常礼贤下士地让人把下道真备召到了自己的王府嘘寒问暖了一番,而藤原仲麻吕则更加一步到位,亲自跑到下道家,说明天跟我一起去皇宫，天皇要见你，不是以前的那种团拜会，而是皇上单独会见你一个。

当时执政的是圣武天皇，此人好佛，极端好佛。

所以他见到下道真备后的第一句话，是问先生你既然从大唐带了那么多佛经回来，那么自己对佛法又有什么心得呢？

下道真备回答说自己虽然也读过佛经，但更主要的是读律法，读经典，尽管偶尔也有想想佛家的哲学，可考虑得更多的，是如何让日本变得更强大。

圣武天皇听完后没有任何不快，而是很顺水推舟地问道："那么如何才能让日本变得更强大呢？"

"回禀圣上，想要让日本变得强大，只有学习大唐的一切。"

"从大化改新的时候我们就已经开始学大唐了，如今都过了七八十年了，可日本仍然不能与大唐相比，这又是为什么？"

"臣以为是学的不够。"

"学的不够？此话怎讲？"

"诚然，自多年前开始日本便一直在学大唐，可学的仅仅是律法、佛经等极少数东西罢了，臣以为，所谓学习大唐的一切，就是完全模仿大唐行事，无论是朝堂还是民间，所用所行的一切，都做到和大唐一样，如此一来，日本必定会强盛。"

"要多久？"

"大唐开国至今，已经一百余年了。"

显然圣武天皇对一百年这个概念是无法接受的，于是连忙转换了话题："那么下道真备，你自己又有何愿望呢？说出来，朕可以帮你实现。"

"我自己……"下道真备还真没想到过这个问题，所以显得有些手足无措，"我自己……并没有什么想要的啊。"

"没事，你但说无妨。"天皇笑着说道。

"那……那臣就说了……臣有高堂在上，想要一间足够大的宅子奉养老母……"

或许是多少年来没听到过如此朴实的言论了，故而此话一出，在场的人都愣住了。

当时在场的，还有藤原仲麻吕的姑姑圣武天皇之妻——光明皇后。

此人是日本历史上第一个从藤原家出来的皇后，同时也是史上最初的非皇族出身的皇后，她的出现，代表着之后长达几百年的藤原家称霸后宫的历史被拉开了序幕。

光明皇后的父亲叫藤原不比等，不比等是藤原镰足的次子。皇后在年仅十五岁的时候就嫁给了还是太子的圣武天皇。她自幼就是一个超级大美女，而且不仅脸长得好看，心灵也异常善良，被当时的历史记载为一个"聪明，富有善心且一心向佛"的完美女性。

这是真的。

光明皇后在世的时候，自己出钱兴建了日本最初的孤儿院，名为悲田院，而在奈良的法华寺内，至今尚存一个浴室，据说这是当年皇后因考虑到贫困的穷人洗不起澡而开设的免费浴室，这位尊贵的女性甚至还亲自来到浴室里为那些生病的穷人们擦背。

此外，她还开设了日本史上的第一个临终关怀机构——将那些已经无药可救、命在旦夕的穷人们收容于此，给予他们生命中最后的关怀和照顾。

总之这是一个平易近人的好人。

所以当下道真备谦逊地表示自己一无所求只想要小木屋一间安顿家乡老母时，光明皇后着实被感动了，正当她想说些什么的时候，突然背后响起了一个声音。

"既然你只要小屋一间的话，要不就带着你家里人住在宫中的马厩里如何？听说你们乡下都是人马同住的。"

　　说这话的是圣武天皇和光明皇后的女儿，阿倍内亲王。

　　这姑娘自幼深得父母宠爱，整日里口无遮拦肆意横行，几乎就是皇城一霸，并且无人敢管。

　　下道真备也是久闻这位千金小姐的大名，所以并不回话，只是低头不语。

　　倒是光明皇后开了口："下道大人，在唐国对于这样的女子，该如何管教呢？"

　　"回禀皇后，大唐人对于子女的教束是相当严格的。"

　　皇后一笑："无妨。"

　　"那请借笔墨一用。"

　　"可以。"

　　下道真备拿过已经润了墨的毛笔，径直走到阿倍内亲王跟前，拉起她的手，在掌心中写下了一行字。

　　接着，狠狠地就是一记掌击。

　　"啪"的一声，把周围人都给吓了一跳。

　　姑娘低头去看，发现手上写了六个字：

　　"君子泰而不骄。"

　　这便是两个人的初会。

　　在后世的无数影视文学作品中，下道真备被描绘成了阿倍内亲王的初恋甚至是唯一的挚爱，然而因为命运的束缚最终两人没能走到一起，或者说，即便没有发展到那一步，但至少情窦初开的公主在豆蔻的年华遇上了成熟的饱学大叔，那种小小的粉红暧昧还是有的。

　　虽然两人的感情世界我们不得而知，但是在这次见面过后，圣武天皇和光明皇后达成一致，任命下道真备为宫廷老师，学生只有一个：阿倍内亲王。

百姓有冤枉者宜至此下申诉

吉备真备画像

主要教授《汉书》和《礼记》。

教课之余，两人当然也会聊天，老师给学生讲在大唐的种种见闻，而学生则告诉老师宫廷的各种内幕。

说着说着，就提到了一个人：藤原宫子。

三、海女皇太后

藤原宫子是藤原不比等的另一个女儿，嫁给了文武天皇做妃子，同时也是圣武天皇的生母，那一年已经五十多岁了。

不幸的是，她在生下圣武天皇的当年（701），就得了一种病，症状是整天躲在一个小房间里一会儿哭一会儿笑，有几次甚至还想自杀，别说照顾孩子了，就连生活都不能自理。

生活在 21 世纪的我们，这其实是一眼就能看出来的很明显的产后抑郁症，稍加调理就能治愈，但在飞鸟奈良时代的日本，医学完全没有达到这个程度，人们只以为她是着了魔，可毕竟是天皇的生身母亲，于是只能把她关在一小屋子里养起来，整天由着她疯。

可怜的圣武天皇从出生之后就没见过自己的亲妈。

不是他不想见，而是不敢见，因为藤原宫子此时的症状已经发展到了生人勿近的地步，发起病来甚至连一直服侍在旁的仆人都不敢靠近。

这是一个比较传奇的故事，以至于下道真备八卦心发作，在当天课程教完出宫后，把这个故事告诉了来自己家里做客的玄昉——两个人此时已经混得很熟了，再加上那时候在日本，同期留唐等于后来中国的同科进士，算是相当了不得的缘分，所以彼此之间也几乎到了无话不谈的地步。

本来这就是个八卦，但奇怪的是玄昉听完后却是一脸的严肃："此事当真？"

下道真备说具体是真是假我也没亲眼见过，但总不至于有人拿自己的奶奶来开这种玩笑吧？

玄昉想了想，说道："你能让我见到太后么？"

下道真备很认真地考虑了一会儿，表示如果去拜托阿倍内亲王的话或许可以，但问题是你见了之后想干嘛？

"我想给她治病。"

"宫中那么多有名的大夫那么多年都治不好她的病，你凭什么去治？"

"宫中的大夫无非是世代医家，靠了祖宗的名气才能混上一口饭罢了，并不代表他们有多大的能耐，更何况从你所说的症状来看，这太后应该得的是心病，心病让我这个开导普度别人的高手来治，那是最适合不过的了。"

下道真备知道玄昉在想什么，和一回国就连跳数级大升官，备受天皇皇后宠爱，还在亲王身边当老师，正值春风得意的自己相比，同样是遣唐留学生，同样在自己的专业领域里奋发读书了十七年，同样受到过玄宗皇帝的青睐（曾受赐三品紫衣袈裟），同样也带了大批经典回国（玄昉带的更多，佛经五千卷），但这时的玄昉不过是个普普通通的大和尚，从天皇那里得了一些最基本的俸禄和赏赐罢了，和当时在船上那满心衣锦还乡的憧憬全然不符，他不是没有能力获得这一切，只不过缺少一个机会罢了。

大家都是朋友，帮你一把也是应该的。

"不过，给太后治病可不比平常，万一出了什么事你可别连累我。"下道真备说道。

"那时候贫僧自行了断就是，放心吧。"

天平八年（736），在下道真备和阿倍内亲王的各种沟通下，玄昉走进了皇宫，又走进了藤原宫子住的那间小屋。

眼看着藤原宫子就要闹将起来，玄昉连忙挥手赶走了左右，然后说道："你别怕，我是海龙王派来的使者。"

一边说，一边从怀里摸出了一张已经变得更加皱更加脏的南海龙王画像。

奇迹出现了，老太太一下子就镇定了下来，呆呆地看着眼前的和尚与那张画。

"你有何不快，可以对我说，我一定会转达给海龙王大人。"

当天就传来了喜讯，说老太后多年来头一次在没有一哭二闹三上吊的情况下，非常平和地见了一个陌生人。

之后一连数月，玄昉天天往太后寝宫里钻，紧接着各种流言蜚语层出不穷，尤其是坊间，甚至连太后已经为当今圣上生了个小弟弟这种谣言都有，以至于圣武天皇不淡定了，他很想从此不再让玄昉进宫，可又做不到，因为除了最初的那几次，之后每回玄昉来给太后治病，都是应太后召唤前来的，你真要在门口挡驾，保不齐老太太又折腾出什么幺蛾子来。

只是天皇怎么都弄不明白，那玄昉到底是怎么做到的，难道他真的有神力么？

当然不是。

这和藤原宫子的出身有关。

这位老太后虽说明面上是藤原不比等的女儿，但其实只不过是以藤原家女儿的身分嫁进皇宫的，她真实的出身是在纪州（和歌山县），也不是什么贵族千金，而是个海女。

海女就是潜水鱼师的女儿，潜水鱼师就是以下海摸珍珠摸鲍鱼为生的人，在古代日本是个很常见也很危险的职业，往往是夫妻搭档，由妻子带着绳索负责潜水。绳索上有称为"分铜"的重锤可以加速潜入，浮上时海女会拉扯绳索为信，由丈夫拉绳加速上浮。

名著《枕草子》中，就有关于海女家族的描述。

却说当年文武天皇出巡纪州行宫的时候，在海边邂逅了或许正在捕鱼或许正在晒太阳的某个连名字都没有的海女，见惯了宫廷里的矫揉造作，猛地遇见这么个原生态的姑娘，就好像王子看到了灰姑娘一般一见钟情上了。

但海女毕竟是海女，地位真心相当下贱，就算再漂亮也不可能娶进宫里当妃子，要知道当时皇宫里头哪怕是给天皇端马桶的，都是豪族家的女儿。

就在这个时候藤原不比等横空出世了，他把那个海女收养为自己的女儿，改名藤原宫子，有了这个身分，那海女便能名正言顺地嫁进皇宫了。

可这显然并非是什么好事。

虽然嫁入豪门从此过上了所谓的幸福生活，但宫廷内部的钩心斗角，和周围人之间的身分巨大差异，这都让藤原宫子无法习惯自己的新生活。

你或许可以用自由来换富贵，但你终有一天会发现，自由永远是没有任何东西可以取代的。

这也就难怪会得产后抑郁症了。

而玄昉正是在知晓了这一切后，才会以海龙王使者的身分进宫，代表海龙王来倾听这位海的女儿的心声。

果然很有效。

其实治心病跟治身病一样，也是望闻问切四个字，只要掌握了一切，再加上足够的开导，自然能妙手回春。

经过一年的努力，天平九年（737），藤原宫子的产后抑郁症痊愈了，老太太几十年来头一回走出了那间小屋子，也头一回见到了自己的儿子圣武天皇。

同样，天皇活了大半辈子也第一次看清了自己亲娘长啥样，这一份内心的激动自是不言而明。

激动之余，他决定好好赏赐大功臣玄昉一番。

葛城王很不失时机地上奏表示，玄昉这一年里劳苦功高，应封他做僧正。

僧正就是僧官的一种，地位相当高，比它高的只有大僧正，通常即便是大寺院的住持不到一定资历也是坐不到这个位置的。当时的玄昉不过三十来岁，但天皇依然是准奏了。

同时，因举荐有功外加把阿倍内亲王调教得很好，下道真备也受了赏，官阶被升到了从五位下。

两位遣唐使就这样总算是出人头地了。

四、苦人儿藤原广嗣

就在玄昉给太后治病的当年（736），葛城王放弃了皇族的身分，用了自己母亲家的姓，改名为橘诸兄，名义上说是为了更好地帮助天皇处理政务，实际上是为了更好地对付藤原家，毕竟你堂堂一个王爷跟一个大臣钩心斗角地过不去，总归不大体面。

顺带一说，我们都知道日本古代有四大姓氏：橘、藤原、源和平，藤原的祖先是藤原镰足，而橘氏的祖先，正是这位橘诸兄。

改名后的第二年（737），橘诸兄出任右大臣，接着正式开始行动。

他首先提拔了下道真备，任命其为从四位下右卫士督，等于是皇宫四个大门他管其中一个，而玄昉自然也没落下，除了之前推荐他担任僧正之外，还把大内皇家专用的佛道场也交给了他管。

这种摆明了就是拉帮结派想要对抗藤原家的举动很自然地惹毛了藤原仲麻吕，为了和橘诸兄对抗，他决定联合藤原家的全部力量，与之一较高下。

可惜他做不到，不是能力不够，而是藤原家的人突然都死光了。

就在这一年（737），一场天花降临了平城京，一时间整个京城里头死尸遍地，无论是达官显贵还是平民百姓都无法幸免。

藤原不比等当年生了四个儿子，分别是藤原武智麻吕、藤原房前、藤原宇合和藤原麻吕。

结果这四位都在这场天花中被夺走了性命。

其中藤原武智麻吕是藤原仲麻吕的亲爹。

好好的一个藤原家一下子倒了四根中流砥柱，他藤原仲麻吕就是再能耐这会儿也翻不出跟头来了。唯一能做的，就是看着家里人畜平安的橘诸兄不断地扩张自己的势力。

实在是被逼得不行了，也只能背后搞搞小动作，比如搜集一些八卦新闻出去散播，八卦的对象主要是玄昉，因为他成天待在太后寝宫不说，出了宫在外面也是整日花天酒地享乐人生，全然没有一副出家人的样子，并且还多次怂恿天皇说要造一尊大佛，让百姓来祭拜。这个建议连好友下道真备都表示了强烈的反对，理由是过于耗费民脂民膏。

藤原仲麻吕正是利用这些事情，让人天天传流言，打算用最恶毒的言语来将玄昉击倒，或是传到天皇耳朵里头让他自行清理门户。

但这显然不太可能，玄昉本身是个二皮脸，早就修得了泰山崩于前而面不改色的胸襟，想用这种坊间传闻来打击他简直就是白日做梦；而对于圣武天皇来讲，玄昉是救母恩人，多吃点多喝点又算得了什么？

所以藤原仲麻吕最终得出的结论是自己只能忍，静静地等到橘诸兄他们自己露出破绽，然后再将其一举拿下。

然而，终究还是有人忍不住的。

话说藤原仲麻吕那得天花死去的叔叔藤原宇合有个儿子叫藤原广嗣，当时在朝中担任治部少辅，本来挺人畜无害的一孩子，不想因为出身藤原家，遭到了橘诸兄的惦记，他和玄昉一起在天皇面前进言，指摘藤原广嗣的种种不是，天皇心一动，便在天平十二年（740）把广嗣那倒霉孩子派到大宰府去任大宰少贰了。

大宰府，是设立在九州北部筑前国（福冈县）的行政机构，最高长官叫大宰帅，从三位，主要职能是监视朝鲜半岛以及中国大陆的一举一动，以防变化。

大宰少贰是大宰帅的副官之一，品级跟治部少辅相当，但因为这地方太过偏远，所以让他去当大宰少贰等于就是发配边疆了。

再说那藤原广嗣到了九州之后，自然是心怀着千万分的不满，整日里也不干活，天天拿着个酒碟在那喝酒，边上人知道他是藤原家的公子，也不敢管他，只得由着他去。

某天，广嗣又一个人坐在办公室里喝闷酒，一边喝一边发牢骚，碎碎念地把橘诸兄、玄昉以及下道真备那几个十八代祖宗都问候了个遍，骂着骂着，突然猛地把酒碟子一摔，用力一拍大腿，怒喝一声："老子宰了他们！"

手底下人照例当他发酒疯，于是围上去好言相劝，说其实九州也蛮不错的，要啥有啥还离大唐挺近，大人您就别折腾了云云。

广嗣低头不语，琢磨了一会儿后，又是一声大喝："起兵！"

当时大宰帅跟其他几个高级的大宰官刚好空缺，故而大宰少贰藤原广嗣实际上是统领了整个大宰府，手底下管着万把人，所以当天他就点起了所有人马，浩浩荡荡地往东面杀将了过去。

同时提出了口号：清君侧，诛奸臣。

奸臣是谁也说得很清楚，一个是玄昉，一个是下道真备。

玄昉也就罢了，但下道真备真心很冤枉。

长久以来他虽然一直为橘诸兄重用，可却从来都不是橘诸兄那一派的，事实上他谁的人都不是，尽管橘诸兄确实不止一次地明示或者暗示过下道真备，但全都被他以君子不党为由而拒绝。此时的下道真备完全是一副安居乐业的腔调：主要工作是专心教阿倍内亲王读书，其余的一律不管不问。

但藤原广嗣显然顾不了那么多，既然下道真备是橘诸兄提拔的，那么在广嗣眼里，必然和橘家是一伙的。

消息传到京城，圣武天皇倒也镇静，兵来将挡地派出了名将，陆奥按察使兼镇守将军大野东人，封他为大将军，顷刻率兵一万七千征讨藤原广嗣。

双方在板柜镇决战，不到一天，广嗣军便兵败如山倒。

其实早在刚拉开战阵那会儿，大野东人就吼了一嗓子，说老子奉诏讨贼，主犯千刀万剐，从犯一律不究。

喊完之后大宰府的部队就哄地散了一大堆。

这还不算什么，藤原广嗣兵败后打算坐船逃往新罗，不想刚刚踏上了船，海面上狂风骤起，活生生地把船吹回了岸边。

广嗣见状，连忙跪了下来，先拜天后拜海，口中称道："我藤原广嗣乃是大忠臣，如果老天爷您也这么认为的话，那就请平息大风，助我前往新罗吧！"

说完，还把驿铃给丢进了大海。

所谓驿铃，就是古代日本朝廷赐予外放官员的信物，拿着这个可以沿途在各驿站公款吃喝，并接受保护。

只听得"扑通"一声，刹那间，海浪高达数丈。

风，更大了。

这是真事儿。

当年11月，藤原广嗣被擒获，遭斩首之刑。

广嗣之乱，对玄昉触动很大，这家伙一直以为藤原家的人最多也就是聒噪两下打打嘴炮，没想到居然来真的，这使他终于明白了政坛险恶的道理，于是也不再整日里往太后房间里钻跟太后打小报告了，而是回到了庙宇，安安静静地抄起了佛经。同时每日焚香发愿，不为别的，只求自己下半生能有个安生。

不过他最终还是没能逃过一劫。天平十七年（745），藤原仲麻吕上奏圣武天皇，列举玄昉数条罪状，于是大和尚就被剥夺了一切官职财产，然后下放到了九州的一个寺庙里当住持，于第二年（746）病逝在了那里。

五、日版武则天

其实藤原仲麻吕还想顺手把下道真备一起赶出京城的，只不过没法下手，因为对方背后有人。

此时的阿倍内亲王已经在天平十年（738）的时候被册立为日本史上唯一的女太子了，下道真备也因管教有方而被任命为东宫学士，就是太子的老师，继续教授女太子功课。在他的悉心调教下，当年那位大大咧咧口无遮拦的野姑娘如今已然变成了知书达理谦谦温和的皇家闺秀。

显然，在这个时候去招惹那位看起来人畜无害的教书先生实在不是个明智之举。

天平十九年（747），下道真备官升从四位下右京大夫，也就是半个京城的市长，不仅如此，天皇还赐其新姓：吉备。

出身地方豪族的书生成为了掌管京城的朝廷大员，并且还获得了天皇赐姓，这在当时的日本是绝无仅有的。

两年后（749），圣武天皇退位，女太子继承大统，称孝谦天皇，改年号天平胜宝。

或许是吉备真备教得太好了的缘故，孝谦天皇确实如名号所说的那样，是个不折不扣的孝顺女儿，当时光明皇后还活着，女皇在刚刚即位那会儿，几乎事无巨细都会找妈商量。

于是皇后最喜欢的外甥藤原仲麻吕就如同跌进了米缸里的老鼠，再加上他的那几个得天花而亡的叔叔的孩子们在此时也差不多都长大成人了，所以藤原家终于又迎来了第二春。

同年，藤原仲麻吕升任右大臣，并在光明皇太后的推荐下兼任中卫大将，同时掌握了军政两大权力的他，终于完全压倒了左大臣橘诸兄，并且使得后者再也没有了翻身的机会。

现在，总算只剩下吉备真备一人了。

天平胜宝二年（750），在并没有经过天皇点头认可的情况下，藤原仲麻吕突然任命吉备真备为肥前守，也就是肥前国（佐贺县）的地方长官，将其下放边疆。

吉备真备倒也不在乎，接到文书之后就默默地收拾好了行李，然后一声不吭地去九州上任了。

因为他知道在乎了也没用。

巧的是就在这时候，日本开始准备起了又一次的遣唐使赴唐事宜，于是吉备真备便趁机上奏朝廷，表示自己拥有丰富的在唐生活经验，既可以和大唐沟通各种事情，也能帮助后辈尽快适应那里的生活，所以还请皇上批准，让臣参加这次使节团。

孝谦天皇没有任何犹豫就准了这道奏折，而藤原仲麻吕也大力支持，因为在他看来，吉备真备即便在边疆那也终究是个隐患，还不如让他彻底滚出日本，眼不见心不烦。

天平胜宝三年（751），吉备真备第二次出发赴唐，并且还担任了整个使团的副使，这一次的大使叫藤原清河，是藤原房前的四儿子。

吉备真备此次去大唐有两个原因，第一当然是不想再风餐露宿地这么守边疆了，毕竟那时候的九州还荒凉得很；第二则是想去长安把留在那里的一个好朋友带回日本，然后组成攻守同盟，一起抵抗正不断扩充着自己势力的藤原仲麻吕。

那个好朋友是谁，我们下一章会说的，只不过事与愿违，他并没有被成功地带回来。

天平胜宝六年（754），吉备真备回到了日本，归国后的第二年（755），唐朝发生了一件大事，也就是安史之乱。

安史之乱虽然发生在中国境内，但对日本的影响也不小，主要是担心安禄山、史思明他们会在夺取大唐全国后再把矛头指向日本，因此当时有很多日本的官员要求孝谦天皇整备边关防务，以备不测。

吉备真备就是属于这类人，他甚至还认为新罗也很有可能趁火打劫，所以这回是主动要求去九州守边疆，担任了大宰少贰，之后又升至了仅次于大宰帅的大宰府第二高官大宰大贰，掌管了整个九州的防务。

天平宝字元年（757），从养老四年（720）开始修编的《养老律令》终于完稿，由孝谦天皇亲手颁布，昭告全国。

从律令的文本内容来看，可以说是《大宝律令》的升级版，该律令仍是参考了隋唐两代的中国律令，再融会贯通并结合日本国情之后的产物。

尽管如此，这份山寨隋唐律法的《养老律令》却是此后一千多年里日本唯一的根本大法，一直用到明治年间才被废除。由此可见大唐对日本的影响之深。

天平宝字二年（758），孝谦天皇宣布退位，由舍人亲王的儿子大炊王继承宝座，史称淳仁天皇，她自己则担任太上女皇，称孝谦上皇，居于幕后摄政。

这位淳仁天皇没什么本事，唯一的特长是卖萌，却说他刚继位的那会儿隔壁大唐正爆发着安史之乱，叛军和官军正打得火热，然后天皇看在眼里急在心里，嚷嚷着要援救大唐。

至于援救的方法，是从民间调集耕牛，把牛角砍下来做成武器，送给唐朝皇帝。

然后藤原仲麻吕和吉备真备这两个政敌多年来头一回意见一致地表示了强烈的反对。

孝谦天皇让位的原因，一般被普遍接受的说法是当时她娘光明皇太后得了重病，为了腾出时间来照顾亲妈，于是便不得不放弃了自己心爱的天皇事业。

要知道她即便不当天皇了也仍在执掌朝政，国家的实际统治者仍是她，每天扑在政务的时间一点也不比从前少，而且就算要照顾光明皇后也不用女皇本人亲自端茶送水，能花多少工夫？

真正的缘由是因为藤原仲麻吕给了压力了。

藤原仲麻吕之所以能够权倾天下，完全是得益于姑妈光明皇后，他和孝谦女皇之间的关系其实并不怎么样，故而在光明皇后病重之后，考虑到万一姑妈这次没挺过去，而自己又不愿意在后台倒了之后也跟着一起倒，那么最好的办法就是把孝谦天皇逼退位，然后再和新天皇搞好关系，这样一来，不管姑妈死不死，自己都能做一棵政坛常青树了。

这一切都进行得非常顺利，尽管淳仁天皇是孝谦天皇在位时就立下的皇太子，但很快他就被藤原仲麻吕给拉拢了过去，两人打得一片火热。

不过女皇却对这些事情并不怎么在乎，在她看来，以太上女皇的身分摄政非但没什么不好，反而还离自己的偶像更近了一步。

她的偶像是一代女帝武则天。

在孝谦天皇尚且还是阿倍内亲王的时候，她的老师吉备真备上课之余跟她说得最多的，是大唐的事情，在各种大唐故事里，说得最多的，是帝王世家——毕竟学生以后或许要当天皇，总得有针对性地搞教育。

而在那些帝王里，最常被提起的，是武则天。

在那个时候，姑娘就会经常对老师说，如果自己有一天真的能继承父位，那一定要做一个不输给武则天的千古女帝。

她是这么说的，也是这么做的。

在女皇执政的时代里，国内政务全部参照唐制，就连官名也都改成了唐朝风格（一说藤原仲麻吕主导），不仅如此，她在个人修为方面，也极力靠近武则天，几乎就是日本版的武媚娘。

武则天废太子，她也废太子，圣武天皇临终之前（756）曾留下遗嘱，立新田部亲王的儿子道祖王为皇太子，结果他才死了一年（757），孝谦天皇就把道祖王给废了，给他改了一个很蠢的名字之后，再一顿棍棒，将其活活打死在了牢里。

武则天执政期间大兴告密之风，孝谦天皇也有样学样地猜忌群臣。橘诸兄因为在圣武天皇病重期间于自己家里摆了一桌酒席喝了两杯小酒，便被怀疑有不臣之心，被迫辞去了左大臣一职，而他的儿子橘奈良麻吕更惨，被藤原仲麻吕告发说要谋反，然后女皇还真的信了，将其和所谓的党羽全部关押进了大牢，然后或杀或流，涉案人员高达四百四十多人。

武则天好佛，孝谦天皇也好佛，她在位期间，不仅在日本奈良造起了巨大的佛像（奈良大佛），甚至还请了一位大唐的得道高僧来给自己授戒。

那个得道高僧就是著名的鉴真和尚，详细的事迹我们以后会说到的。

武则天据说有四大男宠，孝谦天皇也有，不过就一个，叫弓削道镜，是个和尚。

这个道镜说起来跟吉备真备倒也有些渊源，他是玄昉的师兄弟，哥俩都出身日本一代高僧义渊和尚的门下。

要说两人还真是一对师兄弟，不光各自最大的技能都是忽悠，就连发家史都如出一辙。

且说天平宝字五年（761）的时候，孝谦上皇生了重病，然后也不知道是哪个吃饱了没事儿干的把正在学梵语的道镜给推荐进宫说是能看病，结果他这一进去，女皇的病倒是治愈了，可道镜也没出来，两人就这么好上了。

其实这也正常，一辈子单身没结过婚的女人喜欢上一个男人，这完全是天公地道，谁都没资格多说什么。

道镜因此就成了上皇身边的大红人，地位也如雨后春笋，当年（761）就被封为少僧都。

古代的日本和尚从高到低分十个等级，最高的是大僧正，少僧都排在第六，玄昉当年能当僧正不光因为他治好了太后的病，更因为留唐十七年，带回五千卷经书，而现在这道镜几乎无尺寸之功初出茅庐都能混上个少僧都，除了潜规则上位还是潜规则上位。

而且正所谓一人得道鸡犬升天，弓削家的其余闲杂人等也因此而各自升官，大富大贵了起来。

道镜的升官以及仗着孝谦上皇的宠爱逐渐开始干涉朝政的行为很快就引起了藤原仲麻吕的不满，他数次上奏，希望上皇不要再和那秃驴鬼混在一起了，但所有的奏章都如肉包子打狗，一去再也没了音信。

不得已，藤原仲麻吕只能让淳仁天皇亲自出面，要求上皇自重守礼，顺便再把道镜赶出京城。

上皇当然不愿意，反而还把淳仁天皇给骂了一顿。

一国之君被这么一骂，面子上自然挂不住，于是便在藤原仲麻吕等一干藤原派的支持下接二连三地和女皇关于道镜一事展开激烈的争吵。

争吵的结局就是本来就已经出现关系裂缝的两人现在终于彻底撕破脸开始大鸣大放地对立了起来。

藤原仲麻吕要的就是这样的局面。

六、此生可能爱过你

话说自从橘诸兄辞职，他儿子橘奈良麻吕因涉嫌造反而被搞死之后，藤原仲麻吕在朝中便再也没了敌手，可以说，在他数十年的苦心经营下，藤原家的势力遍布了整个平城京，几乎就要达到一统庙堂的境界了。

当时的朝政虽然大体上还是被孝谦上皇掌控着，但实际上底下的群臣没几个喜欢这位女皇，严格说来大家都讨厌她，但又怕她，属于那种天天盼着有个英雄来力挽狂澜拯救世界可自己又不敢出头的情况。故而藤原仲麻吕认为，只要淳仁天皇和自己君臣齐心然后振臂一呼，那必然响应者群起，然后孝谦上皇也一定会土崩瓦解，沦为手下败将。

女皇其实也很明白眼下的局势，她也知道朝中大臣几乎都愿意听藤原仲麻吕的，不光是因为自己多年来对他们的严控，更因为自己是个没有孩子的女人。

这个道理很简单，君王无后等于根基不稳，在这种时节，又有几个臣子愿意跟着一个风雨飘摇的皇帝？

至少有一个。

当然不是道镜。

天平宝字八年（764），大宰大贰吉备真备奉诏回京，出任造东大寺长官。

东大寺是日本最著名的寺庙之一，之前提过的奈良大佛就在该寺之内，造东大寺长官，就是建造东大寺的一切事务总管。

这是一个掩人耳目的闲职，毕竟不用他亲自去搬木头看图纸，吉备真备这次回来的真正目的，是来对付藤原仲麻吕的。

藤原仲麻吕感到自己压力很大。

太上女皇自不必说，心狠手辣无坚不摧，那道镜虽说是靠潜规则出人头地的，可毕竟是玄昉的师弟，并非泛泛之辈，本来单靠这对神雕侠侣，就已经能基本压制住藤原仲麻吕和淳仁天皇以及他们背后的文武百官了，现在再加上一个一手把女皇调教出来的万事通吉备真备，自己的胜算还剩多少？

人的压力一大就容易焦虑，一焦虑就容易走错路。

当年9月，在尚没有出现任何败相的情况下，藤原仲麻吕莫名其妙地就想到了"先下手为强后下手遭殃"这句千古名言，接着突然集了六百人，宣布兵变。

从者有淳仁天皇的两个兄弟船亲王和池田亲王，而天皇本人因为蹲在深宫大内出不来，只能表以精神上的支持。

这真是出人意料的一招，别说吉备真备了，就连藤原仲麻吕的心腹们都没想到。大家日子过得好好的冷不防呼啦啦一下子就都跟着成反贼了，很多人一下子心理上就没能承受住。

9月5日，藤原家家臣大津大浦因不想参与这种会让自己遗臭万年的行动，于是便跑去皇宫，告发了自己的主人。

11日，孝谦上皇派兵围住了淳仁天皇所在的中宫院，将其软禁在内并没收象征皇权的玉玺。

藤原仲麻吕闻讯后，也派人全京城地串联，希望那些昔日里紧跟自己步伐的权贵大臣们这一次能和自己共进退。

但却从者寥寥，或者说没有从者。

这是出乎藤原仲麻吕意料之外但却在情理之中的一件事，毕竟不管什么世道，比起雪中送炭来，大家更喜欢锦上添花。

不得已，藤原仲麻吕只能率部逃出了京城，以图在外围决胜负。

女皇则下诏任命吉备真备为从三位中卫大将，全权统御全国人马，追剿藤原家反贼。

这个任命让当时的日本军政两界都看不懂，因为即便藤原仲麻吕再怎么彪悍，国内仍不乏可以与其一战的大将，退一万步说，就算国内无人了，也犯不着把吉备真备给请出来，要知道老爷子当年都已经七十岁了，在那时候的日本，这种年纪能走路不用拐杖就算不容易了，更何况千军万马地白进红出呢。

但唯有孝谦上皇知道，自己的任命没有错。

吉备真备到位之后，先召集了部将开军事会议，会上，他问手下，你们怎么看。

部将纷纷表示，藤原仲麻吕带着小部分人马连夜逃出京城，说明他势单力薄心里发慌，我们应该果断集合人马，全线追击。

"首先，藤原仲麻吕出京，固然是失道寡助，但却并非害怕。"吉备真备摇了摇头，"其次，如果我们整兵一处倾巢出动追着他们打的话，赢是肯定没问题，但伤亡会很大。"

将领们不屑一顾地表示，打仗就是要死人的，不死人打什么仗？

"上兵伐谋，不战而屈人之兵，善之善也。"老爷子长叹一声，"虽然此战不可避免，但还是要尽可能地减少伤亡。"

说完，他开始排兵布阵。

"日下部子麻吕，你去把势多桥给烧了，然后带兵在那里守着，藤原仲麻吕要是来了就将其击退，但不用深追。"

"佐伯伊多智，你用最快的速度带兵赶往越前（福井县），把越前守砍了之后再南下爱发关，一定要守住那里。"

"你们切记，如果碰到乱军，只要把他们打退，千万不要去追，各自守好自己的地盘就行，老夫会亲率主力人马从琵琶湖东侧绕至三尾，然后在那里和藤原仲麻吕决战。"

势多桥就是日本三大名桥之一的濑田唐桥，位于今天的滋贺县内，琵琶湖东南端，相传建造于垂仁天皇之子景行天皇治世时期，是连接京都东部与南近江国（滋贺县）以及美浓（岐阜县）等地的重要通道。

爱发关，也位于现在的滋贺县，在琵琶湖东北，是古时候近江国与越前国之间的重要关隘。

三尾，即如今的滋贺县高岛郡，就地理位置上来看，它在琵琶湖中段靠西。

诚然，三个地方都是战略要地，但诸将领们仍是不明白，这和打藤原仲麻吕有什么关系，天下关隘要道多了去了，难不成藤原仲麻吕偏偏得走一南一北的势多桥和爱发关，最后再回到三尾来决战么？

但吉备真备却是一脸的不容置疑，表示兵贵神速你们赶快各就各位，真要出什么问题老夫在上皇那里担责任就是。

这边大伙怀着将信将疑的心态出发了，那边的藤原仲麻吕带着那六百人马先是一路逃到平城京正北的宇治，也就是今日京都境内，接着，果然是一路向东，来到了琵琶湖南的势多桥，想要过桥去南近江。

但却发现桥已经被烧毁，正在犹豫中，只听得喊杀声震天，日下部子麻吕率领伏军杀出，双方大打出手，但藤原仲麻吕并不敢恋战，掉头从琵琶湖西岸北上，准备去越前。

但是在爱发关被佐伯伊多智给拦住了，不仅如此，他还看到了越前守惠美辛加之的人头。

那是他的亲生儿子。

不得已，藤原仲麻吕只得原路返回再度南下，在经过三尾的时候，他碰到了吉备真备的主力部队。

"我已经等候多时了。"吉备真备说道。

这是真话，三尾是从近江走琵琶湖西畔去越前国的必经地点，所以早在藤原仲麻吕败退势多桥后北上去爱发关时就经过了那里，而那时候吉备真备其实已经到了，但却按兵不动，坐视藤原军离开，因为他知道他们肯定还会再回来。

当时吉备真备的部队总共有三千多人，并且士气高涨还以逸待劳，而另一边的藤原军已经被接二连三地杀得只剩下三四百人，同时不仅军容不整，还疲惫不堪。

所以这是一场没有任何悬念的决战。

藤原仲麻吕大败。

兵败之后，他跳上了一条小船，沿着琵琶湖一路游荡，此时他身边只剩下了三四个人，其中还包括了他老婆，所以想接着打是肯定没希望了，几个人只能商量着先找个地方躲起来，留了这条性命之后再做打算。

正在船上说着事儿呢，只听得远处传来一声大喝："船上的可是叛贼惠美押胜？！"

惠美押胜是藤原仲麻吕在天平胜宝年间给自己改的名字，意为"施美丽和恩惠于百姓，将一切政敌镇压（押）后取胜"，因为太过拗口以及太非主流等原因，我在文中一直没用。

再说那藤原仲麻吕听得有人喊，连忙循声望去，看到了一艘正朝着自己开来的大船，船上站满了士兵。

他知道这是冲着自己来的，于是连忙摆手否认，说我就是个路过的。

"叛贼还敢否认，早认出你来了！"一个士兵跳上了藤原仲麻吕他们的船，拔出腰间砍刀，照着他的脖子就砍了下去。

藤原仲麻吕那一年五十八岁。

那个士兵的名字是石村石楯，原先真的就是个跑龙套的大头兵，结果却因为这一刀而彻底改变了人生的轨迹。

著名的藤原仲麻吕之乱就此被画上了一个句号，同时被终结的，还有另一件事情。

那就是他的攻打新罗计划。

安史之乱爆发后，唐朝国力大幅度衰退，对周边国家的掌控力度也大为减弱，故而藤原仲麻吕认为，这是日本扩张势力的最佳时机，当然，本着瘦死的骆驼比马大这一基本原则，直接去惹大唐他是铁定不敢的，只能把目光对准了新罗。

原本作战计划都已经定下来了，没想到还没动手自己就被干掉了。

现在很流行一种说法，叫白村江之后整整将近一千年的时间里，日本再也没敢打过半岛的主意，这显然是夸大了白村江的影响，同时也是极为错误的，正确的说法应该说日本从来就没放弃过对朝鲜半岛的野心，只不过因为各种机缘巧合而在白村江之后的近千年里没机会动手罢了。

话再说回吉备真备那边，虽然打了胜仗大伙都很高兴，但将领们的心里却都一直堵得慌，因为他们怎么都不明白，这一场胜利到底是怎么来的。

庆功会上，有人实在是忍不住了，问吉备真备，说大人您怎么知道那藤原仲麻吕会去那几个地方？难道您还会算卦不成？

老爷子很淡然地笑了笑："藤原仲麻吕是近江国兵事使（764年封的），所以出了事肯定会想往那跑，既然要去近江，则必然要过势多桥，所以肯定要派兵守住那里。"

大伙点头称是。

"势多桥被烧，近江国去不了，那么藤原仲麻吕必然会去越前。"吉备真备依然很淡定，"因为越前国守护惠美辛加之是他的儿子，然而因为事发突然，所以京城的事情当时也未必会那么快传到越前，于是我才让佐伯伊多智抢先一步去那里，先下手杀掉辛加之，再扼守爱发关，不让藤原仲麻吕北上。至于三尾，那是他的必经之路，在那里决战，最适合不过了。"

说完，老头还悠悠地背了两句书："兵法云，知己知彼，百战不殆。"

"多算胜，少算不胜。"

那些久经沙场的战将们，顿时油然而生一股顶礼膜拜之情。

其实吉备真备还有一个名号，叫日本兵法之祖。当年在他带回日本的那个百宝箱里，还放着《六韬三略》《孙子兵法》等用兵教材，而真备自己也根据中国兵法的精髓外加自己多年读书用兵的经验写就了一本适合日本人看的兵书，叫《虎之卷》。

传说中这本书的真正传人只有两个，一个叫源义经，另一个叫武田信玄。

藤原仲麻吕死后，淳仁天皇也自然难逃悲惨的命运，不但被从天皇宝座上赶了下来，还被流放到了淡路岛（兵库县内），凄凉地度过自己的余生。

天皇没了，那就得再立一个，毕竟国不可一日无君。

天平神护二年（766），孝谦天皇再度出山称帝，称称德天皇。

同年，吉备真备被任命为右大臣，和左大臣藤原永手一起共同辅佐天皇处理朝政。

藤原永手是藤原房前之子，藤原清河的亲兄弟。

神护景云四年（770），称德天皇病倒了，然后就再也没有起来过。

女皇的临终应该说是相当令人伤感的，因为她身边一个人也没有，包括那个曾对她山盟海誓的道镜，在得知她无法起身后便不再在宫中露面了，连一次探病都不曾来过。

这是一个一辈子都不曾出嫁，也不曾有过自己孩子的女人，虽然她贵为天皇，却仍然是一个孤独的人。

在生命的最终，留在榻榻米旁陪着的，只有一个人，她叫吉备由利，是吉备真备的妹妹。

藤原仲麻吕之乱后，由利便作为宫廷女官开始侍奉称德天皇，在很长的一段时间里，唯一拥有女皇寝宫自由出入权的，不是道镜，而是她。

这代表了什么，我不敢乱说。

所谓历史，其实就是挖掘真相，所谓真相，关键在于证据。

有了证据，无论你多不愿意相信，但那就是事实的真相；没有证据，无论你多么想去相信，但它依然只能算是谎言或假设。

然而我仍然愿意去相信，在很多年前，有一位公主，爱上了她的家庭教师，她用从他那里所学到的一切治理着自己的国家，

吉备真备事迹碑

　　而他即便被政敌赶出京城甚至赶出祖国，却依然承诺一定会用一生来守护她和她的国家。当巨大的危机真正降临时，一生信奉不战而屈人之兵的他毅然决然地统御千军万马，拿起手中的利剑，挡在了那个自己当年曾经恍惚爱过却又最终无法相爱的女人身前，纵然年过古稀垂垂老矣，却仍义无反顾在所不惜。

　　当年 8 月 4 日，称德天皇驾崩，享年五十二岁。

　　9 月，道镜被吉备真备等人赶出京城，两年后（772）死在了下野国（栃木县），之后，他留在京城的全部亲属都遭到了逮捕，然后被流放至土佐（高知县）。

　　同月，右大臣吉备真备和左大臣藤原永手立天智天皇之孙白璧王为天皇，史称光仁天皇。

　　新天皇登基后，吉备真备以年老体弱为由递交了辞呈，光仁天皇虽然准奏，但还是让他兼任中卫大将一职，同时保留右大臣身分。

宝龟六年（775），正二位右大臣吉备真备病逝，享年八十岁。

这是一个堪称完美的人，因为那个时代的日本就几乎没有他不会或者说办不到的事情，但这并不代表吉备真备的人生是毫无缺憾的，至少他从第一次遣唐留学到八十高龄去世，整整努力了近六十年，却都没能实现自己的梦想。

在这六十年里，日本更加拼命地去学习唐朝的一切，几乎已经达到了事无巨细处处以唐为标准，可日本依然是那个贫穷、混乱的日本，即便吉备真备耗尽一生精力去打造，但也和六十年前一样，没有丝毫的变化。

我们明明已经从大唐那里学来了无数东西，无论是行政、律法还是生产工艺，几乎完完全全就是大唐的山寨版，可为什么我们仍然不能变成像大唐那样的强国？

这是包括吉备真备在内，当时无数日本官僚和政治家一直在扪心自问的问题。

西安国子监遗址吉备真备纪念碑

第十五章 京都之所以是京都，因为风水好

一、平安乐土万年春

延历十三年（794）十月二十二日，时任桓武天皇下令迁都，把京城从平城京搬到了山背国北部的葛野，然后把山背国改名为山城国，接着又将葛野改称平安京。

著名的平安时代就此拉开了帷幕。

山城国就是今天的京都府，平安京大致就是现在的京都市。

就这座城市的本身而言，堪称是唐文化，尤其是唐代建筑文化在日本的极致体现。

平安京的内部规划构造严格仿造了中国的长安城和洛阳城，西侧仿长安，东侧仿洛阳，基本上就是两城的等比例仿照版。不过后来西侧废弃，因此实际上的主要市街只剩下了东侧的洛阳部分，故而人称小洛阳，在古时候的日本，去京都也被叫作"上洛"。

直至今日，"洛"都仍是京都的简称，那里不但有"洛阳交运""洛阳堂"，还有一家名为"洛阳工业高校"的学校，著名影片《御法度》（北野武主演）的导演大岛渚，正是毕业于此。

不过当时日本大都市规划仿唐并非稀罕事，几乎可算得上是惯例，国家首都更是如此。但关键在于，自打迁都平安京，在此之后的整整一千余年里，日本的首都再也没有挪过地方，不管国家闹腾得多厉害，京城永远是这一亩三分地，天打雷劈海枯石烂也不动摇。

为什么？

首先，我们已经说过了日本历史的大致进程，也知道日本古代的主要政治中心要么在九州要么在奈良，最次也在大阪，京都那一带在那个时代尚且还属待开发地区，平安京所在的那个位置更是一片荒芜，堪称不毛之地，可为什么桓武天皇偏偏就要在那里建都？

其次，从宏观的角度来看，我们不难发现，平安时代之前日本的首都其实一直在变，迁都从来就不是什么罕见的事儿，但不管迁到哪，首都就是国家的政治中心这一点却从未改变。而平安时代之后，虽然日本的首都被定格在了京都长达一千年，可国家的政治中心却并非一千年不变地都在那儿，比如丰臣时代的政治中心在大阪，德川时代在江户，等等。至于京都这个地方，到了后来纯粹就成了皇城，只是一个供天皇居住的地方，虽然那地方因为半仙天皇的存在仍然是国家的首都并且颇具神圣性，但同时也不得不承认的是，在那个天皇沦为象征乃至傀儡的岁月里，堂堂一国首都却不再是政治中心了，甚至几乎称得上是和国政都失了缘。

于是问题就出来了：都这样了为什么还不迁都？

从历史经验来看，挟天子以令诸侯这种勾当很明显是应该把天子挟在身边才好掌控，可后世的很多日本实权统治者们，既没有自己跑去京都执政的打算，也似乎并不准备让天皇迁都到镰仓或是江户（当然天皇本身也不肯），这又是为什么？

换句话讲就是为什么古代日本人在国都方面会如此执着于京都这个地方？

这个中的理由，说得铿锵一点，是因为我中华文化源远流长博大精深。

说得通俗一点，是因为那地方的风水好。

二、一命二运三风水

但不管怎么说，平安京的脱颖而出都和中国文化有关。

桓武天皇迁都的原因是出于政治上的考虑，他是光仁天皇的儿子，也是天智天皇的曾孙，不过在他继位之后，天智一族的力量已经非常薄弱了，虽然他贵为天子，可当时整个平城京乃至整个大和国（奈良县）里都没几个肯听他的，各路豪族各自打着各自的算盘，对中央朝廷置若罔闻，一副无所谓有无的态度。

在这种情况下，天皇就想到了搬家，预备换一个环境再换一套班子。

新都城的地点一开始被选在了山背国的长冈，也就是今天的京都府的向日市附近，那地方算是当时山背国那一片里头最繁华的了，从延历三年（784）开始，秦氏一族就奉了天皇的旨意，在那里搞开发了。

本来迁都长冈这事儿已然是定了，连长冈的名字都被改成了长冈京，可就在桓武天皇开始收拾细软准备开路的当儿，意外发生了。

简单说来就是在搬家前大和国先发生了一场地震，接着周围又出现了饥荒，遍地饿殍都还没来得及埋下去，滔滔洪水又席卷而来，等到洪水退下，大伙都以为灾难到此为止的时候，瘟疫又蔓延了开来。

和瘟疫一起四散的还有谣言，整个奈良国上到朝堂下至江湖，都流传着诸如"天皇失德，没资格当天子"之类的说法，一时间人心惶惶。

于是桓武天皇当然就吃不消了，众所周知，日本的天皇主要是以神威、神德、神道、神迹服众，结果现在却弄得天怒人怨，如果不想办法来弥补的话那肯定要出大事。

就在这一筹莫展之时，正在长冈京搬砖的秦氏一族收到了风声，于是他们立刻派了个家族代表赶回了平城京，面见桓武天皇，然后告诉他说，之所以会发生这一连串的天灾，是因为妖魔作祟。解决的办法有且只有一个，那就是弃用长冈京，另寻一处风水好的地方当新首都，以镇压魔物，顺便保国泰民安皇朝万年。

天皇似懂非懂，但见那个姓秦的家伙说得头头是道，便也跟着不住地点头，一副虽然不是很明白但总觉得好厉害的模样。

他主要不太明白什么是风水。

虽然这对于桓武朝的日本而言，并非是个新概念，早在飞鸟时代，风水学说就从中国传入了日本，只不过因为列岛本土的神道教根深蒂固加上佛教深入人心，所以风水在列岛一直都是非常小众的，传播范围非常有限，即便是奈良时代遣唐使大规模来往于唐日之间的那个时候，风水学的普及也仅限于中国移民和知唐派日本人之间，对于广大的其他日本人来讲，仍是非常陌生的一个词。

不过，作为当时屹立于整个渡来人集团之首的秦氏一族，当然是精于此道的。

他们告诉天皇，根据自己多年来的观察经验，如果真要迁都，那么新首都最好是造在葛野那里。

桓武天皇忙问为什么。

那位秦氏成员则反问道："陛下，您知道四圣兽吗？"

天皇点点头又摇摇头，表示自己听说过，但并不知道具体。

"四圣兽指的是青龙、朱雀、白虎和玄武，它们分别守护着东、西、南、北这四个方向。"

天皇说这个我懂，从飞鸟时代的时候起，但凡造宫殿，东西南北必定会竖起画有四神兽的旗帜，用于守护。

这是实话，虽然那会儿风水学的概念普及率很低，然而四圣兽在皇亲贵族中却一直被频繁地使用着，除了上述造宫殿插大旗之外，还主要体现在权贵的陵寝里头，比如在据说是埋着天武天皇的某位皇子或是奈良时代高官的高松冢古坟和龟虎古坟中，就有画着四圣兽的壁画。

只不过，让桓武天皇感到奇怪的是，这四圣兽跟新首都的所在地又有什么关系？首都不管选在哪，旗子不照样都能竖起来么？

秦家人摇了摇头，表示话不是这么说的："唐土的风水学博大精深，绝非仅限于插旗、壁画那么肤浅，事实上风水这样东西本身就应该跟自然地理环境相结合才能发挥出最大的作用，恕臣下直言，先代的那些插旗、作画的表面功夫虽不能说是无用之举，但比起前者，终究还是差了一截。"

此言倒也不虚，就好像如今造房子，房间内部的摆设固然也有讲究，但整栋房子到底造在哪里，是靠山还是靠水，是坐北或是朝南，显然更被关注。

天皇虽然觉得秦家人的话说得挺有道理，但仍是不明白为何首都要在葛野："葛野之地的风水很好么？"

"是的。"秦某某点点头，"之前臣已经说过，四圣兽分别守护四个方向，而与此同时，它们也都有各自的栖息之地，其中，青龙住在川流；朱雀栖于湖沼；白虎位于大道；玄武则在山陵。葛野那个地方，青龙位上有鸭川，朱雀位上是巨椋池，西面的白虎位是山阴道，北面有船冈山，四方正好完全对应，从风水上来讲，堪称完美，所以我们秦氏一族都认为，那里才是新都城的不二

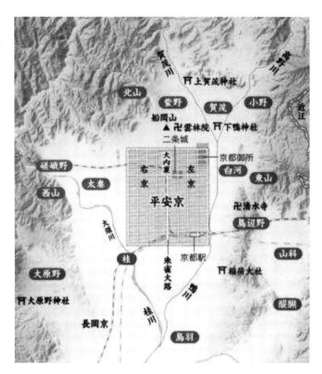

平安京

之选。"

不等天皇说什么，他又接着补了一句："如果定都葛野，不仅能镇住肆虐的魔物，也能保皇家万年。"

其实秦家人说的这个概念我们至今都还在用，一般而言你家房子若是恰巧东南两面有水，北面有山，西面是大道，那么在找人看风水的时候定然会被赞不绝口，有点本事的风水先生还能顺口吟出一首诗：朱玄龙虎四神全，男人富贵女人贤。官禄不求而自至，后代儿孙福远年。

就这样，葛野成了新首都，并被起了一个吉祥的名字——平安京，也就是后来的京都。

当然，本着唯物主义科学历史观的态度，我们显然不能把定

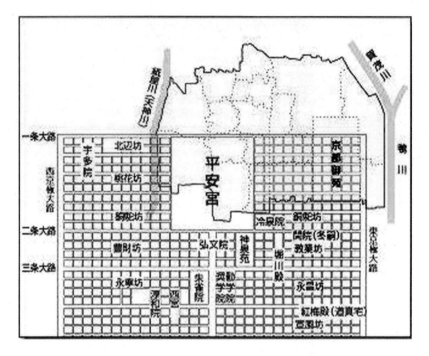

平安京方位图

都平安一千年不动摇这事儿的原因仅仅归纳为单纯的风水好。事实上的确也不是只因为风水，还有其他各种原因，比如日本特殊的国情之类，但不可否认的是，在日本这个国家的历史发展过程中，很多事关国体、政体的大事，或多或少地总会被烙上些许中华风的印记。

三、征夷大将军

延历十六年（797），也就是迁都平安京后的第三年，桓武天皇下圣旨，说要征讨虾夷。

平安京罗城门

虾夷就是北海道，最开始叫毛人。

北海道这个地方，在当时的日本属于外围势力，就是名义上确系皇家领土，但时不时地就会因为各种原因而滑出版图之外。每当发生这种情况时，如果朝廷各方面条件都允许的话，那么便会派人前去征讨，而要是那几年日子过得比较困难，那也只能睁一只眼闭一只眼了。

桓武朝的生活似乎比较滋润，所以天皇一直在打北海道的主意，从迁都平安之前就是如此，迁都之后因为很长一段时间里都挺国泰民安的，于是便更加肆无忌惮地动起了刀兵。

只不过这一回情况有点特殊，虾夷之地的首领阿弓为流，是个相当不好对付的狠角色。

此人从延历八年（789）开始就竖大旗造反，七八年来不仅数次打退前去围剿的官兵，甚至还把势力从北海道扩张到了本州岛的东北部，故而天皇在出兵之余，也不得不思量一下这领兵大将究竟该让谁来担任。

其实这事儿本来并不新鲜，虾夷隔三岔五造反，朝廷例行公事地去剿，然后胜败乃兵家常事地有输有赢。之所以要单单把这一回拿出来说，主要原因有二：第一，为了本次征讨虾夷能顺利进行，天皇特地设立了一个官位，叫征夷大将军；第二，任征夷大将军的那人，叫坂上田村麻吕。

征夷大将军一职，在当时属令外官，也就是编制外的职务，而且不常设，说难听点就是编制外的临时工，但权力很大，是由天皇直接任命的军事指挥官，并且一旦被任命了，那就有全权指挥军队的自由，正所谓将在外君命有所不受。

这个职务的诞生其实也和中国有关，确切地说是日本学习中国后的产物。

遥想当年，日本样样都以中国为榜样，文化科技自不在话下，到最后连思想理念都没放过，把华夷思想也搞了一回拿来主义，弄出了个日夷思想。

简单来讲就是以日本为中心，除了中国和朝鲜之外，周边四方的国家都是化外番邦，然后根据东南西北分成东夷、南蛮、西戎和北狄。

所以也就自然而然地设立了征夷将军（注意没有大）这个职务，同时应运而生的，还有征狄将军、征西将军等名字和意思都差不多的职位。

征夷将军的工作内容主要就是如名所示的那般对东夷用兵，即征伐虾夷人，所以也叫镇东将军、征夷使等等。

然后到了延历九年（790）那会儿，桓武天皇先是任命了一个叫大伴弟麻吕的人为征夷使，接着又在四年后（794）将他的官位升级为征夷大将军，并配发节刀，命其出兵虾夷。

按理，这个大伴弟麻吕应该就是日本史上第一位征夷大将军了，但实际上话并不能这么说。

这主要是因为大伴弟麻吕尽管拜领了节刀，但并没有真正去虾夷打仗，而是把战事都交给了他的副手（副将军）坂上田村麻吕。

不仅如此，在第二年（795），大伴弟麻吕还将节刀交还给了朝廷，表示自己并不适合担任此职。正好此时那坂上田村麻吕在虾夷连战连胜凯旋归朝，于是延历十六年（797），天皇便将征夷大将军一职封给了他。

所以一般认为，日本真正意义上的第一任征夷大将军，是坂上田村麻吕。

坂上田村麻吕

这人乃从中国大陆渡来的大汉皇裔。他生于天平宝字二年（758），自年少起就以武勇闻名，长大后在近卫府任职。

大伴弟麻吕拜大将军那会儿，朝廷给他设了四个副手用于辅佐，坂上田村麻吕就是其中之一，后面的事情前面也说了，大伴大将军临危受命但却临危放鸽子，没去虾夷，其他的三名副将也紧跟领导留在了京城，唯独坂上田村麻吕独自一人率兵北上，并大破虾夷反军，名震朝野。

正因为这场战绩，再加上大伴弟麻吕交还节刀甩手不干，所以天皇便封了坂上田村麻吕为征夷大将军，同时，也要他做好准备再度出击虾夷，以期彻底剿灭阿弓为流。

延历二十年（801），坂上田村麻吕再度出兵东北，并且再度大获全胜，生擒反军士兵五百余人，这其中还包括了阿弓为流本人。

一个折腾了大家伙十几年的心腹大患就这么被除掉了，为了表彰坂上田村麻吕的功劳，天皇决定把原本只是临时职位的征夷大将军一职作为终生荣誉称号封赏给他。

所以一直到弘仁二年（811）去世，坂上田村麻吕一直顶着征夷大将军的名号。

不仅如此，因为各种能打各种勇猛，所以他也被后世的日本广大群众尊为武神。

四、武士之祖

延历二十五年（806），桓武天皇驾崩，传位于长子安殿亲王，称平城天皇，改元号大同；平城天皇在位三年后，把皇位让给了同母弟弟神野亲王，然后自己当起了上皇。

神野亲王号称嵯峨天皇，是一名里程碑式的人物。

一般来讲，平安时代给人的第一印象是四处散发着文艺气息的一段岁月。在那个年代，京城的青年男女贵族们其乐融融地吟诗作赋，写字作画，结伴出游，观花赏月，甚至连偷情也能被最曼妙的词汇描述得无比罗曼蒂克。

这种往好了说叫温馨浪漫，往难听了讲叫安乐糜烂的风气正是由嵯峨天皇开创的。

这个人虽然也不能说是无所谓权位，但比起国家朝政来，他显然更喜欢花鸟风月，特别是中土大唐的花鸟风月。

嵯峨天皇是一个很标准的文艺青年，能画画，能写诗——当然是汉诗，除此之外他还将日本原有的花道和大唐的花道相结合，创造出了一个新的插花流派，名为嵯峨御流。

更难能可贵的是，这位嵯峨天皇还写得一手好字，当时日本书法造诣最高的有三人——空海、橘逸势和嵯峨天皇，被合称为书道三笔。

或许有人会觉得当皇上的整天吃饱了没事干练几个字练出了境界也没甚了不起的，但你得明白，首先嵯峨时代的日本书法写的都是汉字，其次，那三笔里头的两笔，都是去过大唐的遣唐使。

正所谓上有所好下必甚焉，在嵯峨天皇的带领下，平安京乃至日本全国都掀起了一股效仿大唐的风潮。具体表现为大小贵族们写唐诗说唐话画唐景，建筑、雕刻全面仿照唐式，教育体制也无限靠近大唐，甚至连学生用的教材，都是原装唐朝进口。最不可思议的是，当时日本贵族学生们学的历史，并非本国史，而是中国史。

这被后世称为弘仁文化，基本上可以算是日本效仿大唐最甚的一个时间段了，同时，诸权贵们也借着学唐仿唐的机会，大兴唐朝的各种娱乐。一时间，整个上流阶层都充满着享乐安逸的空气。

此外，由于能写会画且享誉文坛，所以后世还给嵯峨天皇起了个能流芳百世并且世界通用的洋气名儿：大种马。

　　据不完全统计，这位天皇活了五十六岁，子女却至少有四十九名，平摊下来基本上是以每年一个的速度量产着自己的后代。

　　这种不计后果随地播种直接导致了子女过多活活地把皇家给吃穷了。无奈之下，天皇只能分出几个儿子，取消他们的皇室身分让其改姓其他并独立门户，以减轻财政负担。

　　其中，有一拨皇子皇孙姓了源，分别叫源信、源常、源融等等。

　　然后嵯峨天皇的弟弟大伴亲王，后来也当了天皇，叫淳和天皇，他有个儿子叫高栋王，也被取消了皇籍并赐予臣姓，姓平，叫平高栋。

　　这便是日本四大姓中平、源二氏的来历。

　　因为后来一般名门武士多出自这两家，而嵯峨天皇跟淳和天皇又是兄弟，所以他们的爹桓武天皇也被誉为是武士之祖。看过电影《七武士》的都知道，在那位农民武士菊千代偷来的家谱上，第一个写着的就是桓武天皇。

第十六章　日本文曲星——菅原道真

一、神童来了

贞观九年（867），有人在平安京里搞了一个大新闻。

说新闻之前，貌似有必要先介绍一下这"贞观"二字——尽管字样和中国大唐太宗时代所用年号完全一致，但此贞观非彼贞观，系日本的清和天皇在公元859年所改，典出《易经》的"天地之道，贞观者也"。

其实日本的年号除早期之外，基本都出自中国的各类经典，比如著名的明治时代，其"明治"二字也是出自《易经》，叫"圣人南面听天下，向明而治"。

明治之后的年号叫大正，还是出自《易经》："大亨以正，天之道也。"

而我们中国人最熟悉的裕仁天皇，他的年号叫昭和，出自四书五经中《书经·尧典》，原话是"百姓昭明，协和万邦"。

至于现在日本用的年号平成，则典出《史记·五帝本纪》"内平外成，天平地成"。

话说那条被平安京里大小人等津津乐道的新闻就是，有一个年仅二十二岁的家伙，成了文章得业生。

菅原道真

他的名字叫作菅原道真。

此人在日本历史上和武神坂上田村麻吕地位相当，被誉为文神。

菅原道真出生在平安京的一个文化世家，他爹叫菅原是善，官至从三位刑部卿，基本相当于现在的法务大臣，同时也是当时著名的文化人，写的和歌、汉诗还受到过嵯峨天皇的赞赏。

或许是因为家庭环境以及父祖遗传，道真自幼便是个神童，据说五六岁时就能写出非常工整，连一般大人都自叹不如的汉诗来。

日本贞观四年（862），年仅十七岁的菅原道真考上了文章生，五年后，又被选为文章得业生，一时间传遍了街头巷尾。

如果你不明白什么叫文章生，什么叫文章得业生，那我现在就说给你听。

平安时代的日本选拔官员的方法主要有两种：一种是凭家世，只要你爹够狠够大，那你哪怕瘫痪歪着嘴流着哈喇子也能当大官；而像菅原道真这种家里尽管也算是个高官，但还远没到能一手遮天程度的主儿，只能选择第二种，考试。

　　有人说古代日本学了中国的几乎每一样东西，但唯独两样除外，一是太监，二是科举。

　　这话说得并不对，至少不确切。虽然日本确实没有设立过宦官制度，但科举还是曾经有过的。

　　早在奈良时代，日本就从中国引进了科举制度，从下到上分为三等：进士、明经和秀才。

　　是的，在日本，秀才的级别要比进士高。

　　早期的科举除了选官员之外，还兼有选拔遣唐使留学生的作用，比如吉备真备就因为在灵龟二年（716）考上进士并且还取得了最高的甲等成绩，才被选为了当年度的赴唐留学生。

　　到了日本贞观年间，科举开始发生了变化，从原先的三级考变成了两级考，去除了明经，并且把进士试和秀才试分别更名为文章试与方略试，前者的合格者叫文章生，通常在几百名考生中只录取二十人，后者的合格者叫文章得业生，是在前者的那二十人中挑出二名最优秀的予以录取。

　　而菅原道真的彪悍之处在于，他通过了文章生考试之后，在还没有参加方略试的情况下，就因为过于优秀而直接被选上了文章得业生，之后为了让其他文章生心服口服，便又在日本贞观十二年（870）的时候参加了方略试，并且果然不负众望地一举通过了。

　　再加上当时不过二十出头，也就难怪会成为大街小巷的谈资新闻了。

　　顺便插一句，日本科举考试的内容主要是中国的文史经典，其中史学部分，则几乎清一色来自当年吉备真备从大唐背回来的那一大箱子史书，所以这家伙同时也是日本科举之祖。

　　元庆元年（877），因才高八斗学富五车，菅原道真被任命为文章博士。

　　文章博士是令外官，但亦有相对应的唐名，叫翰林学士。它的主要职责是主管科考，也就是对诸考生们的评定和筛选。

　　对于当时那些只能靠读书来谋升迁的中小贵族来讲，这基本上就是一个能够主宰他们一生命运的了不得的官职。

二、我要改变这个国家

　　菅原道真在这个位子上一干就是九年，仁和二年（886），因为文能提笔武能扛枪，于是朝廷下旨，升他为讚岐守，也就是讚岐国（香川县）的地方官。

　　"武能扛枪"这四个字不是随便说说的，菅原道真确实精通各种武艺，尤其是弓道，据说可以百步穿杨，并且箭无虚发。

　　当年 1 月 16 日，出生以来第一次离开平安京，怀着满腔效仿圣贤亲民爱民期待的道真，抵达了赴任地点讚岐国。

　　尽管在来之前，他也做过一些口头及书面调研，知道这位于四国岛的讚岐国并不富裕，以后的日子肯定不如在京城那么好过

菅原道真 雕像

了。然而即便是已经做好了各种心理准备，当自己亲眼目睹了讚岐的贫穷景象时，这位新上任的讚岐守仍然被彻底地震惊了。

讚岐太穷了，真的太穷了，和平安京一比那简直就是非洲贫民窟和纽约曼哈顿之间的差别。

"讚岐的人们穿着破烂不堪的衣服，住在破烂不堪的房屋之中，宛若乞丐一般。"

"他们舍弃了自己的土地和家园，四处逃荒，过着凄惨不堪的日子。"

在自己的日记小本本里，菅原道真如此写道。

当然，作为一名朝廷钦派的地方长官，光是发现问题然后再在小本子里记上两笔肯定是远远不够的，接下来要做的，是寻找问题产生的根源并将问题彻底解决。

关于前者，菅原道真一开始认为是老百姓太懒，素质太低——国家都发给你们土地了，你们却不耕种，还逃荒，真乃朽木刁民是也。

但很快他就发现自己错了，因为讚岐国的老百姓虽然穷，可并不刁，相反还相当胆小，相当本分，相当善良。

"在讚岐，贫穷的人小心翼翼地不敢招惹富人，但彼此之间却一直相互帮助着，哪怕是家徒四壁者，常常也会向比自己更穷的无家可归者伸出援手。"

在《早春词》中，道真这样描述着自己的子民。

其实当时并非讚岐一国是这个德行，基本上全日本都是如此：老百姓普遍淳朴本分，但很穷，全国都很穷，就连首都平安京，城外头也常常能看到饿殍倒卧——他们都是抛弃了自家土地来京逃难的农民。

所以菅原道真开始反思：既然老百姓勤劳勇敢善良淳朴，国家又发给了他们田地，那么他们为什么不肯去种？如果种了这地，不就不用受穷了么？百姓不穷，国家岂不是也能富裕了？

抱着这样的疑问，他身体力行地来到了民间，随便找到了一个正准备去外乡逃难的人，然后拉着他坐下，说要谈谈。

这位微服私访的赞岐守大人提出的第一个问题是：你们为什么要背井离乡地这么逃难？

那个穿着一身破烂的人用看外星人的眼神瞅了瞅穿戴整齐的道真："在家也是饿死，还不如出去碰碰运气。"

道真很莫名："你不种地当然要饿死……"

"就是种了地所以才会饿死！"还不等说完，那人便一口打断了他的话。

这个惊悚的逻辑让菅原道真虎躯一震："为什么？！"

"因为要交税，要服徭役啊。"那难民苦笑了一下，"一块地的收成每年有多有少，可朝廷的税赋却是年年固定的，哪怕是颗粒无收，也得给官府缴粮，而徭役就更别提了，就算是农忙，说要你去服役你就得去，田里的活只能交给老人和女人，先生，你来告诉我，这样一来，纵然是有土地能种粮，可又有什么活路？"

这一天晚上，赞岐守菅原道真失眠了。

他终于明白了一个道理，导致贫穷的并非农民本身，而是朝廷，更是制度。

数百年来，日本为了繁荣强盛，事无巨细都一直在模仿着大唐，然而恰恰就是从大唐山寨来的这套租庸调制度，反却导致了今日日本的贫穷，农民的离乡。

进一步说，正因为一味地跟风大唐，疯狂模仿甚至到了无视自己国情的地步，才会使得整个日本国都无法有效地进行自我发展。

吉备真备那一代所提出的疑问，在菅原道真这一代得出了答案。

解决的方法他也很快想好了，那就是把这套从大唐山寨来的律令给废了，然后换上一套适合日本人自己的制度。

这招听起来相当不错，既伟大又靠谱，只不过问题的关键在于，此时的这位菅原大人撑死也不过算是个封疆小吏，权轻人微，他何德何能去参与这改变国家体制的大活动？

对此，道真也有方案，那就是通过努力当上中央大员，等权倾天下之后再搞起一场举世无双的大改革。

虽然在常人眼里这几近于天方夜谭，但菅原道真毕竟是三岁识千字五岁能作诗的菅原道真，很快，他就寻摸到了一个能高升的机会。

三、读书人出人头地靠讲道理

话说仁和三年(887)，时任的光孝天皇因病驾崩，由于走得急，也没留遗诏，所以只好由诸大臣们开个会，讨论选出一个新天皇来。

光孝天皇是嵯峨天皇的孙子，尽管和爷爷相比，其生育战绩稍逊风骚，但终究是大种马之后，这家伙光儿子就有二十来个，要想从里面选出一个能继承皇位的，多少得费些口舌和时间。

就在众臣为下一代天皇该让谁来当僵持不下时，太政大臣藤原基经横空出世，他表示这个皇位，很明显应由定省亲王来接手。

太政大臣，乃太政官之首席，唐名叫作相国、大丞相或是太师，不管叫哪个，它都是位极人臣的。

而被藤原基经举荐的那个定省亲王，是光孝天皇的第七皇子，元庆八年（884）被下赐源姓，失去了皇室身分。虽说光孝天皇病重之后他又被封了亲王，但不管怎么说，日本的惯例向来是皇家是神，臣子是人，一旦脱离了神籍的家伙无论从何角度来考虑都是几乎没可能再回到神的小圈子里来的，更不用说当天皇了，可是因为藤原基经的强力推荐，满朝文武无人敢驳其面子，大家只能同意让定省亲王继承大统。

当年9月，亲王上位，称宇多天皇。

宇多天皇很清楚自己之所以能从人变成神到底是谁的功劳，故而在即位后不久，便下了一道圣旨，封藤原基经为关白。

关白是日本的一个令外官，尽管属编制外，可权力极大。

这官简单而言就是摄政，即当天皇年幼或是人傻的时候，关白便代表皇上统治全国，即便天皇不傻，全国的政务也要先经关白之手，再转交给天子，同时，他还拥有直接草拟并且颁布圣旨以及对政事进行最终裁决的权力。

顺便一说，"关白"二字来自中国，典出西汉权臣霍光的一句话："诸事先关白光。"就是说凡事必须先要请示霍光，然后再跟皇帝说。

所以关白在日本也叫博陆，因为霍光封爵博陆侯。

作为一个权倾天下的老牌政客，藤原基经在接到圣旨之后很淡然地选择了拒绝——这是一种礼节。

毕竟关白不是一块水果糖，堂堂太政大臣要真跟猴儿一样没一点矜持地见了就抢说拿就拿，那是很掉身价很没面子的。

天皇也明白这个道理，于是在藤原基经婉拒关白之职后又下了一道圣旨，二请出山。

该圣旨由一代名儒左大弁（官位）橘广相起草，天皇亲自敲章，在文中，作者橘左大弁引经论典，高度赞扬了藤原老太政的各种高风亮节，并且衷心地希望他能出任关白一职，以便更好地为国，为天皇发挥自己的能力。

原话是"希望藤原卿无论如何都要担任此阿衡之职"。

阿衡，也叫保衡、阿保，意为国君辅佐之官，和关白同义，同时，也是中国古代著名摄政大臣伊尹的尊号。

把藤原基经比作伊尹，这等于是给了他一顶高到不能再高的帽子，同时也算是好话说到了头，毕竟在当时人的概念里，也找不出比伊尹更出挑的角色来形容一个臣子了。

言下之意很明确，就是希望藤原基经别再装了，赶紧出山当关白，让大家都省心。

于是在接下了圣旨之后，藤原基经再未拒绝，而是将其拿给亲信们传阅，并且表示自己准备走马上任。

本来这事到此就算告一段落了，用日本话来讲叫一件落着，然而没想到的是，就在诸心腹交口称赞自家老大被誉为千古圣人时，一个反对声响了起来："不妥，不妥啊。"

说这话的人叫藤原佐世，时任文章大臣。

藤原基经忙问有何不妥。

"阿衡一职，虽然位高近天，可却并无实权。"

稍有历史常识的人都知道，伊尹在辅佐汤孙太甲时，初期因太甲荒淫无道，故而亲手将其放逐，若干年后见此君真心悔改，才又将其迎回，重新把他扶上了王座。

如果这也叫并无实权的话，那估计只有那种一跺脚就把地球分裂两半的人才能叫有实权了。

事实上作为文章博士，藤原佐世当然知道阿衡到底有无实权，而他之所以要颠倒黑白提出那个惊世骇俗的结论，纯属是想拍一回马屁——既然藤原基经有心再装一次可又苦于找不到合适的由头，那就由自己来提供这个理论基础吧。

更没想到的是，说者无心，听者有意。

藤原基经在听藤原佐世说完之后，第一个反应并非是暗自欢喜，而是浑身毛发倒竖外加背脊阵阵发凉。

其实稍有历史常识的人还应该知道，所谓"位极人臣"这四个字背后的潜台词，实际上是"一手遮天"。

藤原基经是怎么做到太政大臣的我们这里就不详细说了，但即便是用膝盖也能琢磨明白，这家伙绝对不会是一盏省油的灯，其仕途过程一定满载了各种见不得人的黑历史。

但与此相对的，越是这种人，神经就越是敏感脆弱，只要稍稍听到一些或许会对自己不利的风声，就会防患于未然地大做起文章来。

更可悲的是，出身超级豪门藤原家的藤原基经因为不需要像菅原道真那般靠考试来升官，所以对经史子集这种东西并无太深了解，所谓阿衡啊伊尹啊，也仅限于听过名字，至于详细的事迹，就全然不知了。

因此他把藤原佐世的话信以为真了，以为天皇要自己当关白实际上是想借升官之名，行收权之实。

藤原基经当时就怒了，撂下一句话："既然天子如此不希望我掌权，那我就把这大权归还于他好了！"

一旁的藤原佐世瞬间就摸不着头脑了：这是怎么了？

次日，太政大臣藤原基经奏明宇多天皇，表示愿意接受关白一职，但与此同时，将不再处理任何政务。

于是天皇也傻了，这怎么就突然罢工了？

然后就让人去查，查了一圈发现原来是藤原佐世在搞鬼。

天皇还没来得及说什么，橘广相先拍案而起："是可忍，孰不可忍也！"

所以橘广相要求和藤原佐世辩论，论题是伊尹到底是不是位高而无权。

事情发展到这一步，纵然是藤原基经也明白过来了，其实就是藤原佐世信口雌黄拍马屁，然后自己信以为真地小题大做。

可正因为事情已经发展到了这一步，所以绝对不能让步认输，即便伊尹有且拥有能够流放国王的实权，但在这风口浪尖上，咬了牙也不能承认这事，因为一旦承认橘广相说的是对的而藤原佐世说的是错的，那么自己这一罢工行为该如何解释？太政大臣藤原基经由于权欲熏心外加不学无术而上当受骗并大耍无赖？

于是藤原太政也不甘示弱，公开表示辩论就辩论，不怕你。

这么一来橘广相倒有点困惑了，赶忙又翻了翻各种史书，确信自己掌握着真理之后，便也挺起胸膛，一副你要战我便战的架势。

辩论会的具体形式是这样的：橘广相和藤原佐世作为当事人，只负责亮明自己的观点，但并不参与辩论，详细的讨论交给九名以饱读经书而著称的博士，他们在一番论战后，将会各自投票选择自己所认为正确的观点，最后以票数多寡来决定胜负。

辩论的过程我们略去，直接说结果：九比零，藤原基经完胜。

这叫作强权战胜公理——博士也是人，大家都明白你把黑的说成白的没啥关系，但你要得罪了藤原基经那可是要死全家的。

于是天皇只得被迫取消了先前发过的那道圣旨，接着再把橘广相给罢免。但与此同时，他也在日记里表达了自己万分不爽和屈辱的心情。

而藤原基经却并不肯到此为止，在橘左大弁被罢之后，他又进一步上奏天皇，要求将橘广相流放，以作为自己回来干活的交换条件。

这个实在过分了，因此天皇断然拒绝。

所以藤原基经继续罢工，双方就这么僵持了起来。

这种最高权力层之间的钩心斗角，从表面上来看跟此时正在赞岐过苦日子的菅原道真没有一点的关系，但实际上并非如此。

首先，菅原道真他爹菅原是善跟藤原基经有点交情。

其次，那个藤原佐世其实是道真的学生，他能当上文章博士，还亏了自己老师的举荐，不仅如此，这人实际上还是菅原家的姑爷，他老婆是菅原道真的女儿。

因为上述的这些关系，道真想要插手这次中央斗争也就名正言顺多了。

仁和四年（888）七月，菅原道真修书一封，寄给了藤原基经。

信上先是对自己的倒霉女婿兼学生藤原佐世在京城弄出那么大的骚动表示了歉意，这纯属自己管教不严；接着又对藤原基经本人进行了高度赞扬，基本上能想出来的褒义词都用上了，同时还不忘标榜一下自己，大意是我不在京城期间天子全靠您辅佐了，当然这话说得极为隐晦，并没有让基经本人感到任何不快；最后，道真笔锋一转，表示太政大人这几个月来您也该闹够了吧？差不多是收手的时候了吧？

之后，他再上了一道折子给天皇，表示藤原基经是难得的栋梁之臣，这次事件纯属意外，自己已经写信劝说太政大臣了，希望皇上在合适的时候给他一个台阶下，正所谓君臣和睦国之大幸。

宇多天皇当然是巴不得这事早一分钟解决，对他来讲给个台阶下压根就不是问题，问题在于没有台阶可下，藤原基经本人一直宅在家里闭门不出，满朝文武也无人敢出声劝架，现在唯独这个小小的赞岐守站了出来，也不知道他能不能劝得动太政大臣。

而另一方面，其实藤原基经也早就不想这么僵下去了，这家伙的初衷很简单，就是想单纯地摆个架子，他自己都没想到会闹成这副模样。自打双方僵在那儿之后，基经无一日不在等着天皇能来给自己一个台阶——比如学下刘备三顾茅庐什么的，可惜等了快几个月了都没等到，无奈之下只好为了面子而继续痛苦并僵持着。

现在既然菅原道真来信请求自己鸣金收兵了，那就干脆顺坡下驴买他个面子吧——谁知道这家伙是不是天皇背地里派来的求和使者？即便不是，他也不是外人，自己不仅跟他爹菅原是善勉强算个朋友，心腹加一族远亲的藤原佐世还是他的女婿，就算听他一回也不丢份。

数日后，藤原基经上奏天皇，表示自己不想再追究那橘广相了，而且也愿意以关白兼太政大臣的身分重新走出家门回到工作岗位，和以往一样地辅佐天子处理天下政务。

宇多天皇很感动——主要是对菅原道真。

宽平二年（890），任期已满的菅原道真回到了阔别四年的京城，之后被任命为藏人头。

藏人头就是天皇的秘书，主要工作是负责天子与大臣之间的各种沟通。

官不大，但地位很特别，属于皇上身边的贴心人。

四、最后的遣唐使

宽平三年（891），一代超级大权臣藤原基经因病医治无效在平安京去世，享年五十五岁。

这对于菅原道真而言堪称是春天降临的标志，因为原本一手抓着行政用人大权的基经现在蹬腿走人了，那么各种权力自然也就回归到了天皇手里，而天皇在掌权之后，第一个要提拔的，自然是当年帮过自己大忙的道真了。

宽平五年（893），菅原道真出任参议。

所谓参议，系太政官一员，唐名平章事、谏议大夫，有参政朝议之权。简单而言，就是拥有能和天皇以及其他王公大臣坐在一个屋子里讨论并参与国家大事的权利了。

也就是说，道真就此步入了最高权力的核心层。

他终于有机会来实现自己的梦想了。

在菅原道真的辅佐与建议下，宇多天皇开始把眼光投向了民间，为了更好地了解老百姓们到底过着怎样的日子，他还临时设立了问民苦使一职。

问民苦使其实是地方检察官，早在孝谦天皇时代就有了，不过那时候主要是为了监视藤原仲麻吕有没有勾结地方土豪造反，而宇多天皇时则更多的是想知道民间的具体情况。

不管哪个时代，民间疾苦总是触目惊心的，所以天皇在第一次知道了自己的子民到底生活在怎样的环境下后，痛下决心地表示，自己要通过努力，让老百姓们过上能吃大米能喝肉汤的好日子。

然后就没了。

天皇其实也就是意思意思，所谓的努力充其量是希望手底下那群当官的去努力，他自己本身实际上也就是三分钟热血，沸腾完了就该干嘛干嘛去了。

当年春夏，宇多天皇表示想派遣唐使去大唐，学习一下先进文化技术，最好再跑长安淘点儿稀罕宝贝回来。

纵观此时的日本，综合才华学识地位来看，最具备带领诸遣唐使赴唐，最有资格担任遣唐大使职务的，唯有菅原道真。

道真本人很兴奋，不是因为能当大使，而是觉得废除大唐制度的时候到了。

宽平六年（894）九月十四日，左京大夫、左大弁兼参议兼第二十任遣唐全权大使菅原道真上奏宇多天皇，要求取消本次赴唐计划，不仅如此，他还认为，遣唐使这东西本身，已经没有存在的必要了。

在奏折中，菅原道真表示，当年如日中天不可一世的大唐王朝如今已然是残花败柳了，说难听点就是坟中枯骨，灭亡就在眼前，所以压根就不再具备让日本学习的价值，这是其一；其二，大唐多年来藩镇割据四处战火，乱得很，一大堆日本人去了难保不被人砍死。

其三，也是最重要的，这条不在奏章上，而是菅原道真当面跟天皇说的，他提出了一个当时没有一个日本人想到或者敢说出口的观点，那就是迄今为止，日本所谓的以大唐为标杆全面仿照大唐，无非是水月镜花，这种不考虑本国情况一味追求模仿外国的做法，恰恰是导致了自己数百年来又穷又弱还乱的根源。

综上所述，日本要做的，是放弃山寨大唐，通过走自己的道路来实现强国之梦，而实现这一梦想的第一步，就是废除遣唐使。

在我看来，如果没有这第三条，那么菅原道真充其量只能算是一个能够审时度势的实用主义者，最多被赞一声头脑聪明，冰雪无敌，而有了那第三条，道真就不愧是被誉为文神的男人了。

大唐即将完蛋，这在当时的日本属于公开的秘密。尽管在很多历史读物官方资料甚至是教科书上写着，日本实际派遣成功的最后一次遣唐使是在承和五年（838），此话虽不能说错，可事实上在日本贞观十六年（874），平安京方面为了采购香料、草药等物，特地派遣了以大神己井、多治安江为首的使节团赴唐，虽然他们并没有被算在所谓的"二十次遣唐"名单里，但严格来说，其实是最后的一批遣唐使。

其中，副使多治安江在回国后就表示，大唐虽然还是大唐，但早已乱象丛生，估计用不了多久，就会出大事，再用不了多久，兴许就该灭亡了。

这话他逢人就说，不到三个月，便一传十十传百地变成了平安京里众人皆知的秘密。

果然，公元875年，河南长垣爆发了王仙芝民变，三年后，王仙芝战死，余部在安徽亳州和冲天大将军黄巢的军队合并一处，为推翻唐朝夺取天下而共同奋斗在了一起。

公元881年的时候，黄巢军攻入了长安，其本人称帝，建立大齐政权，年号金统，而唐皇僖宗则不得已逃往了巴蜀之地。

虽然黄冲天在公元884年兵败身死于泰山，唐僖宗得以全身安全地回到了长安继续当皇帝，但经过这么一闹，大唐实际上算是彻底地没戏唱了。

黄巢之后的事情我们前面都说了，唐朝那边算是回光返照似的稍微平稳了一些，于是宇多天皇又想起遣唐这茬儿了，连封大使的圣旨都下了，结果却因为大使本人出来反对，终究没有去成。

不仅没去成，在菅原道真的力谏下，天皇又下了一道圣旨，表示从今往后再也不派遣唐使了，就这样，这一延续了三百年的交流活动最终变成了历史。而菅原道真也成了名义上最后的遣唐使。

公元907年，朱温废唐哀帝，建立大梁，唐朝正式宣告灭亡。

而另一边，在成功迈出了第一步后，菅原道真意气风发，准备再接再厉地大干一场。

可是就在这个时候，一个堪称是他终生对手的人出现了。

那人的名字叫作藤原时平。

第十七章 日本就是日本，不是另一个大唐

一、一场开创了新时代的土地改革

藤原时平，时年（894）二十三岁，虽然年轻，却已官居三位中纳言（唐名黄门侍郎）兼右近卫大将（唐名虎牙大将军）。

之所以能如此身居高位，全因为他爹是藤原基经，同时还是藤原北家嫡流当主藤原忠平的哥哥。

这里我先来解释一下什么叫藤原北家。

还记得当年那被天花夺去了生命的藤原家四兄弟么？也就是藤原仲麻吕的亲爹和三个叔叔：藤原武智麻吕、藤原麻吕、藤原房前以及藤原宇合。

这四个人，合称藤原四家，按照上述的顺序，分别代表了藤原南家、藤原京家、藤原北家和藤原式家。

因为出身豪华尊贵，所以和菅原道真大不相同的是，藤原时平的仕途堪称是一条金光大道，十七岁的时候，就担任了道真四十五岁才混上的藏人头。

而菅原道真自出道后，花了二十二年才混到的参议，藤原时平仅仅花了五年，而且还是在没有被外放挂职锻炼的情况下，就轻松上位了。

不过时平倒并非是那种单纯的无脑纨绔，用宇多天皇的话来讲，这家伙虽然年轻风流，而且还是仗着祖上的光威才得以青云直上，但是在国家政治方面却是得心应手，当属辅国重臣。

宽平九年（897），宇多天皇在没有任何先兆的情况下突然退位，将皇座让给了年仅十三岁的皇太子敦仁亲王，即后来的醍醐天皇，自称太上天皇。

临走前，宇多上皇亲自指定了辅政大臣两名：大纳言藤原时平、权大纳言菅原道真。

大纳言，唐名亚相，在朝廷不设太政大臣的情况下，此官乃太政官之首。

权大纳言就是大纳言的副职。

之所以要把藤原时平立于菅原道真之上，理由当然因为他爹

藤原时平

是藤原基经，但在宇多上皇写给醍醐天皇的信中，他却表示，道真是大学者，既有学问又会治国，而且年长成熟富有经验，所以你要有事的话，还是尽量问他吧。

就这样，菅原道真实际上一跃成了群臣之首。

他上台后做的第一件事情就是改革，而且还是针对国家制度的大改革。

就在当上大纳言的当年，菅原道真发布了一道政令，承认土地私有，并且要求掌握着土地的全日本各豪族们，每年按照一定的比率给中央交税，不许少，但更不许多——多收农民们的。

这看起来是一个很豪迈很大胆的决定，其实却也没那么夸张。

虽然大化改新时就说好了土地都归国家所有，但实际上这个政策并非是一块毫不透风的铁板。早在天平十五年（743），为了改变当时日本贫穷，粮食产量低下，土地无法被全面开垦的悲惨局面，圣武天皇特地颁布了一部名为《垦田永年私财法》的法律。

这部法律文如其题，就是无论何人，只要去开垦了土地，那么除去每年按照一定比例上交给国家公粮之外，剩下的无论是粮食也好土地也罢，都将永远是此人的私有财产。

而这些开发者，也有一个法定的名称，叫开发领主，简称领主。

至于那些被开垦而私有的田，也有个专门的称谓，叫作名田，即有名字的田，换言之就是私人的田。所以领主们有时候也会被叫作名主。

再后来，有的领主因为名下的田地很多，地盘很大，于是便被人叫作大名。

我们平日里在游戏中动漫里所熟知的战国大名、江户大名这些名词，其实就是这么来的，它们真实的意思就是战国时代、江户时代的大地主。

再说这部《垦田永年私财法》，堪称是首次挑战了日本从大唐山寨而来的那一套制度，但却并不长久。天平神护元年（765），当时正红得发紫的道镜认为私有土地对国家财政不利，于是便废除了《垦田永年私财法》。之后的一百来年里，该政策废了立立了再废，折腾了很久，以至于最终进入了一个灰色状态中，即国家的律法虽然是明着不允许私有土地的，但事实上下面的豪族们早就都成地主了，朝廷对此没有任何办法，毕竟朝令夕改理亏在先，而且也确实不可能完全将这些私有土地的豪族们清理干净，能做的唯有默认。

于是最终苦了国家和农民，前者因为收不到税而一直积贫积弱，后者则因血汗钱被吸了个干净而生不如死，而且名为交国税，实际上天知道是落到哪个土豪的口袋里去了。

现在菅原道真搞的这一手，等于是把原先的灰色制度直接给光明正大地洗白了，在彻底承认土地私有的同时，也明码标价收费，既保障了国家的收入，也不至于太亏了农民。

只不过这么一来土豪们该不干了，虽说这年头哪有皆大欢喜的事情，有赚必有赔，可那赔本的买卖真要落在了自己的头上，则任谁都不会乐意的。

土豪不是农民，断然不甘吃哑巴亏的，面对道真的大刀阔斧，他们纷纷在朝中找起了内援，企图和庙堂重臣们联合起来里应外合，共同抵制那个出手比黑社会还狠的读书人。

一般来讲，那些在外面当土豪都快成精了的地方一霸们，基本上都和朝廷中的某位甚至某几位大员们有着千丝万缕的关系，要么是亲戚要么是利益均沾，所以菅原道真得罪了他们，其实就等于是得罪了跟自己同朝为官的那群同僚们。

不过他也不怕，来文的，自己是文神，来武的，自己能射一手百发百中的好箭，谁怕谁啊。

而朝中大臣们也知道这厮是个油盐不进文武双全而且还得上

皇宠信的高手，因此也不跟他明着硬拼，而是采取了迂回战术——罢工。

二、文曲星陨落

从宽平十年（898）起，但凡菅原道真主持的高级干部政治会议，总会有人缺席，而且人数越来越多，一开始时还只有两三个，好歹也请假，可到了后来干脆是一缺一大帮，并且连招呼都不打，说不来就不来，直接宅在家里等老婆开饭，每回开会，道真的面前只有两排坐垫——当时的日本还没有椅子。

而那些不出席会议的家伙们，则几乎都清一色地聚拢在了藤原时平的周围，并且还希望他带个头，利用藤原家在朝中多年积累下来的威望和实力，干掉菅原道真。

时平的回答是："女子！"

后世一般认为，藤原时平说好的原因是他代表了旧贵族的利益，出于一种誓死捍卫自家一亩三分地的反动阶级立场而仇恨着革命派菅原道真，并且欲除之而后快。

这是大错特错的。

藤原时平和菅原道真之间，既无私怨，也无公仇。

时平的弟弟，也就是藤原北家的当主藤原忠平，和菅原道真的关系非常好，不仅如此，因为藤原时平本身也是个文艺小青年，所以对文神道真的敬仰之情，在当时也是相当公开的。

此外，就政治观点来看，时平实际上跟道真一样，也是改革派，同时也是一个认为日本想要发展就必须脱离大唐影响的去唐论者，而且两者都认为，改革要从最根本的方面入手。

唯一的不同点在于，道真概念里的"根本"是国家的制度，而时平则认为，所谓根本，是文化。

　　他的意思是，要想彻底改变一个国家，必须先从文化入手。

　　同理，要想彻底改变日本，就必须先得用本土文化将那已经根深蒂固的唐文化印记给代替了。

　　说一句良心话，我认为藤原时平才是对的。

　　只可惜我这么想没用，关键是菅原道真不这么看，眼看着自己怀揣多年的强国梦离实现还差那么一步，他决定咬紧牙关跟藤原时平死磕到底。

　　对此藤原时平倒也无所谓，毕竟是藤原基经的长子，学不来自家老爹那一套呼风唤雨，但整个个把人还是手拿把攥的。

　　两人的战争就此拉开了帷幕。

　　话说菅原道真有个女儿叫菅原宁子，嫁给了宇多上皇的第三皇子齐世亲王，作为岳父的道真，当然希望自己的姑爷能越出息越好——最好哪天能继承大统，当上天皇。

　　这本来是一个人皆有之的美好愿望，但藤原时平却密奏醍醐天皇，称权大纳言菅原道真图谋不轨，意图以强硬的手段迫使皇上您立齐世亲王为皇太弟，以便将来谋权篡位。

　　天下的皇帝其实都一样的，对于这种有可能威胁到自己皇位的事情，向来宁可信其有不可信其无，所以醍醐天皇很当机立断地就做出了决定：驱逐道真。

　　昌泰四年（901），在没有任何预警的情况下，天皇突然下旨，撤去了菅原道真权大纳言一职，同时下令将其下放至大宰府，任权大宰帅。

　　圣旨下达后的第五天，菅原道真壮志未酬人先走，留下了无尽的遗憾离开了平安京。

　　他再也没能回来，两年后，中年失意的道真在左迁之地大宰府郁郁而终，年五十八岁。

　　临终之前，望着漫天的白雪，菅原道真留下了自己的辞世诗：

盈城溢郭几梅花，犹是风光早岁华；雁足黏将疑繁帛，乌头点著思归家。

　　光是读着，就能感受到那满满的思乡悲情。

　　算了，那么哀伤的话题就此打住吧，我们来说点欢乐的科普小知识——大宰府。

　　这个词相信大家都不会陌生，系位于九州北部的重要行政机构，主要作用是稳定九州岛，监视朝鲜半岛乃至中国大陆的动向。同时也有传闻称，那地方就是当年邪马台国的王城。

　　这些其实都无所谓，我现在要说的，是大宰府的正确表达方式。

　　因为数千年来一直都有人（包括日本人）习惯把大宰府写成或读成太宰府，所以及时做一下科普是很有必要的。

　　在最开始的时候，大宰府就是大宰府，没有任何异议，然而

北野天满宫

随着时光的流逝，人性中懒散粗心那一面逐渐暴露，却说在某年某月某位不知名的学者把大写成了太，由于不过是一点之差而且也并无太大影响，以至于大伙都并不在意，于是此先河一开，便被后世以讹传讹，尽管有人有心拨乱反正，坚持正确写法，但越来越多的人开始称其为太宰府，根据不完全统计，截止到公元10世纪，日本关于大宰府的记载共有二十五处，其中用"大"字的八处，"大""太"并用的四处，用"太"的十三处。

连为了纪念菅原道真的神社都叫"太宰府天满宫"，甚至今日在大宰府所在地造起来的城市，都被称作"太宰府市"。

这就叫三人成虎，众口铄金。

好在这世道还是不乏业界良心的，时至今日，日本学界已有了明文规定，作为历史名词以及机构名称和官员职位名，正确的写法是"大宰府"；而作为都市名或是祭祀菅原道真的那所神社名，则写作"太宰府"。

顺便一说，那个写《人间失格》的作家，叫太宰治，真叫太宰。

三、古今和歌集

话说在顺利目送菅原道真上路之后，群臣之首的位子自是理所当然地归了藤原时平。

前面就说了，时平也是个改革派，所以他在上台之后，并没有废除道真时代定下的土地改革制度，而是采取了比较温和稳步的方法缓步推行，同时，他还依照自己原本的观点，开始着手一场文化方面的改革。

改革的第一个目标，是文字。

不得不说这是一个高瞻远瞩的决定。

我个人一直特别信奉这样一句话：欲亡其国，必先去其史；

欲灭其族，必先秽其文。

就是说要灭亡一个国家，必定先要篡改它的历史，要想灭掉一个民族，一定要先糟蹋他们的文字。

这话其实反过来说也是一样的：要想振兴一个国家，首先就是要学会正视自己的历史；要想兴旺一个民族，第一要做的是拥有并光大属于自己的文字。

一言以蔽之，藤原时平要做的事情分两步：第一步，先搞出一种只属于日本且日本特色十足的文字；第二步，把这种文字发扬光大。

这确实是一个听起来和做起来都非常浩瀚庞大的活儿，不过好在第一步已经有人做了——当时的日本实际上是有原创文字的。

那就是平假名。

众所周知，日语由三个部分组成：汉字、片假名和平假名。

其中，汉字是无可争议的中国文字，而直接从汉字偏旁得来的片假名，其实也可以算是中国字，唯独平假名，自古以来就一直被认为是日本人的原创文字。

虽然这"原创"二字说得有些勉强。

平假名的起源仍是中国，是由汉字的草书形式演变而来的，每一个假名对应着一个日语的读音。最早叫万叶假名，和汉字相比还原度极高，但后来被简化了很多，以至于看上去跟中国字貌似脱离了关系。比如あ（读阿）这个假名，我要不告诉你的话，估计你三天三夜也未必能琢磨出来它的原型其实是草书的"安"。

而平假名的出现则至少可以追溯到一千三百年前，现今存在历史最悠久的带有平假名的文物是一块在大阪出土的木简，据说是公元 7 世纪中期的产物，上面用万叶假名写着"春草之初年"。

和片假名一样，平假名的创造和演变都绝非一人之力，而是多年来众多日本学者共同努力的成果，因此尽管教科书上认为是真言宗开山老祖空海和尚发明了平假名，但实际上这跟吉备真备创造了片假名一样，只是一个谣言罢了。

虽然历史悠久形体优美，但数百年来，平假名却一直都不是日本的官方文字，在高层的正式场合，大家使用的都是汉字和片假名，平假名通常只出现在那些身居大内深闺的少女少妇为了抒发寂寞和恋情而写的和歌之中，故而也被叫作女手、女文字。

究其原因，主要还是因为平假名和汉字的关系太遥远——毕竟只是以草书为雏形变化而来，哪比得上直接拿来主义的汉字和片假名？

或许有人会觉得这真心不是个像样的理由，但实际上这真的就是理由。

平安时代的日本官员，不懂经济而在大藏省混的，大有人在；不会打仗而居将军之职的，不乏其人；对于那些贵族出身的家伙们而言，哪怕什么都不懂也无所谓，只要会一样东西便能当官，那就是中文。

这里的中文包括汉字的读写运用，对中华古典的理解感悟，等等。

因为平安时代的日本人信奉一句话，叫文章乃经国大业。

此语出自中国三国时魏文帝曹丕所著《典论·论文》，原话是"盖文章者，经国之大业，不朽之盛事"。

那时候的日本，不但政令、律法、官制、文章清一色用的都是汉文，就连达官显贵们私底下的书信来往，也都是满满一纸的方块字。

再说那平假名，虽然在当时地位相对比较尴尬，但也还没到绝望的程度，毕竟它受众不算太小，除去刚才说的在女性之间被使用外，其实小贵族跟老百姓私下里用的也挺多，事实上这个分两步走的文字工程已经完成了一步半，连发扬都省了，只求能光大一下，让平假名一跃而起，引得万众瞩目，然后成为能和汉字、片假名并列的正式文字。

对此，藤原时平的办法是编一本以纯平假名为主要组成部分的著作，然后推广，并借机宣告一个新的文字时代的来临。

著作的内容他也想好了：和歌。

和歌就是日本传统歌谣，都是用万叶假名或是平假名写成，虽然曾经人气很高，但随着中国文化对列岛影响的日益扩大，很快就被汉诗所取代，平安朝的日本贵族们虽说也有爱和歌的，可一般只用于私下交流，再或者就是用来写情诗追女孩子。比如藤原时平就特别擅长此道，然而不管是哪一样，它都不是一样适合在公开场合拿出来分享的玩意儿。

之所以要选和歌，除了它是当时日本为数不多能完全用平假名表达的东西之外，还因为其拥有悠久的历史传统，表现手法方面也具备不输给汉诗的华丽，同时也能轻易地让大众（包括天皇）所接受，更重要的是，藤原时平非常喜欢和歌。

延喜二年（902），时平召集了象征着当时日本和歌界最高水准的四个人——纪友则、纪贯之、凡河内躬恒以及壬生忠岑，然后命他们编写和歌集。

编撰的计划是这样的：四人工作小组先去各贵族家中搜集各种和歌藏本，然后把有万叶假名的部分统统改成平假名，再汇集成册，凑成一本书。

编纂工作在刚开始的时候进行得相当顺利，但很快，就出现了一个大问题。

编者们发现，自己苦心搜集来的那些和歌，基本上都是以恋爱为主题的，说难听点，全是黄色小曲儿。无奈之余，时平只得下令让手下的那群书生们索性现编各种其他题材的和歌，以充实内容。

在经过了三年的努力之后，延喜五年（905）四月十八日，浩瀚著作终于完工，这便是著名的《古今和歌集》。

该书总共收录和歌一千一百余首，包含了恋歌、祝歌、离歌、旅歌和咏季歌等共计十个种类。

成书当日，藤原时平带着样本进宫面圣，将其呈于醍醐天皇御览。

天皇看后非常满意，笑而称善。

他不光满意书本身的内容，更满意序言里的一句话："大和之歌以心为源，义广而情深。"

对于一名和歌爱好者兼国家统治者而言，这话于公于私都说得相当对胃口。

数日后，醍醐天皇下圣命，要求贵族们在写汉诗的同时，亦要多多写和歌，此外，天皇还表示，希望高级贵族们在平时也能用平假名来交流，这并没什么丢人的。

群臣闻讯后，立刻纷纷表示我们一直在用平假名，真的，皇上您要不信臣这就用平假名作和歌一首供您观摩。

因为上有所好而导致和歌大流行，醍醐天皇的儿子村上天皇时代还专门设置了和歌所，并编撰了《古今和歌集》的续篇《后撰和歌集》，而村上天皇的儿子一条天皇治世的时候，则编撰了《拾遗和歌集》，三本合称三代集。

与和歌一起流行的，当然还有平假名，自那之后，贵族们无论是通信也好写文章也罢，都能非常淡定地使用这种曾被自己不齿于用的文字了。

《古今和歌集》之后，日本列岛涌现出了一大批用纯平假名写成的著作，除了刚说的三代集外，还有藤原道纲母的《蜻蛉日记》、和泉式部的《和泉式部日记》、清少纳言的《枕草子》以及紫式部的《源氏物语》等等。

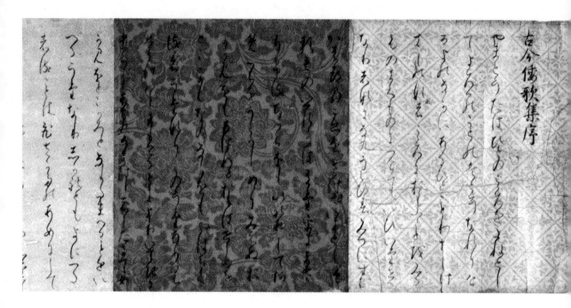

《古今和歌集》

　　因为这些著作里很大一部分是由宫廷女性所写，因此通常也被叫作女房文学。

　　说得那个一些，就是妹子们的故事。

　　而女房文学中，最具代表性的，当属《源氏物语》。

　　不过有必要多说一句的是，尽管平假名托藤原时平之福而被发扬光大了，但严格说来却还是没有能登上最高殿堂。直至近现代，日本依然是一个汉字至上的国度，在正规的场合，比如天皇的圣旨里，仍是只有汉字和片假名，平假名一般是不用的。

　　所以南洋大臣张之洞说过，中国和日本，同文同种。

四、和风压倒唐风

　　随着平假名被广泛使用，日本列岛上也随即刮起了一股名为国风文化的旋风。

国风文化，也叫和风文化，虽然官方通常的诠释是一场将大唐文化加以本土（日本）化的文化改造运动，但在我看来，这更是一场文化方面的独立战争，一场将日本文化从中国文化中剥离出来使其独立的战争，而遣唐使的终止和平假名的使用，正是战争的第一声枪响。

如果你觉得这么讲太冠冕堂皇而且生涩难懂，那我就换一个说法。

每当我们说起日本文化的时候，相信总会碰上那么一两个人连脑子都不动地说："这都是从中国传过来的。"

是，我不否认日本文化中有很多都来自于中国，这事从本系列的开头到现在一直都在说，而且接下来仍会说下去，但同样不可否认的是，也确实有很大一部分日本文化虽然的确跟中国有着那么一丝半缕的关系甚至的确是源于中国没错，但它们在经过岁月磨砺人为革命之后，终究变成了一种唯独日本才有的独立文化。

打个或许不怎么恰当但却很好理解的比方，就好像《火影忍者》里的那个自来也，这个形象的最初原型，是取自于中国宋朝时的神偷"我来也"，就是每次偷完东西必定要在人家墙上刷"我来也"仨字的家伙，尽管追根溯源真的能和中国扯上关系，但你能说那个生性喜好偷看别人洗澡随手能召唤出蛤蟆的好色忍者，是个中国人么？

《火影忍者》这部漫画本身就充满了各种中国文化元素，很多术语典故甚至是人物形象都来自中国，可谁又敢说这是一本中国漫画？

讲道理到此为止，接下来开始摆事实。

国风文化中的产物有很多，大致包含了文学、艺术、宗教、服饰、建筑和工艺等几个方面，而其中最具代表性的，或者说最值得一提最为我们中国人所知的，具体讲来有四样：和服、阴阳道、樱花以及日本刀。

还是老规矩，一样一样地说。

首先是和服。所谓和服这个称谓，其实是明治维新之后给想出来的，因为当时的日本处处在和西洋列强较劲，虽说是模仿着洋人搞维新，但心里总是不肯服输的，总觉得自己国家也不是没有好东西。为了体现出日本的好，他们针锋相对地把一些东西刻意地区分出日本的、外国的，因为日本人自称大和民族，所以日本的东西也被叫作"和物"，比如和室，就是指配备了榻榻米等日式家具以及用日式装潢的屋子。

和服则是用来针对晚礼服、西装、衬衫、领带等西洋服饰的"洋服"的产物。在此之前，这种日本传统服饰的名称一般被叫作"吴服"或者"着物"。

为什么叫吴服？

这还要从邪马台时代说起，曹叡曾经送过数批工匠去日本，这其中包括了一批织布方面的行家，也正因为有了这帮家伙，日本人才开始穿起了经过手工裁剪的衣服。

因为织布工匠们大多来自于中国南方的吴地，所以他们织出来的衣服便被叫作吴服，这批人在日本得到了史无前例的重用，后来还专门赐他们姓氏，叫作服部，就是专门做服装的部门。

有个著名的忍者叫作服部半藏，他们家祖上就是中国跑日本来做衣服的。

所以你可以去看早年的和服，基本都带有强烈的中国江南风格。

到了奈良时代，也就是那段著名的全日本人民学大唐的岁月，某一年唐玄宗在接见某个遣唐使团的时候，赠予了他们大量的唐朝朝服，这批服饰光彩夺目，在日本大受欢迎，当时日本朝中的文武百官均羡慕不已。所以几乎就是在当年，日本举国上下便全都开始穿起了模仿隋唐式样的服装。

国风文化开始之后，跟别的东西一样，和服也进入了一个倾向于日本本土文化的发展趋势，其样式不断发生着各种改动，但高层所用的宫廷服饰带有隋唐风格的特色已经定型，再变也不离其宗，所以也被叫作"唐衣"。

唐衣有很多种，其中最极品的，叫作"十二单"。

所谓十二单实际是一种穿着方式而不是顾名思义的十二层单衣，说的是在单衣上叠十二层被称为袿的服装，袿轻薄透明，多层袿叠起时仍然能隐约看见单衣或表着的颜色，倍添朦胧恍惚的美感。

当然，这是女装。

这种也被称为五衣唐衣裳的服饰，至今仍是日本宫廷规格最高的正装，当年更是如此，绝非一般人穿得起，就算是贵族家的小姐，有时候也只能穿五单六单，就是叠五层或者六层袿。

现代汉服和现代和服实际上是同一个根源下的两个分支，并不存在谁起源于谁的说法，事实上和服在后来还一度受到过西洋服装（主要是葡萄牙）的影响，它和日本文化本身一样，也是一种多元化的东西。

其次是阴阳道。

这玩意儿最早的起源是中国周朝的阴阳五行学，飞鸟时代之前就被传入了日本，然后结合了日本本土的神道教、朝鲜半岛传来的佛教、中国大陆传来的儒家思想以及风水学等等，杂烩成了一种新的东西，即阴阳道。

在近代科学尚未导入日本的那个时代，阴阳道堪称是无所不能的，从测天气到看风水，从算国运定历法到杀妖孽于无形，几乎样样都能用上阴阳学，深受广大人民群众以及王公贵族的欢迎。

安倍晴明

玩阴阳道的人被称作阴阳师，而提起阴阳师，知名度最高的当然是那个安倍晴明了。

此人生于延喜二十一年（921），正是国风文化席卷全日本的时候，他应该是阿倍仲麻吕的子孙，看了从吉备真备那儿弄来的那本《金乌玉兔集》之后一跃成了上知天文下知地理前三百年后三百年无人能够超越的超级大神棍，然后通过了自己的神力加努力，再趁着国风文化运动的这股风，将原先不过是洒圣水跳大神之类小把戏的阴阳道发展成了敢和日月争青天的神之学问。

安倍晴明的神迹有很多，比如天元二年（979），那智山（和歌山县内）出现了一只危害人间的天狗，武艺高强力大无穷，满朝战将无人是其对手。为了国家安泰，晴明奉旨出山，以一招五行封印（真的是这个招数）将天狗收服，关进了结界之中使其永世不得超生。

再比如曾经有一次，有一个年轻的公卿挑衅地问晴明，既然阴阳术如此厉害，那能不能用其来杀死一只庭院里的青蛙？

晴明微微一笑，随手摘下了一片树叶，一番咒语之后，叶子突然就四分五裂，而那只青蛙也顿时如那片叶子一般，浑身裂开而死。

再比如还有一次，有一个阴阳师下了战帖，要求和安倍晴明御前斗法，也就是在天皇面前比个高低。

斗法的主题很简单，叫隔板猜物，天皇事先让人偷偷地把十五只蜜柑放进了一只箱子里，再盖上盖子，然后拿到两人跟前叫他们猜里面是什么，并且声明胜负只此一次，谁要是输了，就拜那个赢的人为师。

话音刚落，前来挑战的那个法师就拍地而起："回禀陛下，这箱子里装的是蜜柑十五只。"

虽然当时在座的所有旁观者，包括天皇在内，大家都衷心希望安倍晴明能够胜出，可现如今被那人那么一抢答，就算有一百个不情愿，这胜利也只得属于挑战者了。

但是晴明却不慌不忙，双手结印念念有词了一番之后，微微一笑："陛下，箱子里是十五只老鼠。"

挑战者闻言哈哈大笑，说出了几乎每个反派临死前都会说的标准台词："安倍晴明，这一次你输了！啊哈哈哈！"

就连天皇也摆出了一张万分残念的脸摇着头表示这箱子里是蜜柑，安倍卿，看来你只能拜师了。

晴明仍是微笑："陛下，那就请您打开箱子吧。"

天皇觉得事已至此那就干脆让晴明输个明白吧，于是叫人打开了箱子。

箱盖刚一揭开，一群老鼠吱吱地叫着便从里面窜了出来，不多不少，正好十五只。

这正是刚才安倍晴明作法，将那蜜柑变成了老鼠。

该故事流传于日本的平安时代中后期，而数百年后诞生的中国名著《西游记》里，也有类似的桥段，那就是车迟国斗法——蜜柑在当年的日本属稀罕物，一般被当作珍贵药材，其价值未必亚于山河社稷袄、乾坤地理裙；而老鼠不管在哪个时代都是人人喊打的有害之物，差不多等同于那破烂流丢一口钟了。

在这里我并非是想说谁山寨了谁谁参照了谁，我的意思是，中日两国在文化方面的思维，本身就具备着无数共通之处。

顺便一提，那个被晴明斗败了的阴阳师名叫芦屋道满，熟悉各种阴阳师题材作品的人应该不会陌生这个名字，同时他也是掉节操程度远在本书之上的著名动漫《银魂》之中那位巳厘野道满的原型。

其实上述所说的那些，唯一被记载于正史的，只有在天皇跟前封印天狗一事，其余的大多只见于各个时代的各种物语小说，或是被后辈阴阳师们用来显摆而口口相传的神话。

事实上安倍晴明之所以能在近几年里漂洋过海地名声在外，主要是源于日本著名作家梦枕貘所著小说《阴阳师》。

说完了阴阳道，接着来说说樱花。

樱花如今已然是全世界都公认的日本象征，即便戴眼镜穿西装的学者们反复强调皇国的国花乃是菊花，但依然有无数不明真相的群众（包括日本群众）前赴后继地错把樱花当国花。

樱花的起源地通常被认为是中国大陆境内，何时传入日本至今已然不可考（也有认为是列岛原产物），因为开花的时间是在春天，正好是准备播种开耕的时节，所以在上古时代的日本，樱花被当作是稻谷之神的居宿所在，也是农业的象征。

从上述这段话你就可以知道，在当年，这农业之花绝非是以不食五谷自居的半仙皇家所青睐的东西。

事实上也正是如此，在奈良时代，日本上层社会里最流行的花是梅花，王宫贵胄们如果要以花为主题吟诗作赋，最佳的选择通常都是梅花。据不完全统计，在奈良时代，比较出名的咏花和歌大概有一百六十余首，其中写梅花的，就占了将近一百二十首。

国风文化之后，为了摆脱唐文化的影响，日本上下便开始找起了能够替代梅花的观赏品，找来找去，觉得符合既有日本特色又不失华美这一标准的，似乎也就是樱花了。

于是一下子风向大转，天皇开始赏起了樱花，而文人墨客们也都纷纷做起了与樱有关的诗词文章。

几乎就是在那一瞬间，樱花"啪"地绽放在了历史的舞台上。

不过比较讽刺的是，当年的农业神花在登堂入室博得贵雅名号后，居然就此和庶民脱离了干系，在之后的七八百年里，赏樱花都一直是日本贵族们的专利，普通老百姓得以坐在花下喝酒赏樱，那已经是江户时代的事了。

最后，我们来说说闻名于世界的日本刀。

所谓日本刀，一般而言有两种含义：广义上，指的是产地为日本的刀具，哪怕是一把菜刀，只要 made in Japan，那就能称作日本刀；狭义上，则有个特指，指的是一种叫作武士刀的刀具，而这后者，正是国风文化时代的产物。

广义的那种 made in Japan 的日本刀，其实早在古坟时代（3世纪中至 7 世纪末）就已经出现了，现今还有文物保留，经过鉴定后发现那把被称为金错铭铁剑的日本刀铸造于 5 世纪前后，跟唐朝没有任何关系。

不过这也并不代表日本刀和唐刀之间就完全没有交集，事实上在唐朝时候，很多中国造的刀被输入到了日本国内，因为和同时代的日本刀比起来，唐朝的刀确实有着很多它们所无法超越的优势，所以一时间备受日本人喜爱，很多刀匠也纷纷开始仿制了起来。

从唐朝直接进口到日本的刀，叫唐太刀；而日本匠人仿制的，则称作唐样太刀。

但是你得明白，无论是唐太刀还是唐样太刀，那都不是武士刀，因为前者都是直刀，而后者我们都知道，是弯刀。

在国风文化时代，日本刀开始出现了风格明显的变化，不再一味地山寨中国刀剑而是开始了自己的原创，比如把刀身做成弯曲状，俗称弯刀。

弯刀之所以要弄弯，据说是为了方便骑马砍杀。

总之，武士刀和所谓的唐刀之间，虽然不能说一丝干系都没有，但不能说前者是从后者演变来的，后者是前者的祖宗。

国风文化的出现和流行，除了让后世的日本文化盛开出各种美丽的花朵之外，也给藤原时平的改革奠定了一层最初的思想理论土壤，亦让当时以及后来的诸权贵们明白了日本未必要事事都效仿中华，中华也并非样样都是最棒最适合日本的，其实就是在开启民智，当然，被开启的并不一定是"民"。

然而，正当藤原时平既有理论又有实权准备大展身手的当儿，一场突如其来的重病将他击倒了。

几乎没有任何反抗的余地，延喜九年（909）四月，这位年轻的左大臣便离开了人世，年仅三十九岁。

民间一般认为这是菅原道真冤魂作祟——当年你一个回合赶我出了京城，现在我也投桃报李地一回合废了你的性命。

这种话，听过笑过也就行了。

虽然执政时期不过短短数年，但藤原时平所做的一切对后世日本的影响却很深，除去萌芽了国风文化之外，还留下了一部《庄园整理令》。

　　这其实是时平延续了道真的土地改革方针后所制定出的一部从法律上正式承认了土地的私有，认可了地主的存在的政策，该政策虽然在之后的两百年里被修改调整了数次，但终究还是万变不离其宗，可以说，日本从中国所效仿来的那一套天下土地皆为国有制度，到底还是被打破了。

第十八章　好人藤原忠平

一、好人一生平安

折花未必真无情，梅熬寒霜为待春。

延喜九年（909），掌握着当时日本实际统治权的藤氏长者藤原时平去世，享年三十九岁。

不是说一定要年岁很大才能称为长者才有资格给小辈们讲讲人生的经验，所谓藤氏长者，指的是藤原一族的家督。

鉴于藤原时平的儿子们岁齿尚幼，担不得国家大事，因此继承者是他的弟弟，二十九岁的藤原忠平。

藤原忠平在家排行第四，算是最小的儿子。自幼跟在三个兄长屁股后面混着，虽说二十来岁就已经是从三位权中纳言了，可实际上压根就没干过几件像样的大事，也别说大事了，这位爷根本就是一个跟政治活动绝缘的文化人。

想当年藤原时平跟菅原道真斗得你死我活那会儿，藤原忠平作为妥妥的藤原家一员，非但不站队自己的亲哥哥，反而还跟菅原道真走得特别近，两人隔三岔五吟诗作对喝喝小酒，感情特别好。

对此，藤原时平倒也无所谓，公是公，私是私，他分得很清楚。

即便是继承了家业之后，藤原忠平也依然是以一副宽厚仁慈的面目出现在朝中，谦卑低调，从无半点跋扈。

好人成为政坛魁首，看起来挺可喜可贺的，实际上全然不是。

作为一名一流的政治家，藤原时平在位期间，为国为民做了很多事情；但作为一名寿命不怎么长的人，他在位期间做的很多事情，其实都没做完。

这些事情，需要藤原忠平来继续。

最主要的有两件，第一件是制定延喜式。

延喜式、弘仁式、贞观式并称三代格式。

格式在日语中指的是律法细则。

延喜式作为日本中近世最重要的根本大法，里面的很多内容一直被沿用到了江户时代，像我们今天所熟悉的令制国，比如萨摩（鹿儿岛县）、尾张（名古屋县）之类的国名、规格等，都是在延喜式中被确定下来的。

整部律法共五十卷，三千三百条，从延喜五年（905）开始由藤原时平主持编纂。

这确实是一个挺难的差事，可再难也无非是文化圈的活儿，难不倒被菅原道真高度评价为"才华天下无二"的读书人藤原忠平。

关键是第二件——《庄园整理令》。

且说当年，菅原道真曾经搞过一场土地革命，旨在要求各地土豪按照自己土地的多寡缴税给朝廷，同时抑制土地兼并，尽可能保障农民的生存环境。

这事儿一开始藤原时平是反对的，两人为此还斗了个你死我活，但在道真死后——主要是国风运动顺利展开后，藤原时平仍是按照这个路数，弄出了一部《庄园整理令》，以期改革土地。

我们知道，你要地主劣绅缴税，他们必定是一百个不乐意，更何况缴税的多少是按照土地的大小来计算的，每一个土豪有多少地，又必须得去认真测量。

事实上除了菅原道真和藤原时平，当时的日本还真没有人能干这种难度又高又得罪人的活儿。

结果苍天无眼，两位爷先后创业未半而中道崩殂，改革的重担落在了一辈子没怎么得罪过人的藤原忠平肩上。

藤原忠平很痛苦。

他召集起手下，开了个会，主题是土豪赛老虎，我们怎么办。

与会的部下们普遍觉得我们奉天皇旨意，继先辈遗志，救天下苍生，当然应该跟那些土豪斗一斗。

藤原忠平点点头，表示道理我都懂，问题是怎么办？

当时日本的那些庄园主，其实已经渐渐地有了日后战国时代诸侯大名的雏形了，不光有土地，还有私家卫队，纵是奉天承运，可想要干掉他们，还真得真刀真枪地费一番功夫——尤其是一些大土豪，不光私兵数千，还跟朝廷中枢的大员们关系密切，你中有我盘根错节，根本干不掉。

就在一筹莫展的时候，有人提出了一个新思路：土改无非是手段，要紧的还是给朝廷增加赋税，只要赋税增加，干嘛偏要去惹那些惹不起的人呢。

于是问题就瞬间变成了如何在不得罪大土豪的前提下弄到钱。

答案是只拍苍蝇，不打老虎。

土豪很多，未必各个都厉害，我们可以欺负一下小地主嘛。

当时藤原忠平就拍了板，决定继续在全国范围内推广《庄园整理令》，不过手段较之之前有了些许变化，那就是不再搞一刀切的违法必究了，而是只针对那些新兴的，没啥后台的，势力也很弱的小土豪，还有就是宗教团体——主要是神社。

这样一来果然顺利得多，不仅国库充盈，而且农民的利益也得到了相对的保障，最主要的是朝廷能够藉此法令，多多少少加强了一些对土地的掌控。

因为有此大功，藤原忠平被天皇加封为大纳言，兼左近卫大将。延长二年（924），升任左大臣。

二、守皇宫的大头兵

当时忠平的官职多得不得了，以军事方面为例，除了全国最高统帅近卫大将外，他还兼着藏人别当这个差事。

藏人别当，用今天的话来讲就是宫内厅长官，天皇的御用秘书长。

虽说看起来是个文官，但在从前，藏人别当不仅要负责政务，皇宫内外的安全工作名义上也归他管。

某日，已是万人之上的藤原左大臣心血来潮，带着几个随从便在皇宫里溜达了起来，想亲自视察一下禁宫内保安工作做得如何，看看有没有人旷工偷懒。

然后没走几步就看到一个小伙子蹲在一处拐弯角，背上斜挎着弓，一手拿着刀杵在地上做支撑，箭筒和箭则很随意地散落在地上，一副退休老干部晒太阳的架势。

这还了得！藤原忠平连忙走上前去，用异常严厉的口吻问道："你是何人？为何在皇宫禁地如此放肆？"

不曾想那位小爷却是出人意料的淡定，撑着刀站起，欠了欠身子算是行了个礼，连地上的弓箭都没打算捡："左府大人，您已不认得在下了么？"

纵算藤原忠平脾气是真的好，可身边人却再也忍不住了，一步跨上前来，用近乎凶狠的口吻重复了一遍藤原忠平的台词："你是什么人？敢这般肆无忌惮？！"

而小伙子却连眼珠子都没转一下，只看着藤原忠平："左府大人，您忘了么，我是小次郎啊。"

藤原忠平当场"啊"了一声，便没再说话了。

小次郎，全名相马小次郎，也叫丰田小次郎，不过他真正被广大人民群众所知晓且在史书上被大书特书的那个名字，是叫平将门。

这一年，小次郎二十来岁，只是一名泷口武士。

平安时代的日本，虽说整个皇宫固然都是皇家的，但天皇真正的主要政务活动场所，也不过就是清凉殿一带，连带着周边一整块，称之为泷口，守卫泷口的，称之为泷口武士。

平将门

泷口武士的地位其实并不太高，拼死拼活做到最大也不过是个正六品，但由于工作地点和性质非常特殊，因此也绝非随便哪个路人甲或者小贵族的子弟就能当的。

以相马小次郎为例，他爹平良将，是镇守府将军；爷爷平高望，上总国（千叶县）的一把手兼关东地区大土豪；太爷爷是葛原亲王；祖爷爷是桓武天皇。

不错，平家和源家一样，都是从皇族中分出来的。

相马小次郎自十六岁起，就被送到藤原忠平府上做家臣——虽说祖上是天皇，可终究是几代人之前的故事了，跟一手遮天的藤原北家比起来，几乎不值一提。事实上即便在今天的日本，很多小公司的公子爷在大学毕业后，也会先去一些大公司里做基层，算是磨炼。

结果因为小次郎弓马娴熟兼根正苗红，很快受藤原忠平的赏识而被推荐进入皇宫看门，只是万万没想到，一进宫就跟换了个人似的，开始混日子了。

藤原忠平想起了小次郎，便再也严厉不起来，只是以对待晚辈的口气问道："小次郎，我委以重任让你在此禁宫重地守护天子，你何以至此？"

小次郎很是实诚："我自幼出身弓马之家，只愿驰骋疆场，干不来这看家护院的生计。"

忠平叹了一口气："现如今天下还算太平，哪来的疆场给你驰骋？"

小次郎则毫不退让："既是如此，那我宁愿当个检非违使，无论佐尉，却也是威震一方。"

检非违使，就是集公检法于一身的中央司法部门，长官叫别当，副官称佐，佐之下称尉。

相马小次郎的意思很明确，自己不想做保安，想做警察，做警察的目的倒也未必是除暴安良，而是要威震一方。

这要换了哥哥藤原时平估计早一巴掌呼过去了，但藤原忠平毕竟是藤原忠平，听闻此言，只是苦笑着摇了摇头："你这后生，倒是会异想天开。"

他是真的一片好心，觉得满世界抓犯人的检非违使哪有战斗在国家中枢机关心脏的泷口武士有前途，所以拒绝了小次郎的想法，只劝说他好好在皇宫里看门。

然而此时相马小次郎满脑子的想法只有一个——王侯将相，宁有种乎？

就算有，我也是如假包换的皇种好不好？

三、求雨的，被雷劈了

延长五年（927），延喜式终于编完了，伴随着这套格式的完工，日本也正式进入了一个相对政清人和的时代，史称延喜之治。

延喜之治对于日本意义重大，不光是因为繁荣盛世，更因为它标志着日本进入了一个皇权时代——国家政务皆由天皇亲政决断，豪门大家再家大业大，也不过只是在旁辅佐而已。

能有此治世，最大的功臣当属藤原忠平。

要说他真的是个好人，权力滔天但从来都克己奉公，和从前以及之后藤原家那种挟天子号令天下的家风格格不入。

当时的天皇是第六十代醍醐天皇。这人文化修养极高，能写一手非常漂亮的草书，但在政治方面基本没啥建树，全靠了藤原时平、菅原道真以及藤原忠平这三位先后支撑大局。

延长八年（930），日本全国大旱，饿殍遍野，灾民无数。

奏报传至京城，按照惯例，醍醐天皇召集群臣开会，商讨对策。

然后又按照惯例，大家觉得首先应该先干人事，就是赈济灾民，降低伤害；接下来则要行神迹——让天皇依传统跳个大神，乞苍天降雨。

醍醐天皇准奏了。

只不过关于求雨细节还需要进一步讨论，因此在当年6月26日，天皇又在清凉殿召开了一次太政官会议，进行商榷。

本来就已是炎夏（阳历8月30日），再加上整整半年多没下雨，又配上各处报灾的沉重气氛，使得那一天的与会者感到尤为闷热，置身清凉殿中，也丝毫感受不到半点清凉。

于是大家只能把殿门大开，尽可能靠着门口坐，希望能吹吹风啥的。

会议是从中午开始的，一群人谈到一点半，基本已经定下了方案：准备让天皇在7月1日清早开始跳大神，一连跳三天，必然能下雨。

正说着，时任民部卿藤原清贯突然就从坐垫上猛地蹿了起来，一手指着门外的天空："快看，云！云来了！"

大伙下意识地回头张望，惊喜地发现一片厚厚的乌云从爱宕山那方位正朝着自己飘来。

顿时群臣激动，果然是上苍佑我大和，这雨，要来了。

唯独天皇有些失落：朕还没跳大神呢，它怎么就下雨了？

右中弁平希世连忙拍马屁：弓还没射那人就倒下了，这正说明陛下水平高啊。

很快，那朵乌云越飘越近，淅淅沥沥地开始下起了雨。

雨，越下越大。

伴随着这倾盆雨点，还有电闪雷鸣——这是自然常识，没有任何人会觉得意外，久旱逢甘霖，不光是清凉殿，整个平安京，都高兴坏了。

就在此时，一道霹雳闪过，紧接着就是"咣"的一声巨响，劈中了清凉殿西南方的第一根柱子。

和柱子一起挨劈的，还有人。

藤原清贯被当胸劈中，衣服烧焦不算，整个胸都被雷给劈裂了。

殿外负责保卫工作的右兵卫佐美奴忠包，被雷打中脑袋，当场死亡；纪荫连，被打中腹部，当场死亡。

最可怜的是平希世，刚拍完马屁就被闪电劈中了脸，瞬间倒地不起，半死不活。

同时殿外还有两名卫兵也被殃及，当场死亡。

一时间，整个清凉殿哀鸣一片，醍醐天皇虽说没挨着雷劈，但也吓得不轻，整个人都蒙了，瘫痪在地，瑟瑟发抖。

这真的是迅雷不及掩耳啊。

侥幸没死的其余护卫们反应过来，赶紧先把天皇架起，迅速转移至常宁殿，紧接着又把藤原清贯和平希世放入牛车，分头从

清凉殿雷击事件

两个门秘密运出宫外，以免让人知道生出事端。

藤原清贯是当场死亡，放在车里的时候就已经是尸体了，平希世比他多活了半小时，硬撑到出了宫门，死在了回家的路上。

史称清凉殿雷击事件。

尽管朝廷铆足了劲地做了保密工作，可这事儿在当天就被传开了。

倒不怪有人泄密，而是这次雷击事件的受害方并不止清凉殿一处，整个京都内多地都不同程度遭了劈。

只不过坊间的传闻相当不和谐，说是菅原道真显灵了，回来报仇了。

按说这个讲法很不靠谱，所谓冤有头债有主，菅原道真真正的仇人藤原时平早二十年前就去世了，你开地图炮雷劈全京都算哪门子的报仇？

然而这种小问题在人民群众丰富的联想力面前根本就不是个问题，很快大家就为自己的论调找到了依据——话说当年菅原道真左迁大宰府，藤原清贯经常前去找他聊天，说是友好沟通，其实是奉了藤原时平的命令去监视道真的生活状态，同时每次聊天过后，清贯都会把自己的监视成果整理成文，汇报给藤原家。

果然，这次遭报应了吧。

另一方面，醍醐天皇当天就因惊吓过度而不省人事，于当年10月驾崩，享年四十五岁。

继位者是皇太子宽明亲王，史称朱雀天皇。

那一年，他才八岁。

根据醍醐天皇遗训，藤原忠平出任摄政。

忠平明白，自己又要扛大梁了。

这菅原道真哪是报复藤原清贯啊，根本是在报复自己。

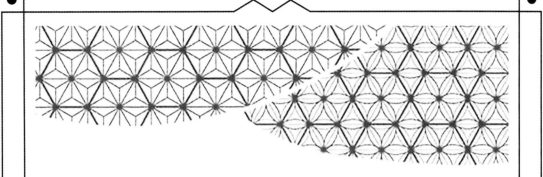

第十九章　武士的根基，是土地

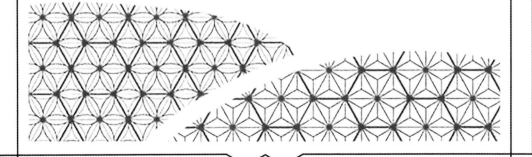

一、天下大乱，自关东始

应该讲，即便是在历代天皇中，朱雀天皇也是属于运气不怎么好的那种。

比如他刚登基还不满一年，富士山就爆发了，造成了数百人的伤亡。

次年，鸭川发大水，又是灾民一片。

第三年，九州大地震。

一连串的灾难，十来岁的朱雀天皇其实并没有什么心理波动，倒是藤原忠平，觉得上天简直是在专门跟自己过不去。

于是吃斋念佛一心向善，总算第四年没发生什么太大的恶事，勉强凑合地对付了过去。

然后第五年，也就是承平五年（935），有人来报，说关东出了点乱子。

当乱者不是别人，正是当年那个泷口武士，相马小次郎。

此时他早已不在京城，回了关东的佐仓老家（今千叶县佐仓市），继承了父亲平良将的领地，还改了名字，唤作平将门。

平将门有一个叔叔，叫平良兼；还有一个伯伯，叫平国香。

这两位都不是什么好人，仗着自己是长辈，趁着平良将死得

平将门

早，巧取豪夺了不少本该属于平将门的遗产。不过也不白拿，像平良兼，就把自己的一个女儿嫁给了平将门做妾。

这个女儿据说是整个关东地区百里挑一的美女，仰慕者甚多，比如常陆国（茨城县）一把手源护的三个儿子：源扶、源隆和源繁。

三兄弟同时看上了一个姑娘，可惜姑娘已经嫁了人，本来因为这事儿大家对平将门就没甚好感了，然而最可怕的还不仅于此——源护有个女儿，爱平将门爱得死去活来，一定要嫁过去做小，拦都拦不住。

这下就真的惹众怒了，源家三兄弟觉得自己受了侮辱：你抢了我们的女神不算，还顺带勾搭了我们的亲妹妹，这是要闹哪样？

要不我们拿妹妹跟你老婆换一换？

平将门表示不换。

这要真换了那妥妥的历史剧就得变成家庭伦理剧了。

源家三兄弟觉得平将门是个给脸不要脸的东西，于是便下了战书，说是要决战，赢的那方，能获取平良兼的女儿。

决战地点位于常陆国的野本（今茨城县筑西市），这地方当时是源家的领地。

当年（935）2月，平将门率数百骑兵如约杀到，一场激战后，原本以逸待劳的源家军被打得落荒而逃，平将门则一路追击到了大串（茨城县下妻市），接着，又撵着三兄弟打到了真壁（茨城县真壁郡）。

真壁算是源家的大本营，源家哥仁等于是无路可退，于是只能硬着头皮再战。

结果是又大败，三个人被全部击杀。

平将门在真壁周围的各村庄挨个放火抢劫，完事后下令，继续追击。

部下以为是要直接攻打源护所在的源家御馆，于是连忙劝阻，表示那好歹是朝廷钦定的封疆大吏，打了是不是不妥啊。

平将门摆摆手：我们不打源公馆，我们打石田。

石田是地名，就在真壁边上，那里住着平将门的伯父平国香。

这地方原本是平良将的领地，也就是被强占了的遗产的一部分。

于是几百骑发起了突袭，没有任何准备的平国香伯伯措手不及，兵败后，被烧死在了自己的御馆内。

平国香的嫡长子叫平贞盛，当时正在京都当官，听到关东出事后连忙请了假赶回老家，先是从已是一片焦土废墟的家中挖出了父亲平国香的尸体，接着又把躲在深山老林里避难的妻儿老母给接了回来。

做完这一切，平贞盛派人找到了平将门，说是要聊一聊。

平将门只当是又来一个下战书的，连忙点起兵马，表示你要战，我便战。

平贞盛一看这架势，便亲自来到佐仓，找到平将门，恭恭敬敬地喊了一声堂兄，然后表示，你杀我爹这事儿，我并不想追究，你我之间的恩怨，就让它随风而去吧。

这画面太过出人意料，以至于连刀斧手都已经埋伏好了的平将门当场就愣住了，半晌才回过神来，点了点头，说那好吧大兄弟，就照你说的办。

怎么说都是杀父之仇，就算没到不共戴天的份上，可这么亲自上门求和，也确实有点不可思议，更何况就当时的实力而言，平贞盛跟平将门也差不了太多，莫非这爹不是亲生的？

当然不是。

爹，肯定是亲的，儿子，也绝非圣母，之所以愿意认怂，完全是为了自己的前途着想。

平贞盛在京都当官，前面说了，官位是左马允，就是给皇家养马的，官居从七位左右，比起当年平将门的泷口武士来还要小了些许。

这样的一个人，面对这样的一桩事，如果由着性子硬上的话，那么之后事态的发展必然首先是没了官位——你不要觉得七品芝麻官没了就没了，平香国和平良将不一样，没有当过镇守府将军这种大官，纯粹土地主一个，能让儿子混个京官已是着实不易，真要把上下打点了不知多少次才换来的官位置之不顾豁出去干，无论是平贞盛还是已经死去的平国香，都不肯的。

更何况真要豁出去了，那么势必得翻老账了——你平国香那块石田的领地是谁的？是你弟弟平良将的吧？怎么会到你手上去的？

还有就是，他平将门可是在藤原忠平家混过的。

权衡利弊后，平贞盛果断认怂。

但有一个人不肯罢休，那就是源护。

　　一夜之间，老爷子死了三个儿子和一个女婿（平国香），等于是几乎死绝了家里的男丁，只剩了这么一个孤寡老人。

　　5月，源护的另一个女婿，也是平将门族叔的平良正，自愿为老丈杆子出头，主动率本部兵马五百人，沿着鬼怒川杀向平将门的大本营佐仓。

　　老头听闻女婿出兵，欣喜若狂。

　　然而还是高兴得太早，平良正和平将门在鬼怒川大战了一场，被打得全军覆没，只身逃出包围圈，连夜跑路投靠了哥哥平良兼。

　　应该讲，事情发展到了这一步，是任谁都没有想到的——原本只是几个年轻人看上了另一个年轻人的小老婆，结果后者不仅把前者赶尽杀绝，还莫名其妙地把自己的列位叔叔们也给卷进了战火之中。

　　平良兼的直觉告诉自己，这个侄子非常危险，如果不及时弄死，很有可能一族都要挂在他的手里。

　　就在平良正投靠过来的当晚，平良兼答应自己的弟弟，一定出手相帮，同时让人约来了平贞盛，请他加入自己的围剿平将门同盟。

　　平贞盛一开始不肯，觉得自己连杀父之仇都忍下来了，平将门应该不至于再对自己下手。

　　平良兼很不厚道地笑了："你觉得，这世间的每一个人，都能忍下杀父之仇？"

　　平贞盛摇了摇头，说当然不是。

　　"所以你如此反常的举动，平将门定然生疑，他会觉得你不过是在行缓兵之计，有朝一日，必会报此大仇，所以，他也必然会处心积虑地要置你于死地。"

　　平贞盛认可了这个说法，决定和两位叔叔合兵一处，先下手为强。

二、会哭的孩子有糖吃，前提是这孩子得是亲生的

承平六年（936）六月，平良兼、平良正、平贞盛三人点起三路大军，浩浩荡荡地杀向了平将门的佐仓大本营。

平将门闻报，带了一千余人便出发迎战去了。

他把一千人分成两部分，自己亲率一百人为诱饵，诱敌深入，再让后面九百人从侧面突袭。

这个战术在平安时代的日本还算罕见，因为对部队的机动性要求很高，也只有以骑兵见长的平将门能玩这一套。

只是万万没想到，意外发生了。

平良兼等人三路大军浩浩荡荡数千人，被平将门那一百骑的诱饵给打败了。

是的，你没看错。原本平将门是打算把戏演得逼真一些，所以让那一百人尽可能地朝着敌军猛冲，准备厮杀一阵后再撤退，结果就是这一阵猛冲，把三家的人马给打得掉头就跑。

当时平将门整个人都是蒙圈的，只能将计就计，让后队赶紧跟上，然后再率众一路掩杀了过去。

三路大军兵败如山倒，一路溃散到了下野国（栃木县）。

同时崩溃的还有那三位领兵大将脆弱的心灵，当时他们已经吓得连自己的领地都不敢回了，直接跑进了下野国的国府，准备在那里避避风头。

国府，也叫国衙，由朝廷设立的地方政府机关，用于管辖分国。

平将门自然不会傻到公然和政府对抗，他下令一千军队把国府三面围住，特意在西面开了个口，算是给政府一个面子，放平良兼三人一条活路。

这场战事发生后的一个月，平将门收到了来自检非违使厅

的公函——当然不是为了实现他十几年前想要成为检非违使的梦想，而是要求他立刻进京，对自己这一年来东征西战的行为做出一个合理的解释。

源护去告状了。

这老头明白，就自己那几个女婿，是断然打不过平将门的，于是选择了走法律路线，特意从关东赶去京都鸣冤上访，向朝廷讨个说法。

其实自打《垦田永年私财法》出台之后，数百年来各路土豪之间的斗争早已成了家常便饭，朝廷屡下禁令可是屡禁不绝，因此时间一长，也就睁一只眼闭一只眼了。

只不过这一回平将门闹得实在离谱，整个关东几乎被他打了一圈，再加上被杀了全家的常陆国一把手源护告了御状，所以这才不得不书面行文，要他过来接受问话。

12月，平将门抵达京城，还没进检非违使厅，就被叫去了藤原家。

藤原忠平要见他。

两人已经十来年没见了，但对于平将门所做种种，藤原忠平都了如指掌。

面对老上司，平将门还没来得及寒暄，对方就发了难："你带兵围住国衙，意欲何为？"

平将门非常冷静："是他们先来攻打我的领地。"

"源家那三个儿子，也是先来攻打你的领地？"

"他们先下的战书，要抢我的妻子。"

"那么平国香呢？"

"家父遗领，为他所窃取。"

"所以你就把他烧死在家中？"

"……"

平将门说不出话来了。

藤原忠平微微一笑："你当年站在禁宫，昂着头说要驰骋疆场，就是这么个驰骋法？"

"不是……"平将门低下了头。

"还敢带兵围国衙，你知道自己的下场会是什么？"

"无非一死罢了。"平将门猛地又抬起了头。

"那倒不至于，没收领地罢了。"藤原忠平笑容可掬，"你不怕死，我自然也不会以死来治你的罪。"

"在下并未攻打国衙！"

"源护可是朝廷钦命的常州（常陆国）太守。"

"属下……知错了。"作为一介土豪，平将门比谁都明白失去了领地意味着什么，也知道源护在朝中的政治地位有多高，更何况面对的是藤原忠平，他根本没有反抗的余力，只能低头认错。

而藤原忠平仿佛什么也没听见一般，径直走上前，直视平将门："小次郎，凡事莫要太过分啊。"

数日后，检非违使厅公布了对平将门大闹关东的处理决定，罪名是私斗。

所谓私斗，指的就是私下里的争斗，虽是罪过，但罪名很轻，算是微罪。

常陆国一把手源护涉案其中，又被杀了三个儿子，结果凶手只被定罪为私斗，这个基本就是开了天恩了。

具体的处罚办法是让平将门先留在京城，同时传唤平良兼等人上京，审理问清后一并处理——毕竟是一个巴掌拍不响，私斗双方都是有罪的。

但是平良兼没来。

给的回复是今年太忙，等明年开春再来京城跟平将门当面对簿公堂。

结果到了第二年开春，也就是承平七年（937）的四月，朱雀天皇元服，大赦天下，这其中自然也包括平将门，于是正在京都候审的他，便顺理成章地回了关东老家。

元服就是举行成人礼。

平良兼是个挺实诚的人，他没去京都真的不是藐视朝廷，而是的确在忙，忙着做准备去打平将门。

8月，平良兼出阵。

他也没叫另外几个兄弟，独自一人带着两千余兵马浩浩荡荡地朝着平将门的老家进发了。

走在队伍最前头的，是两张人物肖像画——高望王和平良将。

平良将是平将门的爹；高望王是平将门的祖宗。

你敢朝着你爹和你祖宗射箭冲锋么？

平将门和他的部下们真没想到平良兼会用这种损招，顿时士气大跌，打都没怎么打就后撤了数十里，吃了开打一年多以来的第一次败仗。

9月，平将门组织反击，大伙抱定了宁可打祖宗也不能下去见祖宗的想法，无视了那两张破画，追着平良兼跑了几十里地。

同时这回平将门也学聪明了，打跑了平良兼后也不急着乘胜追击，而是写了一封信给藤原忠平，告了叔叔一状，说他无故侵略自己。

本来么，藤原忠平就是站在平将门这一边的，同时他本来又对平良兼上次不去京城非常不满，这两个本来加在一块儿，事情就严重了。

12月，在已是太政大臣的藤原忠平的干涉下，朝廷针对平良兼，发了个通缉令，要求关东地方政府速速将其逮捕，押解京师。

平良兼见状，知道大势已去，只得带着亲信躲进了筑波山（茨城县内），一直到死，都没再敢跟侄子叫过板。

平将门画像

承平八年（938）二月，平将门开始收拾平贞盛，后者被打得家破人亡，被迫逃到陆奥（宫城县），在流浪中度过了自己的余生。

源护老爷子也在失意中退出了历史的舞台，从此之后史书上再也没有他的记载，大概是死了吧。

平将门，终于成了关东一霸。

三、王侯将相宁有种乎

天庆二年（939）四月，平将门收到了一封信。

这是一封求助信，希望他能够帮助介入，调停一下最近在关东闹得非常厉害的一场纠纷。

纠纷双方总共有三个当事人：兴世王、源经基，以及武藏武芝。

前两者分别是武藏国（埼玉具和东京都）的权守和介，即一把手和二把手；后者则是武藏国足利郡的郡司。

事情的起因并不复杂，兴世王和源经基都是新官上任，两人跑到了足利郡，说是代表上级部门前来视察你们的税收工作。

说白了就是想捞油水。

武藏武芝当然不肯。

他以例来正官到任之前，权官都无权进入诸郡为由，拒绝了对方。

这里有必要普及一下什么叫正官什么叫权官了。

以武藏国为例，这个地方真正的一把手，其实是叫武藏守护，简称武藏守，唐名武州太守。

而兴世王所担任的，叫武藏权守，所谓权，指的是编制外的，可以理解为代理，当正式守护并不在任或尚空缺的时候，武藏权守确实就是武藏国最大，但一旦有了正式的守护，那么这就只是一个名义上的官位。

当时武藏国守正好空缺，兴世王也就理所当然地把自己当成了一把手，而武藏武芝却并不买账。

于是双方顿时就剑拔弩张了起来，不过考虑到大家都是正儿八经的朝廷命官，因此谁也不敢真动手，毕竟一旦闹大，性质可就绝不是小地主之间的私斗了。

兴世王并不是姓兴世单名一个王，他是皇族，但这个皇族的含金量跟中山靖王之后刘备差不太多，就当时而言，几乎没人会把他当回事儿，能够弄到个武藏权守已是不易，他并不打算为了点油水拿前途来开玩笑。

源经基是清和天皇的孙子，也是皇族。

这人更加了不得——我指的不是祖宗，而是子孙——源经基是清和源氏之祖，清和源氏在日本历史上的地位堪称空前绝后，无数历史弄潮儿都出自这一族。

最有名的，叫德川家康。

再说当时，无论是兴世王还是源经基，其实都不打算死磕，但真的就这么算了，面子上似乎也挂不住，于是他们想到了找人调停，找一个强悍一点的，给自己背个书，让武藏武芝服个软。

巧了，武藏武芝也这么想——他想的是找个人给自己站队，让那俩赶紧滚蛋。

更巧的是，双方都找到了平将门。

尽管平将门那会儿的主要活动范围是茨城县和千叶县，本不怎么常去埼玉和东京，但关键是哥们儿前几年打出了名堂，再加上朝中有藤原忠平撑腰，所以就成了整个关东的扛把子。

平将门想都没想，就站在了武藏武芝这一边。

他亲自带着私兵走了一趟武藏国，要求两位初来乍到的上官别太过分，该干嘛干嘛去，要油水也不用这么急赤白脸的，吃相太难看了。

为什么会帮武藏武芝？

其实很简单，武藏武芝本姓宿祢，这是一个非常古老的姓氏，往上可以一直追溯到物部家，宿祢氏来武藏国镇守足利郡也已有四五百年的历史，而平将门他们家则是从爷爷辈起便在关东扎根了，说到底，这两位都是原住民。

而兴世王和源经基都是外来户。

当然不会帮你们了。

对于平将门的调停，兴世王表示没有意见。

不仅仅是因为平将门手下的骑兵，也因为自己说白了就是个没落皇族，在这样的时代里，别说特权了，连像样的人权都不太有，于是只能抱着"蜗牛角上争何事，石火光中寄此生"的想法，表示久闻平大人名号，自己愿意给您一个面子。

但源经基不肯服。

作为清和天皇的孙子，贞纯亲王的儿子，前右大臣源有能的外孙，源经基可一点都不落魄，年轻的时候在京城也是算得上号的主儿，怎可能被一个地方小地主说两句就打道回府？

源经基很明确地表示，这是武藏国的地方政务，说到底不过是政治程序上的事情，捅破天了也是我们当官的之间的纠葛，你一个下总国的小流氓来掺和个什么劲儿哪？

面对挑衅，平将门显得非常克制，淡淡地一笑，说自己压根就没打算掺和，说几句公道话而已，既然源大人嫌我是臭狗屎，那我也就不再丢人现眼了，明天就回我的下总国接着当流氓去，不过在此之前，可否请源大人您多少给个面子，让我尽关东地主之谊，请上一顿便饭？

中国人都知道这个叫鸿门宴，是去不得的，源经基当然也知道，但他不怕，去就去，真打起来指不定谁头朝下呢。

不怕死又要作死的结果，就是当天晚上平将门和武藏武芝果然派私兵围了宴会现场，把源经基的护卫杀了个干干净净，本来连源经基也不打算放过的，好在哥们儿跑得快，一看情形不对跳上马就逃，也是亏了部下做人盾，这才趁着空儿逃出了包围圈。

源经基没敢再在关东停留，马不停蹄地直奔京城，然后找去了藤原忠平家，说平将门伙同了武藏武芝要造反，已经把新任武藏权守兴世王给扣做人质了。

对此，藤原忠平并不相信。

他觉得平将门虽说是嚣张跋扈百无禁忌的主儿，却还不至于要造反，更别提扣押武藏国一把手兴世王了。不过看源经基一副言之凿凿还赌咒发誓的模样，便还是派了个考察组前往关东，问问事情究竟如何。

考察组一去就是一个月，当年5月，一行人回到了京都，同时还带回了一个不好的消息——对源经基大大不好的消息。

武藏、常陆、下总、上总、上野（群马县）五国一把手各自写了一份情况报告，向藤原忠平汇报了这场纷争的经过。

在报告中，五国太守相当一条心地写道，此次纷争是由源经基一手挑起，意图强占国税为己用，还教唆皇族兴世王一同堕落，幸而有平将门主持公道，这才避免了悲剧的发生，虽说在阻挡过程中确实有以私兵攻击朝廷命官之嫌，但绝无谋反的意思，请朝廷明鉴。

同时附上的还有平将门自己的情况说明：我虽然打了源经基，但我没有造反的意思。

更可悲的是，兴世王也写了一封信：是的，我是被源经基教唆的，我错了。

这下源经基是跳到琵琶湖里也洗不清了。

挟持上司、私收国税、诬告，数罪并罚，就在当天，哥们儿便下了大狱。

关东五国太守当然会帮平将门，平将门自己更不用说，肯定会为自己辩白，这些道理源经基都懂，唯独不明白的是，兴世王怎么也会站到他那边儿去。

这主要是因为兴世王比较务实。他明白自己这辈子基本是要在关东混了，那么跟平将门搞好关系就显得非常必要了。为了能搭上这条线，卖个把下属也是值得的。

而另一方面，虽说这一回平将门又被判了个安全过关，但这种无官无职自霸一方的山大王也确实引起了朝廷的注意，按照藤原忠平的意思，应该招安，给个官儿当当，让他把力量用在正道上。

还有就是兴世王这小子说到底其实也是有罪的——要不是他跟着，源经基一个武藏介怎敢跑去足利郡收国税？所以也要敲打敲打。

6月，朝廷委派了正式的武藏守，叫百济王贞连。

百济王是个姓，这一看就知道祖宗是当年朝鲜半岛来的渡来人。

百济王贞连跟兴世王是亲戚，具体来讲是连襟，但两个人的关系却是素来不和。

　　所以上任之后，百济王就一直在整兴世王。比如每次开会，前者永远都不会通知后者，同时又会以无故缺席会议为名问责对方。

　　这让兴世王很苦恼。

　　思前想后，他选择了跑路——在某个风高夜黑的晚上，兴世王离开了武藏国，跑到常陆，投在了平将门的门下。

　　一个地方官无故弃官投奔一介白丁，这放在平安时代算是相当了不得的大事件。百济王贞连虽说是不待见兴世王，但考虑到兴世王跑路自己也脱不了干系，自知理亏只能和平将门沟通，说

平将门骑马像

我和权守大人之间有些误会，您是不是帮我说和说和，再把他给送回武藏？

平将门拒绝了。

一来是他发现这个落魄皇族跟自己挺有共同语言，很能聊得来，就不想放他回去；二来是落魄皇族发现平将门这人跟自己忒合胃口，也不想回去当受气包。

百济王贞连不敢对平将门来硬的，只能一次次地传书上门，但每次都是石沉大海，毫无回音。

主要是平将门忙。

忙着维护正义。

当时常陆国境内有个土豪，叫藤原玄明，这人是个刺儿头，主要体现在不肯缴税。

时任常陆国一把手的常陆介叫藤原维几，催逼了几次都没有下文，更过分的是藤原玄明不光自己不缴税，到后来还发展到公然掠夺路过自己领地的官税运输队。

忍无可忍之下，藤原维几对其发布了通缉令。

藤原玄明一看大事不妙，立刻躲进了平将门的家里，而平将门则没有任何犹豫，收留了这个罪犯，这就有点孟尝君的味道了。

藤原维几是在源护老爷子的时代便开始混常陆的，跟平良兼、平国香亦曾称兄道弟，他可不怵平将门，大大咧咧地发了一函公文，说我知道你窝藏了通缉犯，识相的就赶紧交人。

平将门表示无视。

藤原维几也不含糊，点起了常陆国官兵三千人，浩浩荡荡地杀向了平将门家。

早已过烦了太平日子的平将门一看有人要打仗，当时就大欢喜了，带着一千骑兵迎面而上。

我们直接说结果——藤原维几大败，这一回平将门玩了个狠的，率兵直接杀进了常陆国的国衙，还把象征着国家权力的分国大印给抢了。

其实这并非是他的意思，纯粹是手下打得太嗨，一时半会儿没收住。

当平将门看到那颗闪闪发光的常陆国大印时，整个人都是惊呆的。

他知道这回闹大了，估计是收不了场了。

怎么办？

再把大印给还回去？就说自己乡下孩子没见过，拿来玩了两天现在完璧归赵？

显然不可能。

不还？就这么一直藏着？

貌似也不行。

就在左右为难之际，一个人在边上说道："您打了一国的国衙是死罪，打了八个国衙也是死罪，既是如此，干脆就打它十来个吧。"

说这话的，是兴世王。

顿时，平将门眼睛一亮。

第二十章　平将门造反了

一、浓眉大眼的也当了叛徒

天庆二年（939）十二月，一条谋反的消息震惊了整个平安朝廷。

"藤原纯友在伊予国（爱媛县）纠结了数千海贼，造反了！"

嗯，没错，平安时代信息不通畅，平将门虽说是在关东搞了个大新闻，但当时没有跑得比西方记者还要快的记者，因此情报尚且未到，朝廷仍是蒙在鼓里。

至于那个叫藤原纯友的，则着实让藤原忠平蒙圈了一阵子。

主要是他不明白这人到底是谁，哪跟哪的就能拉起几千人的队伍来。

想了半天，突然猛地一拍脑袋——这藤原纯友，不是我当年派去伊予剿灭海盗的么？！怎么几年不见，就成海贼王了呢！

藤原纯友，出身藤原北家，从辈分上来讲，他跟藤原忠平应该算是堂兄弟。

他爹死得早，由叔叔伊予守藤原元名抚养长大。

伊予位于濑户海滨，作为当地镇守官员，一个重要的使命就是剿灭那些靠海吃海的海贼。于是藤原纯友自幼便见惯了官兵打

藤原纯友

海盗的场面，从十五岁起，他也亲自上阵，成了伊予水师中的一员。

因为战功赫赫，外加是藤原北家的孩子，二十五岁的时候，藤原纯友被朝廷封为伊予掾。

掾，官名，比介低一个等级，也叫伊予丞，通常在一个分国里会有好几个掾，各自管不同的方面。藤原纯友当的那个，主管军略治安，也就是打海盗。

平心而论，这人是个水战小天才，自出道以来在海上跟人狭路相逢就没怎么输过。同时，他还是一个爱思考的好孩子，在和海盗作战了十来年后，藤原纯友开始思考起了这样的一个问题——这活得好好的，干嘛要去当海贼？

叔叔藤原元名告诉他，这世道刁民多，放着好好的日子不过偏偏要去杀人放火对抗官府，你能有什么办法？这些人可多了去了，根本杀不完。

藤原纯友不认为这是一个好答案，但也想不出更靠谱的观点，只能抱着疑问，继续他的打海盗生涯。

一打，又是三四年。

承平二年（932），伊予水军在一次行动中成功抓获了一名拥有上百艘船的海贼头目。

按规矩，这种人是要就地斩首的，但这一回藤原纯友突然来了兴致，吩咐手下先不急着杀，先审审吧。

审问的主题就一个：你为啥要当海贼？

海贼头子听了，一乐：不当海贼我吃啥？

藤原纯友一愣：不当海贼你不会种地啊？不会打鱼啊？

对方又乐了：我上哪儿种地去？上你家啊？

这下藤原纯友不高兴了，觉得这人简直无理取闹不可理喻，狠狠地一拍大腿："你自己的地呢？"

那个时候虽然日本已经认可了土地私有，但也并没有完全放弃土地分配制度，理论上来讲，每一个人，仍是能从国家那里拿到一块土地。

海贼头子淡淡一笑："早没了，被抢了。"

"谁抢了你的地？"

"之前的伊予守，藤原元名。"

此时藤原元名已经离任回京，不过在伊予仍是置留了大量的地产。这些土地当然基本都不是买来的，而是巧取豪夺兼并得来的家产，事实上放眼当时日本全国，大小地主土豪们的发家史，和藤原元名并无太大的差别。

藤原纯友并没有怀疑对方的话，他自幼不仅见惯了打海盗，也见惯了叔叔的家产是如何发展起来的。只是觉得，光是没了土地，还不至于成为去当海贼的理由。

于是又问了一句："你为何不去打鱼？"

问这话时，早已没了之前的底气。

倒是答话的那人，显得中气十足："濑户海里，能不能打鱼，打了鱼得交多少税，都是伊予国衙说了算，哪怕是大暴雨大风雪，哪怕是船沉人亡，说要交税就得交税，我们连商量的余地都没有，大人，您要是我，光靠打鱼能活几日？"

这一天，藤原纯友终于找到了多年前那个问题的答案——因为没活路，所以要去当海贼。

因为没活路的人太多，所以怎么都杀不完。

他觉得自己作为伊予的地方官，似乎应该为伊予的民众做些什么。

比如，和老百姓一起当海贼。

二、两头造反

截止到今天，也没有一份确凿的资料能够确凿地说明藤原纯友是何时以及如何从公务员的岗位上跳槽去当海盗的。唯一明确可知的，是在承平六年（936），这家伙成了一名拥有上千艘船的海贼头目，旗下小弟好几千，以日振岛（爱媛县宇和岛市）为据点，独霸濑户内海。

时任伊予守叫纪淑人，没什么特别大的能耐，知道打不过这位前任水军大将，只能改剿为抚，承诺只要大家肯投降，官府就一定给大家土地，分配打鱼专区，以及免三年赋税。

但被拒绝了。

原因有二：第一，这种鬼话通常成年人都不会信；第二，同样是混一口饭，当海贼比种地、打鱼要轻松多了。

于是藤原纯友的海贼团便数年如一日地游荡在濑户内海，神来抢神，佛来劫佛。

随着实力的增强，他甚至还把活动范围扩张到了近畿和九州。

天庆二年（939），藤原纯友的手下藤原文元，在摄津国（大阪府）袭击了几艘官船，抢了一些东西，顺便绑了几张肉票。

其中有两个人名垂史册，一个叫藤原子高，一个叫岛田惟干。

前者是备前介（冈山县），后者是播磨介（兵库县）。

朝野震撼。

也差不多在这个时候，平将门在关东搞事的消息也传到了京城，只不过内容上有些变化。

此时的他，用了差不多一年的时间，几乎把关东八国打了个遍，差不多算是占领了整个关东地区，然后，自封为"新皇"。

不仅如此，平将门还为关东八国各自封了地方官，比如兴世王，就成了上总国的一把手。

此事一经传开，又是朝野震撼。

而藤原忠平一开始还有点不信，追问了一句，说是小次郎造反了？真是他造反了？

手下点头：可不就是他么。

忠平苦笑着摇了摇头：这兔崽子。

接着又想起了什么似的伸手一指："源经基，快把源经基给放了吧。"

当场，源经基就光荣出狱了，作为补偿，朝廷秒封了他一个从五位下的官儿。

源经基就是那位随口一说平将门要造反而被抓走坐牢的前武藏国二把手，结果一语成谶，真给他说中了。

相比藤原忠平的冷静，整个朝廷大小官员的反应则是惶恐。

日本，不说神武天皇也不说天照大神，就从公元57年汉光武帝刘秀封王倭奴算起，立国至当时也有九百来年了，这九百年来，造反的有，作乱的也有，但另立中央自封为皇的，真没有。

结果这一回一来，就来了俩——虽说藤原纯友是没给过自己任何名分，但由于他起事的时机忒凑巧，因此当时京城里普遍觉得这人跟平将门肯定私下有来往，还疯传说平将门跟藤原纯友自幼就是发小，撒尿和泥的时候就有过约定，说将来必定要双双称王，一个主东，一个宰西。

其实这两位真的互不认识，到死也没有过任何形式上的沟通交流。

再说藤原纯友那边，也是越闹越大，之后，他又攻打了淡路国（兵库县淡路岛）的国府，并劫掠了兵器库；然后本想还攻打摄津国衙的，但陆上兵力不强，于是只能打了一圈草谷后安然撤退。

就在消息传到之后的第二天，朱雀天皇亲下圣旨一道——命令全京城的神社寺庙从即日起，都必须把手头的其他事情放一放，将工作重点移到祈祷平将门和藤原纯友两派反贼早日失败这件事情上来。

同时还单独祈祷藤原纯友，希望他千万别沿着摄津的入海口逆流而上，打进京师。

而藤原忠平则淡定依旧，他先是安排人手布防京都各出入口，以防万一。之后，召开了平安朝廷最高领导集团会议，讨论对策。

关于这事儿，大方向非常统一：坚决镇压。

问题是先镇压谁。

刚从牢里放出来的源经基，虽然只是个五品官，但考虑到他既有先见之明必有过人之处，因此也让列席会议。他主张一定要先搞定平将门，这人是朝廷大患。

而藤原忠平的三哥，时任左大臣藤原仲平则认为，应该先解决藤原纯友。主要是因为这家伙卡在濑户内海，很多国际性的外交事务都不能办了，比如之前就定下的给吴越（五代十国之吴越政权）送国书一事，因为濑户内海遍布海贼，使得朝廷使者根本无法出海，只能暂且搁浅计划。

藤原忠平仔细地想了想，最终决定先发兵关东。

理由是当年（939）12月15日被送到藤原忠平手上的一封信。

写信的是平将门。

大致内容如下：

"本新皇是桓武天皇的五世子孙，自古以来，善武勇者便能得天下。本新皇的这份武勇，相信殿下也应该知道，是绝不输给那些上古先贤的。

"可结果如何呢？莫说天下了，连应该得到的与自己身分相符合的恩赏都没有，也莫说恩赏，甚至还数度引发朝廷的不满，这是何等的悲惨？何等的丢人？

"但是，本新皇对此已然不计较了，在此，只想对远在京城的天皇致以问候。

"以及，多年前，有劳藤原公的关照了，这份恩情，永生难忘。"

应该讲，这是一封辩白信——平将门以非常清晰的条理和逻辑表明了自己自称新皇绝非是想要杀入京城颠覆那万世一系的皇权，只是纯粹地打算永远占着自己的关东王国，和朱雀天皇平分天下罢了。

比起这种远大的政治抱负，藤原纯友真的只能算是一介流寇。

因此藤原忠平当机立断：先灭平将门。

接着，大家又开了个会，讨论该派谁去干这活儿。

最终，中央决定，让藤原忠文担任征东大将军，全权负责剿灭平将门。

藤原忠文，藤原式家出身，自幼弓马娴熟，历任左马头、左卫门佐、右少将等武职，自延长四年（926）起开始担任近畿各地一把手，拥有相当丰富的军政经验。

　话说当年他在近卫府当差的时候，养成了睡在马厩与马同眠的习惯，几十年来每逢失眠，只要跑去马房，听听马儿吃草的声音，就能立刻安然入睡。

　总之，是一员难得的将才。

　唯一美中不足的是，那一年，藤原忠文已经六十八岁了。

　平安时代的日本人平均寿命也就四十来岁，六十八岁那基本算是黄土埋到锁骨了。

　当然，有人可能会说当年吉备真备出征藤原仲麻吕那会儿，也已是古稀之年了，藤原忠文才六十八岁，怎么就不行了？

藤原忠文

　　这个主要还得看人，吉备真备是日本兵法之祖，大风大浪过来的主儿，坐轮椅上都能吊打藤原仲麻吕，绝非是藤原忠文这种说到底水平不过是熟读兵书级别的角色所能比的，更何况这次的对手还是平将门。

　　之所以让这位老爷子去，是因为当时朝廷真的已然无人可用。

　　说白了，那年头根本没人打得过平将门，藤原忠文也打不过，只不过从理论上来讲，他或许还有那么一丢丢的胜算。

　　1月19日，藤原忠文率兵东征。

　　1月20日，平将门在上野国进行了一场大扫荡。

　　主要是要抓平贞盛。

　　这人也是挺惨，当年跟平良兼联手对抗平将门失败后，就彻底地被人家给惦记上了。平将门觉得这厮说好握手言和结果出尔反尔，简直该杀。在称霸关东自立为皇之后，便特地腾出一只手来，想要把藏匿在上野的平贞盛给找出来千刀万剐。

　　平贞盛只好逃跑去了下野国（栃木县），然后报警了。

三、武士们

　　平安时代，日本各分国负责治安防范的最高长官，称押领使。

　　下野国的押领使叫藤原秀乡。

　　这也是一个后代遍地，子孙满堂的传奇人物。

　　远到战国时代刚勇镇西一的立花宗茂，近至德川幕末新撰组总长山南敬助，都是藤原秀乡的后裔。

　　再说当时下野国还没有被平将门给全部拿下来，不过哥们儿算是志在必得，事先就已经把自己的弟弟平将赖给封了下野守。所以在得知平贞盛身在下野的消息后，平将门立刻派出伪常陆介藤原玄茂为先锋，出阵迎战。

藤原秀乡闻讯后，在下野国发起总动员，调集了四千余人前去迎战。

2月1日，双方在利根川遭遇，藤原玄茂被击败。

藤原秀乡一路掩杀至下总国的石井（千叶县内），也就是新皇平将门的所在地。

当时平将门手上只有四百余人。

主要是因为他的部下绝大多数都是慕名追随而来的关东各路土豪，在顺利称皇之后，平将门觉得自己的基业差不多了，又一琢磨这春耕期快来了，于是让大伙赶紧带着自己的郎党们回家播种去。

谁也没想到藤原秀乡四千多人打上了门来。

不过平将门也不怕，以一当十的勾当又不是没干过。

2月14日下午2点时分，双方展开了决战。

3点，秀乡方大将藤原为宪的阵地，被夺取。

3点半，平贞盛的防线，被突破了。

4点，平将门带着一百来人，杀到了大将藤原秀乡的本阵前。

藤原秀乡有点慌，命令手下速速放箭，以阻挡平将门的攻势。

可这招如果有用的话，平贞盛和藤原为宪也就不会挨揍了。

眼看着平将门即将为自己的人生再添一笔胜绩，突然迎面吹来了一阵狂风——紧接着，一支不知从谁的弓上射出的顺风箭，正中平将门的眉心。

享年四十岁。

自称新皇以来，还不到两个月。

这就叫作生死由天。

消息传到征东大将军藤原忠文那儿的时候，老爷子尚在路上都还没进关东。一听说后没有二话立刻下令全军掉头，回京城。

顷刻间，欢声雷动。

因为对手是平将门，出发前大多数人都觉得自己很难再活着回来了，现如今等于是白捡一条命，怎能不高兴。

再说那藤原忠平，面对这天大的喜讯，仍是异常冷静，在听过藤原忠文的汇报之后，他做了三点指示：第一，将平将门枭首，首级立刻带来京城示众；第二，令藤原秀乡全力追剿平将门势力的余孽；第三，藤原忠文也别闲着，立刻挂帅征西大将军，准备西征，解决藤原纯友。

那个时候藤原纯友刚刚劫掠了大宰府。平将门造反让他感到异常兴奋，虽然两个人不认识，但这并不意味着他不能响应配合平将门的脚步趁机拓展自己的势力。

所以那两个月里藤原纯友特别忙，从本州到四国再到九州，抢了个遍。

在得知平将门的死讯后，藤原海贼团内部炸开了锅。

话说上一年关东刚乱那会儿，藤原忠平为了避免两线作战，特地对藤原纯友采取了怀柔安抚政策，封了他一个从五位的官，

平将门枭首

其副手藤原文元，被封了个从七位，另一位重要骨干藤原恒利，则给予承诺，说只要好好听话，将来封妻荫子也是必然不会少的。

藤原纯友很明白，这只是朝廷的权宜之计，因此他一边笑纳了官位，一边也根本就没闲着，仍是继续做他的海盗，丝毫没有收敛，对此藤原忠平也只能是布重兵保卫近畿安全，其余的暂且管不了。

结果平将门死了，海盗们傻了眼。

藤原恒利当时就不开心了，说大家都是出来混的，我们抢了人家的东西，人家反而还要给我们官当，那会儿我就讲我们要给朝廷面子，结果你们都不听，现在好了吧，怎么办？

藤原文元一听这话也炸了，拍着地板跳起来喊，谁不听你的话了？是我吗？是我吗？！你今天把话往明白了说，是谁没听你的话，没给朝廷面子？

藤原纯友则当场把刀都给拔了出来，明晃晃地抄着看着下面的人，半晌，才憋出一句话来：怪我咯？

分赃的时候，你们谁也没少要啊。

鉴于形势逼人，藤原纯友在略思考后做出了抉择：顽抗到底。

天庆三年（940）八月，藤原海贼团出动船只四百艘，袭击了伊予沿岸；次月，又攻打了备后（广岛县）的水师基地，烧毁战船一百余艘；十一月，周防国（山口县）铸钱场被海贼所劫，损失惨重。

对此，藤原忠文无动于衷。

老爷子先上奏朝廷，说老夫年事已高，这么东西横跨日本地来回跑怕是体力不够，能不能吾皇开恩，来几个年轻人上第一线，老夫就坐镇后方运筹帷幄。

当月，朝廷派出小野好古为追捕使长官，并依照藤原忠文的要求，任命源经基为副将。

小野好古是小野妹子的后人，平安时代日本著名书法家。

是的，他们派了个写毛笔字的来抓海盗。

虽说三国时代著名书法家钟繇曾有潼关拒马超的光辉战绩，但这位小野好古，真的是一个很纯粹的书法家。

没辙，是真的没人了。

好在有源经基。哥们儿被平将门坑得蹲了好几个月的大牢，正在为不能亲自报仇而郁闷，现在一听能打藤原纯友，顿感聊胜于无，摩拳擦掌地就出了征。

天庆四年（941）正月，藤原忠文给藤原恒利写了一封亲笔信，总结起来就一句话：如果愿意投降，不但既往不咎，还给你当官。

当月，藤原恒利就投降了朝廷，还把海贼团大本营日振岛的防御布局全部告诉了小野好古。

三月，日振岛被攻下。

藤原纯友带着上千艘船往西转进，顺道攻下了大宰府——没错，是顺道攻下的。

于是讨伐军只能跟在屁股后面打到了博多湾，五月，双方展开决战，凭借绝对优势的人数和对方在陆地战的绝对劣势，小野好古大获全胜，藤原纯友几乎全军覆没，一千多艘船里被夺八百余艘，剩下的则被付之一炬，他几乎是只身逃出，再度回到了伊予。

正琢磨着怎么东山再起，却被早已埋伏在那里的当地政府武装人员抓获。

抓住他的，名叫橘远保。这人有个子孙，我们之后会说，叫楠木正成。

藤原纯友最终被投入大牢，当年六月二十日，不等宣判，便死在了里面。

这场震撼了整个平安朝的承平天庆之乱，就此告终了。

但动乱的影响，却远未结束。

承平天庆之乱，看似不过是两个地方小土豪的小打小闹——事实上也确实是小土豪的小打小闹，藤原纯友不过七品小官，平将门更是一介白丁，可就是这两个小土豪，一个称霸了关东八州，另一个更在西日本横进横出，朝廷想去中国搞外交，船都不敢起航。

可天皇最后连像样的军队都派不出，只能让一个年近古稀的老兵带着几个文化人前去讨伐。

这是日本立国九百年来从未有过的窘状——中央朝廷，已经快要拿地方武装束手无策了。

无论是平将门还是藤原纯友，他们在自己的地盘拥有大量的领地，学名称之为"庄园"，同时，也拥有大量的私兵，学名叫"侍"。

所谓侍，就是武士。

武士，已经处在了萌芽的时代。

第二十一章　摄政 VS 院政

一、一个新时代的开启

天历三年（949）八月十四日，操劳了一生的厚道人藤原忠平因病去世，享年六十九岁。

忠平在临终前，已经兼任了太政大臣和关白这两个日本最高级别的官职，同时被封从一位。过世后，又追封正一位。

不要问为什么正一位要追封而不是生前就给，要知道在两千年的日本史上，活着被封正一位的人，拢共只有六个。

藤原忠平之后，由长子藤原实赖继承了家业，之后，又继任了太政大臣和关白。

关白这个职业我们之前说过的，这是一个令外官，也就是属于不在编制内的，且不常设。

结果现在别说什么编制外不编制外了，都开始搞世袭了。

不过藤原实赖虽说荣登关白之位，但当时朝政的实权却全都掌握在了他的二弟藤原师辅手上。

藤原师辅，虽然是次子，但因为长得好看外加有文化，自年少起就跟比自己大四岁的勤子内亲王有一腿。

勤子内亲王是醍醐天皇的五公主，朱雀天皇的妹妹，史称"淑姿如花"，外加也是一个会来事儿的姑娘，深得父皇和皇兄的宠溺，且说两人那不可描述的关系被发现后，公主一番闹腾，朱雀天皇非但没有追究藤原师辅的罪过，反而接受了藤原忠平的提亲，让两个年轻人正式结为夫妇。

而勤子内亲王也成了日本史上第一个下嫁给非皇族男子的公主。

因为这层关系，使得师辅从此飞黄腾达。虽说考虑了长兄实赖的存在，师辅的官位总会比哥哥略低一级，但在很多比如重臣会议、集体拜见天皇等场合，往往是藤原师辅走在最前头，引领着文武百官。

此外，朝廷政务大事，也都是弟弟说了算。

因此藤原实赖有时候喝多了，往往会摔杯砸碗地自嘲，说老爷我这关白当得真没意思，徒有虚名，徒有虚名啊。

于是兄弟俩之间自然就这么结下了梁子，然后顺利地延续至了下一代。

二、天皇不干了

天禄元年（970），关白藤原实赖与世长辞，由次男藤原赖忠继承家业。

而后，赖忠也是意料之中地当上了关白。

至于藤原师辅那边，师辅本人是早在天德四年（960）就撒手人寰了，他的次男藤原兼通，也做过关白，只不过死得早，因此家中的大梁，最终由三男藤原兼家给扛了起来。

时为贞元二年（977），这一年，藤原赖忠刚刚当上关白，坐在龙椅上的，是圆融天皇。

他亲妈是村上天皇的皇后，藤原安子——藤原师辅的女儿。

他哥哥冷泉天皇，那会儿还活着，称冷泉上皇，也是藤原安子所生。

他唯一的儿子，怀仁亲王，是藤原兼家的女儿藤原诠子所生。

虽然圆融天皇的正宫皇后是藤原赖忠的女儿藤原遵子，然而这并没有什么大用，因为遵子在她61岁的生涯里，一个孩子都没生下来过。

也就是说，虽然关白仍在藤原实赖这一系手上，但师辅家的优势依然存在。

再说一句你可能已经想到了的话——关白这个职位，截止到这会儿，已经完全被藤原家给垄断了。

这种藤原一族的人几乎代代都担任关白一职，然后替天行道独揽大权，全然不把天子放在眼里的行为，学界俗称摄关政治，也叫摄关时代。

摄关，就是摄政兼关白。

话说永观二年（984）七月，圆融天皇在皇宫内举办了一场大型的七夕相扑大会。

七夕节看相扑，是日本皇家的惯例。

当天看完，圆融天皇望着星空，长叹一声："朕，已经做了十六年的天子了。"

天皇这么说，差不多就是不太想干了的意思。

藤原兼家闻讯之后，连夜坐着牛车疾驰来到皇宫——藤原家在宫中遍布耳目，基本上天皇每天说的任何有营养的话，都能在第一时间传达到他们的耳中。

但没想到到了门口护卫却不让进，说天子有旨，右府大人您暂且不能进去。

藤原兼家忙问，那关白呢？关白进去了没？

门卫摇摇头，说关白并没有来。

兼家长吁一口，算是放下了心。正准备走，可寻思着不太对，便又多问了一句："陛下可有召见何人？"

"师贞亲王殿下。"

师贞亲王是冷泉天皇的儿子，从辈分上来算，应该管藤原兼家叫一声叔舅公。

讲真，这关系略远。藤原兼家当时就有些想跳脚，再次请求看皇宫大门的护卫，让自己进去一趟。

但还是被拒绝了。

天皇主动要退休，当然不算什么稀罕事儿，关键是谁来接班。

师贞亲王本身就是冷泉天皇让位给圆融天皇时钦定的东宫太子，再加上此时又被叫去独对，怎么看这下一任天皇妥妥地都是他了。

对于藤原兼家而言，这显然是一个坏消息，因为前面也说了，师贞亲王和自己的关系略远，他母亲叫藤原怀子，是兼家哥哥藤原伊尹的女儿，虽然此时伊尹本人早已不在人世，但亲王和亲舅舅藤原义怀极为亲近，如果真的登了大位，那中央朝政的把控估计是没藤原兼家什么事儿了。

所以尽管诸事早已定下，但兼家仍是想再抢救一下。

可圆融天皇愣是连门都不开，无奈之下，他只能先回了家，静等消息。

两三天后，圣旨传来，召藤原兼家入宫。

君臣相见，天皇先开了口："朕，已经做了十六年的天子了。"

藤原兼家跪在地上，虽然很想回一句陛下你能不能讲点我前几天没听过的话？当然是不敢这么开口，只是一声不吭。

于是天皇便又自顾自地继续说道："这个位子，朕想于今日传给东宫。"

这话听着虽然也不新鲜，但藤原兼家终究没能控制住自己脸上浮起的一股愠色。

"朕知道你胸中不平，但这也是没有办法的事。"圆融天皇看出了兼家的心思，"不过你放心，下一任的东宫，就让怀仁来做吧。"

史书记载，在听完这句话后，一脸苦相的藤原兼家，瞬间喜上眉梢。

三、天皇也需要一场说走就走的旅行

当年 8 月，师贞亲王即位，称花山天皇。同时，怀仁亲王被封太子。

而这次皇位变动的最大受益者，是藤原义怀。

这个人很理智地拉开了与藤原实赖以及藤原兼家的距离，一副自成一派的模样。有好几次那两位想去登门拜访套套近乎，却都被他不冷不热地给回绝了。

对此，藤原实赖选择了放弃——反正无论是上皇、天皇还是太子，跟自己都没啥太近的关系。

但藤原兼家不肯，他又觉得，这事儿还能再抢救一下。

问题是怎么抢救。

一琢磨就是整整两年，宽和二年（986），发生了一件大事。

7 月，一个叫藤原怟子的嫔妃死了。

这个姑娘当时正和花山天皇爱得死去活来，而且已经身怀六甲，她的离世，让天皇悲痛欲绝。

悲伤过度的结果就是脑洞大开，追悼会上，天皇当场决定出家。

不过鉴于这个脑洞如果现场说出来那必然是顷刻间乱了天下，所以一直等到会后，花山天皇才偷偷地召见了藤原兼家，告诉了他自己的想法。

藤原兼家还没听完整个人就蒙圈了，虽然理智告诉他这是一个千载难逢的好机会，但感情上还是无法接受这事儿，所以颤抖着身子和声音问了一句："陛下……您……可要三思啊……"

"朕意已决，不必多言。"

沉默了数分钟后，兼家差不多已经缓了过来，他思索片刻后立马凑上跟前道："陛下，此事必须从速。"

连劝都没劝。

花山天皇却很满意，觉得眼前的这位右大臣太贴心了，这要换了舅舅藤原义怀，指不定怎么阻拦自己呢。

经过半个小时不到的秘密讨论，君臣二人定下了此次行动的一些基本方针——动作要快，要绝对保密，出家地点是元庆寺，以及皇位传给怀仁亲王。

商议既定，便展开行动。

首先，天皇拿来了皇家代代相传的三神器，交给兼家，让他去给怀仁亲王。

接着，封锁宫中所有大门，严防消息走漏。

同时为了以防万一，藤原兼家还找来了一队武士作为护卫。领头的叫源满仲，以及他的儿子源赖光。

知道酒吞童子是谁杀的吗？

是源赖光。

知道茨木童子是谁砍的吗？

是源赖光的手下，渡边纲。

总之，这人特别厉害。

一切准备停当，就该出发了。

跑路前，天皇望着当空的皓月，突然反悔了："在这明月照耀之下，朕却要出家，想想真是羞耻啊。"

源赖光四天王

　　眼看这事儿要黄，冷不防地这空中就飘来了一片云彩，遮住了月亮。

　　天皇无话可说，下旨开路。

　　而后一行人还没走出皇宫大门，花山天皇突然又喊停。

　　因为他想起来藤原怟子曾经写给自己的一封情书忘在宫里了，想回去拿。

　　藤原兼家见状，生怕这么来来回回地折腾暴露了行动把事儿给弄黄了，于是当场飚了演技——掩面而泣，呜咽道："陛下既是决定出家，又何必再对红尘之人有所牵挂呢？若是常伴青灯为藤原怟子祈福，想必他日终究还能再会的吧。"

　　花山天皇觉得这话挺有道理的，又下令前行。

　　就这么走走停停的，总算是出了宫门。

　　出门后，一群人又走了一段，路过一处宅邸门口，忽然，里面传出了一个中气十足的声音："陛下若是就此出家，那可将是惊天之变啊！"

　　所有人都为之一惊，毕竟这次是绝密任务，皇宫大内都无人所知，怎么跑大街上反而被人看穿了？这屋子里头住的是谁啊？

　　正在惊慌，那个声音又响了起来："诸人勿惊，式神早已有所通报而已！"

源赖光猛地想起，这房子的主人，是安倍晴明。

就是那个你知道的阴阳师安倍晴明。

大约拂晓时分，大伙总算抵达了元庆寺，花山天皇在藤原兼家的陪伴下顺利剃度，等到藤原义怀赶到时，这世界上已经少了一位混饭的天皇，多了一个混饭的和尚。

怀仁亲王则荣登皇位，称一条天皇。

四、拼爹的 VS 拼妈的

一条天皇即位的时候只有六岁，于是外公藤原兼家很顺理成章地担任起了摄政的工作。

永祚二年（990），天皇元服，任命兼家为关白。

此时的兼家已经身患重病，因此只当了三天，就把关白传给了自己的儿子藤原道隆。

藤原道隆当了五年的关白后，因糖尿病医治无效而与世长辞，走之前，把这个位子又传给了自己的弟弟藤原道兼。

藤原道兼运气不好，只当了七天就病故了，史称七日关白。

继承人是他的弟弟藤原道长。

总之一句话，关白姓了藤原。

再说那藤原道长坐大之后，便开始了长达二十多年的专政，而他的儿子藤原赖通，十五岁就当上了正三位右近卫少将，三十岁出任关白，独掌乾坤到七十六岁，实在是老了老了玩不动了，才辞去了一切职务，顺便在延久四年（1072）时以八十一岁高龄出家，然后一直活到了八十三岁才驾鹤西去与世长辞。

道长赖通父子俩一前一后总共八十来年的摄关政治，使得日本皇权从此名存实亡，而且他们不仅操控中央，就连地方也不放过，在那八十多年里头，许多国司的任命也全都出自他们爷俩之手。

而底下的国司有了藤原家为后台，更是肆无忌惮了起来，纷纷各自建造港口，直接和当时的宋朝展开贸易，而宋朝那边本来就不禁私贸，更何况中国商人也闹不清摄关政治地方政治，反正看见日本来的商船就一手交钱一手交货地做买卖，久而久之，天皇的中央朝廷连钱都赚不到了。

对于藤原家的摄关政治，全日本的反应只有四个字：人神共愤。

首当其冲的是半仙皇家，那必然是不高兴的，为了抗衡藤原家，历代天皇采取的对策叫院政。

所谓院政，通俗来讲，就是拼爹。

藤原家之所以能掌权，很大原因是由于藤原家的女儿，基本上代代都嫁入皇宫当皇后，像藤原道长，三个女儿都是皇后，人称一家三后。然后皇后生下的皇子又能再当天皇，也就是说，藤原一族其实是天皇家的外公、舅舅或是老丈人。

要跟外公、舅舅、老丈人对抗，那最好的办法就是把爷爷、叔叔和亲爹找来，枪对枪，棒对棒，亲爹对亲娘。

在摄关时代，当天皇活到二十多三十岁的时候，就会把位子传给尚且年幼的太子，而自己则出家做和尚，即为上皇，通称某某院，上皇上面还有法皇，就是天皇的爷爷，同样也是和尚——天皇打算通过这种办法来增加自己的战友人数，然后来压制藤原家的势力。

也就是说，摄关政治跟院政政治两者的本质，其实是天皇母系一族与父系一族之间的斗争。

不过从结果上来看，显然还是摄关政治更胜一筹，因为即便爷爷孙子齐上阵，可皇权依然只是个名分，藤原家还是牢牢地把持着一切。

于是这就让另外的一拨人愤怒了，那便是京都的其他贵族与地方的豪强们。

说这个话题之前我们先来重温一下日本的土地制度变革。

且说在当年菅原道真跟藤原时平这两位的改革后，日本土地的私有制算是被确立了下来，不仅朝廷承认土地可以私有，同时也规定一切新垦土地归开垦者所有，而拥有土地者则被称之为领主。

如此这般一来，造成的后果就是各地的领主如雨后春笋一般地冒了出来。

虽然这并不是什么好事。

开发了土地，就成了财主，你当了财主，那随之而来你的安全也就成了问题，毕竟这世道不是什么人都愿意靠自己本分的劳动来发财的。

那么，为了保护自己的家产和家人，就必须要有武器，有了武器还不够，因为你不能一个人拿九把刀，所以还得招募保镖来保护自己的田园。

这保镖，在日语中被叫作"侍"，也就是武士，俗称打手。

可以说，武士最初出现的意义，是为了保护领主、土地以及农民。

而那些拥有相当武装力量的土豪领主们，包括很多国司在内，其实也能算是某种意义上的武士，不过为了跟普通看家护院的武士加以区分，一般我们称之为武将。

或许很多人会问，这跟藤原家的摄关政治有什么关系？

有关系，当然有关系。

因为土地私有制的深入，从而导致了武士的出现，而武士的出现，则很大程度上改变了当时日本的政治格局，那便是中央政权的名存实亡。

这其实是一个很容易理解的事情，中央为了掌管地方，而派了国司，国司在代替朝廷管理那非常有限的土地的同时，又通过自己开垦的手段获得了大量的私有领地，而且还招募了大批给自己看家护院的私人武装力量，他们自己也从原先的钦派地方官转变成了手握雄兵的武将，这样一来，朝廷在地方还有何权力可言？也别管摄关政治还是院政政治了，中央的一切政令在地方都可以说是废纸一张，只有武将，才是真正的统治者。

这种因土地私有而导致的权力分散，既是一种进步的象征，也是动乱的根源。

当然，动乱那是后话了，现在要说的是，因为武将的出现，使得天皇想要搞掉藤原家不再需要单纯地拼爹了，他们还可以拉拢武士来做自己的战友，毕竟枪杆子才是硬道理。

那么藤原家是否也能通过地方势力来扩大自己的阵营从而加强摄关政治呢？

理论上是可以的，但实际上很难。

原因有二：第一，在日本，天皇是拜出来的，是神，除了极个别的疯子比如平将门，没有人会想到以人类的身分来挑战皇权；第二，这年头谁都不比谁笨，大爷我有土地有士兵，凭什么还要给你藤原家当枪使？

就这样，武士崛起了。

或者说地主崛起了。

在崛起的过程中，有两大氏族脱颖而出，一家平氏，一家源氏。

虽然看起来很势单力薄只有区区两族，但实际上全然不是你想象的那样。事实上截止到平安时代后期，这两家光是直接用平源名号的分流就有好几十上百的，还不包括改姓其他的支流，同时不仅在京城举足轻重，而且还遍布了日本各地。

永治元年（1141），时任的崇德天皇在自己父亲鸟羽上皇的操控下，心不甘情不愿地颁诏宣布退位，将皇位让给了自己同父异母的亲弟弟体仁亲王。

哥哥传位给弟弟，这在日本皇家是常有的事情，本无可厚非，在讲究院政政治的平安时代，往往还会多做一道手续，那就是上一代天皇先收自己的弟弟为养子，任命其为皇太子，然后再把皇位传予他，这样便能名正言顺地当上皇搞院政了。

可这一次却跟以往不同，那体仁亲王只是以"皇太弟"的身分继位，并没有拜他哥哥做干爹。

这当然是鸟羽上皇在背后一手操控的结果——虽然两人都是他的儿子，但当爹的却一直都偏爱那个弟弟。

只是这么一来，崇德天皇肯定就不乐意了，虽然当时的他势单力薄全然弄不过鸟羽上皇，但父子兄弟之间的梁子，算是结下了。

再说那体仁亲王即位后，称近卫天皇，这孩子命不好，当天皇的那一年不过3岁，什么事儿都不懂，等好不容易长到十几岁的时候，却死了。

久寿二年（1155），近卫天皇因病重医治无效在京城去世，年仅十七岁。

其实本来这也不算什么新鲜事儿，那年头日本医学水平差平均寿命又低，即便是在皇家，别说活不满二十岁，就是刚生下来连太阳都还没来得及抬头看上一眼便立马夭折了的倒霉孩子也是大有人在。只不过他近卫天皇这一驾崩，很多事情就都不好办了，比如下一任天皇该谁来当就成了大问题。

时任左大臣藤原赖长认为应该请崇德天皇重登皇位，或者让他的儿子重仁亲王来登九五。但鸟羽上皇不肯——那是当然的，一旦崇德天皇卷土重来，那么当初把他从皇位上给端下去的自己还能有个好？

于是鸟羽上皇又一次地一手遮天了一回，将自己的第四皇子雅仁亲王扶上了龙椅，称后白河天皇，而他自己，则晋升为鸟羽法皇。

至于上皇的位置，也实在不好意思空着，便给了盼得眼珠子都快冒绿光的崇德天皇，算是表表安慰——反正上面跟下面都是自己掌控着，给你个夹层也无妨。

这事儿表面上看起来似乎是就此尘埃落定了，但暗地里崇德上皇的死忠藤原赖长却并不愿就此罢休。

五、把搞基写进日记不是一种新发明

藤原赖长，是一个已经不足以用奇葩这种词汇来形容的神人。

他出身万人之上的藤原北家，虽说并非嫡出，但因为自幼才华横溢智商爆表，故而深得父亲藤原忠实的喜爱。再加上藤原家嫡长子藤原忠通一直都生不出儿子，因此在天治二年（1125）的时候，由老爹安排，让赖长做了哥哥忠通的养子，正式成了藤原北家的继承人。

那一年，哥哥二十八岁，弟弟五岁。

只能讲，人为暗箱操作的因素太明显了。

于是藤原赖长就这么集千百万宠爱于一身地成长了起来，然后，长歪了——我指的不是脸，小伙子长得倒是很帅，堪称绝色，但爱好独特，喜欢搞基。

虽说日本这个国家对于同性恋的宽容度一直走在世界和时代潮流的前端，但在上古时代，大家的容忍度还是比较低的。比如天武天皇的孙子道祖王，曾一度被孝谦天皇立为太子，但由于和近侍搞基，而且还是在圣武天皇国丧期间搞，因此直接被废了东宫之位。

藤原赖长

在奈良、平安两朝，日本的同性恋则主要发生在寺院，固然不是社会主流，但也不算罪大恶极，属于人尽皆知但说破了就很难看的秘密。

藤原赖长先是跟自己的贴身随从秦公春搞上了，这个路数其实很常见，不必多说。

之后，和藤原忠雅好上了。

从家谱上看，忠雅应该是赖长的远房堂弟。

再之后，经藤原忠雅介绍，时任正四位下参议的藤原为通也加入了他们的圈子。

后来藤原为通又把自己的姻亲藤原公能给介绍了进来。

再再后来，藤原赖长看上了大纳言藤原隆季，但隆季本身是一个出了名的直男，视赖长等基佬如变态，结果在他妹夫藤原忠雅（又是这人）的反复劝说以及设局布置下，终于半推半就地接受赖长的追求。

搞基成功的当晚，藤原赖长兴奋地在日记里写道：今日终于如愿以偿，万分欣喜也。

这本日记很出名，叫《台记》，多年来都被公开出版，书店里都有得卖。

因为藤原赖长这么公开搞基还顺带写日记，以至于整个平安京里的基佬们一下子都感到释放自我的时候到了，于是纷纷把自己的性癖好半公开化，而导致了你现在津津乐道的武田信玄和高坂昌信啦，织田信长和森兰丸啦之类的这种日本中近世的龙阳传统，正是从这时候开始的。

简直不可描述，不想再多说了，还是讲正经的吧。

话说在政治方面，藤原赖长属于典型的君子报仇十年不晚的主儿，而且心狠手辣并腹黑至极，要么不出手，一出手必定血溅四方，人送外号恶左府。

可以说两个段子让你体会一下。

曾经在平安京里，有人打死了一名朝廷命官，因为是酒后失手，所以也没砍头，关在大牢里准备让他把牢底坐穿，结果没两年，朝廷大赦，哥们儿给放了出来，又能再见天日了。

这种事情本质上也不算什么事儿，打人的其实是个小老百姓，名不见经传，而被打的也不是什么大人物，本来大赦了也就翻篇儿了。

结果万万没想到藤原赖长不知从何处知道了此事的来龙去脉，当时就拍了桌子："不成，此人断不能放。"

理由是活老百姓杀了朝廷命官若也能全身而退，那朝廷威望何在？颜面何存？

虽然这话是挺有道理让人无言以对，但手下仍是提醒说，大人，都大赦了，能怎么办？

藤原赖长一咬牙，迸出四个字："替天行道！"

当晚，叫了自己的护卫兼基友秦公春，摸到那犯人家，把人给暗杀了。

万万人之上的左大臣，亲自组织暗杀，对象只是一个活老百姓，这在日本史上，堪称绝无仅有。

对百姓如此，对朝廷命官，藤原赖长依然如此。

他有个政敌，叫藤原家成，官居正二位中纳言，大小也是个高官，结果就因为在朝堂之上跟赖长多吵了几句，赖长气从心来，下了朝后，让家丁们拎着锤子去了一趟藤原家成的家，直接把人房子给砸了。

没错，仍是秦公春带的队。

这种事情吧，我估计山贼都未必能干得出来。

不过饶他藤原赖长再手黑，却也不敢抄家伙去砸皇宫，对于法皇的决定，赖长只能是缩头忍耐，等到雨停云散见太阳。

别说，那一天还真的很快就到来了。

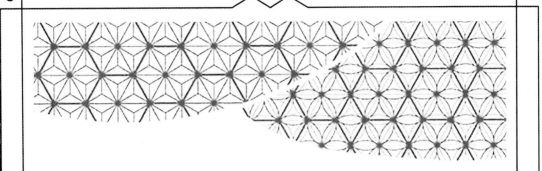

第二十二章 你也配姓平？——平家巅峰物语

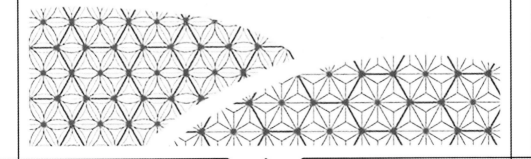

❀

一、镇西八郎

保元元年（1156）七月二日，鸟羽法皇驾崩，享年五十三岁。

消息传来，崇德上皇跟藤原赖长高兴坏了，尤其是后者，觉得成大事的时候到了。

当年6月，上皇和赖长联合了源氏的源为义，平氏的平忠正，以及其他源平两家的武士们，厉兵秣马准备叫板中央。

源为义是源氏支流河内源氏的族长，而平忠正则是平家分支伊势平氏的当家人，这两位都是手握雄兵的豪强，所以都还没等正式开工，藤原赖长就已经自信满满地跟崇德上皇讨论起下一届天皇的候选人了，两人一致认为，上皇的第一皇子重仁亲王，很有皇上范儿。

不得不说这两人真心太过天真了。

他们的对手，是后白河天皇——这位天皇绝非一般人，这家伙特别会来事儿，唯一的人生乐趣就是来回折腾，所以后世人送外号日本第一大天狗——天狗在日本神话中便是作乱添堵的代名词。

后白河知道崇德上皇心里在想什么，几乎就在藤原赖长跟源为义、平忠正串联的同时，他也拉拢了三个人：一个是时任关白藤原忠通，一个是源义朝，还有一个是平清盛。

藤原忠通是藤原赖长的亲哥哥，源义朝是源为义的儿子，平清盛则是平忠正的侄子，这两位之所以一个反了亲爹一个离了老叔，明面上是一个忠字，为了效忠天皇而大义灭亲，但实际上谁都说不准了，兴许就是想藉此机会各自灭了家中父老，然后自己来掌控整个家族。

当年7月，拉完了帮手的双方开始集结兵力，在京都搞起了南北对峙。虽说当时崇德上皇在人数方面略占优势，但真要硬碰硬起来也未必有十分的胜算，故而只是按兵不动。

源为朝开弓

源为朝

　　10 日，或许是觉得这么大眼瞪小眼地再这么瞪下去粮食就该吃光了，于是崇德军内部召开了高级将领军事会议，商讨下一步对策。

　　会议由藤原赖长主持，由于这人这辈子就没玩过打仗也不懂军事，因此他提出来的方案仍是静如处子地继续对峙。

　　但立刻就遭到了反对："我认为，我们应该主动出击。"

　　说这话的人，叫源为朝。

　　源为朝，源为义第八子，身高据说超过两米，乃是当时日本罕见的巨汉，且左手比右手要长四寸，故而使得一手硬弓，射出去的箭又狠又准，自幼便随父亲为义在九州岛上东征西讨，从讨伐山贼土匪到射杀妖魔鬼怪基本上啥事儿都干过，不过二十出头便立下了赫赫战功，人送外号镇西八郎，在那年头属于传说级别的强者。

源为朝认为，后白河军的指挥官必然是他的弟弟源义朝，而义朝若是当上了主将，那么必然会主动发起进攻，既然如此，那还不如化被动为主动，由己方先行一步，趁夜偷袭，打他个措手不及。

可藤原赖长不同意，哥们儿总觉得打仗就得跟砸人房子是一个模样，光明正大地抄家伙夯上去才够刺激。

因为赖长是崇德军的总指挥，所以源义朝也没辙，只得服从命令。

结果在 11 日凌晨，正在睡觉的崇德军突然听到自家大营门外喊杀声震天，原来是源为朝的担心成了真：那源义朝和平清盛分别带了三百骑和两百骑摸黑前来劫营。由于很多人尚在睡梦之中，因此都没来得及反抗，便当场被打死在了被窝里头。

就在崇德军摸黑挨打一片混乱的当儿，突然一个高大的黑影骑着马就窜了出去，只见他弯弓搭箭一抬手便是好几发，发发命中，箭箭杀人，把冲在最前面的那几个后白河军的将领全都给射下马来，然后又大喝一声："我乃源家八郎！是好汉的就跟我来！"

崇德军的众人此时大多已经清醒了过来，一看赫赫有名的镇西八郎在打头阵，当下便精神抖擞抄起家伙发一声喊跟了上去。

而后白河军一看镇西八郎来了，顿时心生畏惧，虽说在劫营的时候占了不少便宜，但这会儿也不免脚底打战，不由得往后退去。

劫营的五百骑中，当先锋的是平清盛，他见源为朝来得凶，便决定避其锋芒，下令后撤，打算把这建功立业的机会让给兄弟部队，也就是后面的源义朝。

没多久，义朝、为朝兄弟俩便在战场上见了面。

兄弟见面，不管在啥场合，招呼至少是该打一声的。

先是源义朝一声怒喝："你这不遵天皇旨意的乱臣，现在又想对着自己的亲哥哥放箭了么！？"

然后源为朝也不甘示弱："你这目无上皇的贼子，现如今打算和自己的亲生父亲为敌么！？"

后者说完，抬手便是一箭，源义朝猛地将头一低，箭从头盔穿甲而过，射在了他身后的一棵树上。

义朝受了一吓，已经无心再战，只得命令军队暂时撤退，稍作休整，等自己缓过神来再说。

然而，虽说有源为朝奋力作战，平清盛和源义朝的五百骑兵数度被其击退，可因崇德军的兵种终究以步兵为主，机动力和攻击力都远远无法和敌军相比，所以在恶战四小时之后，还是被如数打败，藤原赖长身受重伤，在逃跑的途中因伤势过重而亡，其他的主要将领源为义、源为朝父子，平忠正以及崇德上皇本人都被生擒活捉，当了俘虏。

战后，崇德上皇被发配到四国幽禁，那年头四国的情况大家都懂的，送去那里等于是坐牢；而源为义、平忠正以及大帅哥藤原赖长三人则都被判了死刑。

至于那位源为朝，按常理来讲本该也是跟他爹一个下场的，可临了临了这后白河天皇突然就动了恻隐之心："镇西八郎乃是当世名将，若是死在我们手上，那恐怕是要被后人指摘的，算了，留他一命吧。"

就这样，源为朝死罪可免但却活罪难逃，被流放去了伊豆大岛。

伊豆大岛是伊豆诸岛中面积最大的一块，故而得名。

伊豆列岛在今天算是日本著名的旅游胜地，风景宜人，柔和秀丽，大文豪端川康成还以此为舞台写过名著《伊豆的舞女》，几十年来经久不衰，被人们奉为日本文学史上的经典。

不过在当年那地方的概念基本就和之前说的四国没两样，都是不毛之地，一年到头连庄稼都种不出多少，除了用于流放犯人之外再无其他用途。

当年8月26日，源为朝坐着一艘小船前往了伊豆大岛，那会儿的他可谓是相当狼狈，不仅身分是一介囚犯，就连他向来引以为豪的能吃饭能拿刀的右手也因在之前的战争中受了伤，连普通的软弓都已经拉不开了。

然而名将毕竟是名将，抵达伊豆大岛之后，源为朝还是受到了无上的礼遇，大岛的地方官叫三郎大夫忠重，此人久闻镇西八郎大名，不仅好吃好喝地供着，不久之后居然还将自己的女儿许配给源为朝，就这样，为朝从阶下囚摇身一变成了干部家属，日子就越发好过了起来。

这种悠闲的岁月一过就是好几年，在这几年里，源为朝受伤的右手经过细心调理也逐渐得以恢复，又能重新弯弓飞箭射大雕了，日子一长，他便开始觉得射大雕已然没了意思，还是射人比较好。

永万元年（1165），源为朝突然对自己的岳父三郎大夫忠重表示，从此往后伊豆大岛应该独立，也就不必再给上头缴纳年贡了。

年贡就是日本农民每年需要缴纳给政府的地租，一般是先缴纳给自己所在的小区，再由小区上传给街道，接着街道再给区，就这么层层往上送一直送到中央。

伊豆大岛的上级单位是伊豆国，也就是整个伊豆列岛，管辖列岛的官员叫工藤茂光，是个比较厉害的角色，所以对于自己女婿的要求，三郎大夫忠重顿感为难万分，因为他既不想得罪工藤茂光，却同时也不敢跟这位孔武有力连妖怪都打得死的女婿过不去，两难之下，他想出了一个折中的办法，那就是表面上答应源为朝，从此不再向上头缴纳年贡，可背地里却还是偷偷地把该给的那一份给工藤茂光送过去。

结果这事儿不知怎么的就被源为朝给知道了，他顿感很没面子，盛怒之下他冲到自家老岳父跟前将其一顿拳打脚踢，然后还拔出刀砍下了三郎大夫忠重的三根手指以泄心头之愤。

这一年夏天，源为朝听说在伊豆大岛附近有一个叫芦岛的小岛上，住着一群特殊的人，他们因为身材高大生性勇猛，所以人称"大男"，据传这伙子人都是上古时代盘踞在伊豆诸岛的鬼怪所留下的后裔。于是他立刻坐船登上芦岛，结识了好几个大男为同伴，随后带着他们回到伊豆大岛，并以此为据点，宣布起事。

短短数日，源为朝和他的大男小队便占了伊豆列岛中的七座小岛——其实这事儿也不算太难，要知道当年日本本来就人少，这穷乡僻壤的伊豆列岛更是人烟罕见，有的地方纯属不毛之地，也就别提人了，连毛都没有，坐个船靠岸登陆留一个脚印就算是占领了。

或许是伊豆在当时真的是实在太过于地处乡下了，从永万元年（1165）开始搞分裂的源为朝一连闹腾了好几年，连占数座无人岛外加抢了好几十艘渔船都没人来搭理他，直到嘉应二年（1170）的时候，因为实在是搞得怨声载道了，伊豆列岛的地方长官工藤茂光才不得不上奏朝廷，说是源为朝造反，请拨大军征讨。

虽说当年是赫赫有名的镇西八郎，但毕竟事隔数十年，再加之这哥们儿常年蹲在荒郊野外身边也没几个人，所以纵然是已经成了上皇的后白河听说源为朝造反的消息，也没太多在意，只是很轻描淡写地派了一支总人数三四百的小部队前去镇压，并亲自任命工藤茂光为大将。

　　这支部队分战船二十余艘向源为朝的大本营伊豆大岛开去，而另一边，源为朝望着这海面上的几十艘战船，再看看身边的那几个大男，这才明白了一件事儿：此仗断无胜算。绝望之余，他打算自尽，以免落入敌军手中受辱。

　　这一年的 4 月 6 日，源为朝先是将自己的年仅九岁的独子源为赖一刀刺死，接着准备自己也跟着一起去。但转念一想，觉得自己一世英名现如今面对敌军就这么一声不吭地畏罪自杀，实在有些没面子，再怎么说至少也得放一箭吧。

　　抱着这样的想法，源为朝独自一人来到海边，弯弓搭箭朝着讨伐军舰队中的一艘船尽力射去，箭正中帆绳，绳断帆落，眼瞅着就动不了了。

　　射完之后，源为朝转身回屋，准备自杀。

　　手下某大男很给力，一见主子回来连忙迎了上去，手里还拿着一根绳子——当时日本最常用的自杀手段是上吊。

　　源为朝接过绳子，往自己脖子上比画了一阵，然后又寻思了半天，最终又将其放了下来："吊死后的模样太难看，有失尊严，我不用这个。"于是手下很关切地问那您用什么，我现在就去拿。

　　"不必麻烦了，就用刀吧。"源为朝一边说着，一边将腰间的刀给拔了出来。

　　接着，他解开了衣服，露出腹部，用刀对准了自己的肚子，深深地吸了一口气，然后猛地一刺，再一划，顿时血液四溅，因为切得太深，所以连肠子都流了出来。

　　源为朝倒地，不过并未马上蹬腿，而是在血泊中痛苦了整整两三个小时才因失血过多而亡。

　　在他垂死的那段时间里，讨伐军非常出人意料地没有攻上岛来，而是在那天夜里才上的岸，并且由一个叫加藤景廉的人帮他收了尸。

之所以来得那么慢，那是有原因的。

且说之前源为朝射断帆绳的那一箭，虽说没有射伤船上的任何一个人，却把大伙着实吓得不轻，众士兵们一看镇西八郎居然亲自出马而且还有如此身手，纷纷备感恐慌，这一恐慌就开始纷乱了起来，这船上的人一乱，船自然也就左右摇晃了起来，或许是那年头造船技术不高明，再加上又吹来了一股大风，于是这船就这么翻了。

其余十九艘船上的人虽说不知道究竟发生了什么，但当他们看到源为朝一箭射翻了一艘船的时候，顿时吓得谁也不敢再动了，就连大将工藤茂光也被惊得不轻，当即下令暂停前进，生怕对方再弄出什么来伤了自己。

直到晚上，工藤茂光他们连等了数小时都不见源为朝有下文，这才命令船队偷偷前行，摸上了岛去，此时岛上除了源为朝和源为赖这两具尸体外，其余的跟随者都已经四下逃散了。

这应该是日本有史记载的第一次正儿八经的切腹自杀。

二、武士的崛起

话再说回保元那年。

后白河天皇和崇德上皇的这次乱斗，史称"保元之乱"。

这次动乱产生了一个足以影响到整个日本历史进程的巨大变革，那就是长期以来一直默默地以地主老财身分活跃在地方靠练兵收租子过活的武士阶级，从此正式登上了中央的舞台，有了直接过问甚至参与核心政权事务的权力，而且因为他们人多势众且能征善战的缘故，所以在势头上甚至一下子就压倒了原本风光无限的摄关藤原家。

这听起来似乎不错，但却也让后白河天皇本能地顿生了一种警觉。

就在保元之乱结束的当年，天皇颁布了一道新的法令，总共35条，称保元新制。

保元新制的头条前言就一句话：九州之地一人之有也，王命之外，何施私威。

九州指的是日本，因为当年中国把全国分为九个州，以九州指代全国，日本人一听觉得怪威风了，于是就直接拿来用了。

这话的意思是说，全日本都是天皇一人所有，除了皇家之外，谁也不许私自造次。

而在后面的三十多条里，其实用一句话就能概括了，那就是从即刻起，谁也不许再私自开垦新的田地庄园了，一经发现，立刻法办。

应该讲，后白河天皇确实不枉大天狗之名，在武士阶级崛起的同时就一眼看出了他们日后将对皇权所造成的威胁，于是这才制定了这套很明显就是用来针对武士阶层的新制度。

但是效果却很不好。

原因很简单，因为武士手里有兵，你跟这种操着明晃晃大刀片子的人说皇权说制度，那等于是招砍，想要压制住他们，唯一的办法就是自己手里也有兵。

但我们前面说过，日本的皇帝是拜神拜出来的，历来的天皇手里就算有兵，可会用兵的就没几个，真要比对砍，那绝对不是职业打手出身的武士的对手。

所以在制定新制的同时，后白河天皇还想了另外一招，叫以侍制侍，就是用武士来挟制武士。

保元三年（1158），天皇将皇位传给了自己的第一皇子守仁亲王，也就是二条天皇，他自己则称后白河上皇，退居二线，搞幕后操控。

同年，作为平乱有功之臣，平清盛被封为大宰大贰，主管九州事务。

因为还兼着其他京官职位的缘故，所以他也不用渡海赴任，只需留守京都，遥控指挥。

掌控了大宰府的平清盛应该讲是非常上心的，除了日常管理之外，还利用那里得天独厚的地理优势搞起了和宋朝之间的贸易往来。当时北宋已经没了，取而代之的是偏安江南的南宋，时任皇帝高宗赵构是个非常重视对外贸易的人，曾经有过"广南市舶，利入甚厚"之言，在他治世的末期，对外贸易的收入曾一度达到了国家财政总收入的15%。

摊上了这么一位大爷，恰好总管着日本国家贸易机构鸿胪馆的平清盛自然就因地制宜地赚了个盆满钵满，这又当官又发财的，让列岛都眼红不已。

平清盛

其中有个特别眼红的，叫源义朝。

这也难怪，想当年保元之乱，源义朝跟平清盛一样，都是后白河帐下的大将，而且论地位，他是总指挥，论功劳，夜袭之计是他定的，不管论什么，源义朝都在平清盛之上，可偏偏到了论功行赏的时候，他只被封了个左马头。

左马头，顾名思义就是给皇家掌管天下马匹的。

不过话说回来，这官儿倒也不算特别小，至少不是未入流，好歹也是正五位上，而且又是京官，一般人还是比较难混上的。

可源义朝却压根就没有谢主隆恩的意思，相反还特别不爽。

辛辛苦苦跟自己亲爹亲兄弟寻死觅活地打仗，结果只给了个弼马温，而且还和平清盛差距那么大，这能让人不冒火么。

其实这正是后白河上皇的谋略，对于因战功而崛起的源、平两家，如果不想让他们闹腾自己的话，那当然就得想办法让他们互相闹腾，而要想让两拨人彼此折腾的话，那最好的办法莫过于以不公平的待遇，挑起彼此间的间隙。

正所谓二桃杀三士，差不多就是这个原理。

按照后白河的计划，是先提拔平清盛，让源义朝不满，接下来再提拔源义朝，让平清盛不爽，如此一来两人必然会各种钩心斗角然后永不停息，那么自己则正好稳坐钓鱼台坐收渔翁之利。

只可惜计划不如变化快，那源义朝是个性情中人，在碰到这种不公平待遇之后，第一个想到的，是造反。

且说保元之乱后，立下大功的源义朝曾经主动向天皇提出，自己可以不要丰厚的奖赏，只求放过父亲源为义跟弟弟源为朝，并且还声称，只要能饶过那两人的性命，那么自己保证，从此以后不会让他们参与任何家族事务，就把他们当路人甲看待。

这倒是实话，源义朝跟随后白河天皇的一大原因就是想自己掌控河内源氏，所以必然不会给他爹翻身的机会。

但天皇却并没搭理他，不仅没放过源为义，而且也没有给源为朝"丰厚的奖赏"。

这就当然会让人火大了。

话再说回那位二条天皇，这孩子继位的时候不过才 15 岁，尽管很多人会想当然地认为此时的国家大权通通都被他爹后白河上皇掌握在手里，但事实却也不尽如此。

二条天皇有个养母，叫藤原得子，也称美福门院，如果真要仔细算的话，其实后者还是前者的奶奶。

虽然辈分挺高，但年纪倒也不大，那会儿不过四十才出头，要打扮得年轻些还勉强能叫她一声大姐。美福门院当年是鸟羽天皇的宠妃，如果要问宠到什么程度，那么我可以告诉你，在鸟羽天皇临终之前，把他名下所有的财产和庄园土地，都给了那个女人。

这笔遗产折合现在多少日元无人知晓，但可以肯定的是，在二条天皇继位的时候，全日本最有钱的主儿，多半就是这位美福门院欧巴桑了。

正所谓经济地位决定政治地位，巨大的财富和地产以及藤原家的华贵出身使得美福门院一跃成了足以跟后白河上皇抗衡的政治大腕，尤其是在二条天皇还不能完全自主人事儿的时候，这个欧巴桑的存在就更显得可怕了。

更要命的是，美福门院跟后白河上皇的关系并不怎样，确切地讲，是她非常不喜欢上皇身边的一个叫信西的宠臣。

信西是平安时代末期日本著名的学者兼僧侣，俗名藤原通宪，他们家从他太爷爷藤原实范起就代代都是有名的文化人，而他之所以跟后白河走得近乎，当然不是因为有文化，而是他有个老婆叫藤原朝子，是后白河的乳娘。

保元之乱之后，本来朝中的很多大臣都希望能饶平忠正跟源为义两人性命，但唯独信西和尚竭力主张将他们处死，这个方案很得后白河天皇的认可，于是踏着这二位的尸体，信西的政治地位也就又上了一层楼。

平清盛是个城府很深的人，对此并没说什么，默默地就接受了现实；可源义朝却忍不了，满世界嚷嚷说要把那秃驴给做了。

而在保元新制那会儿，还是这个信西，不仅亲自参与了制度条文的起草，还提出了无数条相当实用的建设性意见，像我们之前说的中央不再认可私自垦田什么的，全都是他的创意。

这样的人，也就理所当然地成了大众仇人。

不过这和美福门院没关系，她一女流之辈，得的都是老公的遗产，不掺和源平之争也不打算开垦私田，管他信西要杀谁要定什么法，无所谓。

可结果是你没去惹他他却来招你。

三、非平不人

却说后白河天皇要传位当上皇的那年，无论是他本人的意愿还是美福门院的期望，这守仁亲王都是不二的人选，可偏偏在这时候，信西突然就跑出来表示亲王年幼，不适合在目前这种情况下继承大统，还请陛下无论如何考虑再三，千万不要犯错。

尽管这事儿到最后仍是让二条天皇顺利登了位，了了美福门院的心愿，可信西却让她相当不痛快。

更加过分的是，在干涉立储失败之后，那信西居然还很没脸没皮地向后白河上皇推荐了自己的一个儿子，安排他当上了二条天皇的近臣，其用意其实还是相当忠肝热胆的——通过自己的手，更好地让上皇掌控天皇。

只是这么一来美福门院对信西就不仅仅是不痛快了，而是变成了痛恨，并且很快就"恨屋及乌"地连带上了后白河上皇。

　　就在这个时候，有人给欧巴桑出了个主意，说是干脆就让二条天皇尽快亲政吧。

　　此时十五岁的二条天皇说是天皇，可因为年幼所以并未亲政，因为并未亲政所以大权都被他爹后白河攥手里头，如果天皇亲政了，那么至少皇权可以分出一部分来，落到他奶奶美福门院的手中。

　　就这样，以美福门院为首的力主天皇亲政派成立了，他们游走于朝堂之上，通过各种串联壮大自己的声势，打算逼后白河上皇让步，使天皇亲政。

　　上皇当然不会让步，他也见招拆招地组成了院政派，拉了一伙人对抗亲政派，旨在不交出大权并且维持现状。

　　为了壮大声势，后白河上皇还提拔了不少地方官员，其中有一个叫藤原信赖的，就特别受器重，他原本只是武藏国（琦玉县和东京都）的军政长官，然后在保元二年（1157）时被上皇召入京城，担任右近卫府的中将，半年之后，兼任藏人头，第二年春夏之交时又被升至正三位参议，到了那一年的8月，这人已然是正三位中纳言了。

　　这种坐着火箭往上蹿的人哪朝哪代都不少见，而且一般都挺遭人恨的，比如藤原信赖在当上中纳言不久，就被信西和尚给恨上了。

　　原因是藤原信赖在当了中纳言之后尤嫌不足，跟上皇说希望能把近卫大将这个官职也封给自己，上皇还没来得及开口，信西就闻讯而来，力陈理由十七八条，总之一句话，信赖这人不堪大用，决不能把直接负责皇家安危的近卫府大权交给他。

　　此事造成的直接后果除了藤原信赖没能当上官之外，还有就是信西差不多把当时全日本的权贵们都给得罪了。

首先是美福门院，欧巴桑富婆日子过得好好的没招谁没惹谁，想让孙子当个天皇结果被信西莫名其妙地出来阻拦了一把。

其次是藤原信赖，正是春风得意的时候，突然来了个拦路虎，其心中的愤恨可想而知。

最后是源义朝，他跟信西可谓是新仇旧恨不共戴天，旧恨前面说了，信西等于是杀害他爹的凶手；至于新仇，那和藤原信赖有关，其实源义朝跟信赖关系向来不错，信赖在升官之后也一直挺关照朋友，原本两人打算在信赖当上近卫大将之后一起携手大展一番宏图的，结果却全被信西给搅和了，能不恨他么？

也就是说，无论院政派还是亲政派，大家都想弄死信西。

唯有一人与众不同，那就是平清盛。

从后白河新政，二条天皇继位这一连串事端伊始，平清盛就在那里处观望状态，八面玲珑地谁都不得罪，既时常跟信西往来，也没落下藤原信赖，甚至还把女儿嫁给了他的儿子，反正是谁都不知道他到底站在哪一边。

平治元年（1159）十二月，平清盛离开平安京前往纪州（和歌山县）熊野的神社参拜，祈祷明年能有好事发生。

正在那儿鞠躬磕头呢，突然就有一个家丁慌慌张张地跑跟前来报告，说源义朝反了。

话说在得知平清盛离京的消息之后，源义朝认为现在整个王城之内有实力的武将只剩他一个了，正是变天的大好时机，于是便找来了藤原信赖要跟他合伙，说是事成之后共享富贵。

藤原信赖一听说富贵二字当时就来劲儿了，也不管源义朝接下来说了些什么，只把那头点得跟什么似的，举着双手表示算自己一个。

当然，明面上是肯定不能说自己要变天的，所以在12月9日，源义朝跟藤原信赖等人打着肃清奸臣信西的大旗，夜袭后白河上皇的居所三条殿，没费多大工夫，顷刻间就活捉了（官方说法叫控制）上皇，占领了宫殿。

接着，在源义朝的指挥下，源家军先是一把火烧了三条，然后直冲御所，还是打着活捉信西肃清奸臣的旗号，把二条天皇给逮了。

至此，义朝的目的已经很明确了，他就是想玩一手挟天子以令诸侯。

当然，杀父大仇还是要报的。

且说兵变当夜，信西就收到了风声，于是连夜出逃，一路向西，想去熊野找平清盛来着，只可惜秀才到底是跑不过兵，天还没亮就被源义朝派出的追兵发现了踪迹，于是信西想出了一招，让随从挖了个坑，把自己埋了进去，上面盖一块挖了洞的板子加一层薄土，然后插上一根粗竹筒出气。要说这招还挺管用，抓他的人愣是找了三四天才发现了那个竹筒，而自知已经走投无路的信西也在木板被揭开的前几分钟挥刀自刎了。

另一方面，当平清盛接到京都大乱的消息已经差不多是12月15日了，此时源义朝在软禁了天皇和上皇之后，当真和藤原信赖共享富贵了起来，尤其是后者，9号晚上一夜未眠，10号天才蒙蒙亮，就心急火燎地以天皇的名义发圣旨一道，封了自己当近卫府大将，总算是了却了一个心愿。

而源义朝倒是没那么大脑缺氧，他给自己只是讨了个播磨（兵库县南部）守的位子，然后大赏群臣，但凡跟着造反的，基本人人都有官做或是有赏钱拿。

这种只求新人笑不闻旧人哭的行为惹恼了很多留在京都虽然没有直接参与造反但长期以来一直都是坚定的反信西派的权贵，他们觉得源义朝太不仗义，这么快就把自己给忘了。

对此，时任太政大臣藤原伊通如此碎碎念道："如果杀人杀得多也能当官的话，那干脆给三条殿的水井也封个一官半职吧。"

这是因为在当夜袭击三条殿时，那里的很多宫女以为发生了惊天巨变，纷纷绝望地投井自杀。

平安京内人心的微妙变化，让原本都做好准备去九州打持久战的平清盛改变了主意，他先是以最快的速度回到了京都，然后向藤原信赖递上了名帖。

名帖就是上面写着自己姓名、官位等资料的帖子，在平安时代的日本，贵族 A 把自己的名帖递交给贵族 B，就意味着 A 向 B 表示臣服之意。

尽管源义朝心生警惕，觉得平清盛不是个那么容易就服软称臣的主儿，但藤原信赖却是满怀欣喜地就此把对方当成了自己人，不仅宴请了自己的亲家，还一脸热情地问清盛道你想要啥官，尽管开口。

平清盛表面上是连连摆手称自己无尺寸之功不敢受甚官位，只求效忠于藤原近卫大将，但背地里却安排人手开始做起了营救天皇和上皇的准备。

25 日半夜，趁着藤原信赖放松了警惕的当儿，在平清盛的指挥下，后白河上皇穿着女装，坐上了一辆平日里供宫中女官所用的牛车，悄悄地逃离了被软禁之地，进入了京都六波罗的平家宅邸。

26 日凌晨，二条天皇穿着同样款式的衣服，坐着同样款式的车子，也脱逃升天去了六波罗。

接着，以美福门院为首的其他被拘禁的王亲贵胄们，也纷纷在平家家臣士兵的引导下，逃到了平家府邸。

当天上午，看着人差不多都到齐了之后，二条天皇颁布诏书，称藤原信赖和源义朝犯上作乱，要求天下共讨之。

一夜之间，形势逆转，刚刚还凌驾于全日本之上的哥俩顿时成了反贼。

　　源义朝痛骂藤原信赖，说他是日本第一不觉之人，翻译成现代文就是日本第一脑残。

　　还没等骂过瘾，手下来报，说平清盛的大军到了。

　　当时源义朝手底下只有八百身负反贼名号且军心涣散的士兵，但平清盛则带了浩浩荡荡三千人马，并且士气高涨。

　　所以当天在京都三条河原双方就分出了胜负——源军溃败，大将义朝在手下家臣拼死护卫下才只身突围，勉强保住了一条性命。

　　不过这条命到底也是没能长久，29 日，逃到尾张（爱知县）的源义朝投靠了素来和自己交好的当地土豪山田一族，但却被早就有了异心的对方一举拿下然后一刀戳死，接着，山田家的人又连夜将义朝的首级送往京都平清盛处。

　　几乎就在同时，兵败被俘的藤原信赖也被以谋杀重臣、袭击三条殿为名，拉出去斩首示众。

　　这两人的死，标志着这场史称"平治之乱"的事件被画上了句号。

　　同时也标志着武士阶级终于站到了顶端。

　　遥想当年保元之乱，武士不过还只是中央权贵们用来争权夺利的道具，属于被利用的一方，可仅仅过去了三四年，到了平治之乱的时候，无论是源家还是平家，都华丽地摇身一变成为了直接争夺中央权力的一方，而那些曾经高不可攀的王公贵胄们，此时却不得不黯然沦为了武士们用来挟持牵制对方的工具。

　　究其原因，还得是那句千古名言：枪杆子里头出政权。

　　源义朝死后，平清盛再一次地飞黄腾达了起来——因为全日本只剩下他和他的平家军最能打了。而这位老兄的官位也以基本上每年一品的速度往上升，仁安六年（1167），已经成为日本实际统治者的平清盛出任了从一位太政大臣，虽然三个月后他便辞职并宣布出家隐居，称"入道相国"，但全国军政大权仍被握在他的手里。

不仅如此，因为平清盛的发迹，使得整个平氏一族也盛极一时，据不完全统计，仅是京都三条地带，就住着平家出身的大小官员170余户。当时平家官员出行都要清道，不仅不允许人阻挡去路，还要保持一条街安静整齐，即便有婴儿啼哭，都要问责基层官吏。

对此曾有人非常不满地反问说，小孩哭闹乃是人类天性，你平家再厉害再不讲理，可总也得让人活吧？

被质问的叫平时忠，倒也实诚，大大咧咧地回道："这年头，只有平家的人才是人。"（非平不人）

嚣张到这个程度，肯定就要遭人忌恨了，但平清盛却并不在乎，因为他手里有刀。

事实上自从平治之乱后，清盛就明白了这世间唯有刀枪才是真理，对于反对声，他采取的方法是清一色地铁血镇压，不光镇压和自己地位接近的朝堂政敌，就连老百姓也不放过，这家伙专门组织了一批穿戴华丽的少年在京都街头游走（民间恨称秃童），只要听到有人暗地里吐槽平家，就立刻逮回去法办。

和所有盛极一时的政权一样，由平清盛一手缔造的平氏政权，终究也没能天长地久。

治承三年（1179），一直为平清盛所器重的嫡子平重盛英年早逝，年仅四十二岁。

本来这就已经够让人悲痛的了，结果后白河法皇偏偏很不是时候地将重盛的全部领地都收归了国有——是的，因为长宽二年（1164）二条天皇之子六条天皇继位，所以此时的大天狗已经晋升为法皇了。

而六条天皇在安元二年（1176）的时候因病驾崩，取而代之的是后白河的第七皇子高仓天皇，不过因为法皇之上也没爷爷法皇之类的称号，所以他还是法皇。

于是平清盛一下子就愤怒了，或者说疯狂了，当年 11 月，他发动政变，先罢免了朝堂贵族三十九人，接着又直接软禁了后白河法皇，接着又废除了高仓天皇，再立他的儿子，自己的外孙言仁亲王为帝，称安德天皇。

如此一来，全日本都炸锅了，本来大家都恨平清盛恨得牙根疼，现在这家伙又干了这等大逆不道的勾当，一下子群情激愤，众人撸起袖子就要准备造反了。

借着这股风，后白河法皇的第三皇子以仁亲王趁机代表全体皇族，发布了对平氏政权的讨伐令，一时间一呼百应，东瀛各地但凡手里有刀的武将也好土豪也罢，都拉帮结伙跃跃欲试了起来。

日本史上第一场武士 VS 武士的争夺天下大决斗，就要拉开帷幕了。

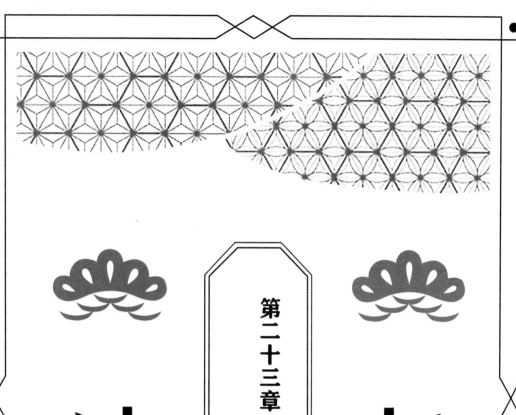

第二十三章　武士的对决：源平合战

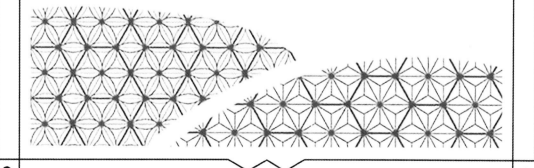

一、一个囚犯的自我修养

治承四年（1180）八月，一个三十三岁的年轻人，宣布自己和当时日本的实权统治者平家政权正式开战，之后，他率领了一支军队，从利根川左岸的国府台（千叶县内）出发，向对岸的武藏野发起了进攻。

此人就是后来日本幕府制度以及武士时代的开创者，源赖朝。

源赖朝，源义朝的三子。说起来，他们家跟平清盛也算是三代血仇了，所以在平治之乱源义朝身亡之后，平清盛曾经动过斩草除根的念头，所以源赖朝的两个哥哥源义平跟源朝长都死于平家之手，本来这家伙也难逃一死，只是没想到那平清盛刀都要举起来的时候，有人出来挡了驾。

那人叫池禅尼，是个老太太，同时也是平忠盛的正房大老婆。

平清盛生母不祥，其实连亲爹都不详，有说法甚至认为他是白河天皇（没有后字）的私生子，但不管怎么说，对于没了娘又死了爹的清盛而言，池禅尼至少也算是个继母。

池禅尼不让杀源赖朝的理由据说是因为源赖朝长得很像她一个早死的儿子平家盛。

源赖朝

古人比较有信仰，相信轮回转世，而且平清盛素来为人孝顺，更何况当时的源赖朝不过十三四岁，放过他就跟放过一条狗似的，所以清盛便听了池禅尼的话，没有下杀手，而是把赖朝流放去了伊豆。

伊豆我们说过了，当年的不毛之地，可不管怎么样，活着总比死了强。

为了防止源赖朝春风吹又生，平清盛特地安排了两位当地的豪族随时负责监视动向，他们分别叫伊东佑亲和北条时政。

同时，清盛还责令严禁任何无关人士和源赖朝接触、交谈、来往。

也就是说，从踏上伊豆的那个时刻起，源赖朝的交际圈子里就只有伊东佑亲和北条时政，以及他们的家人。

这是为了预防他和他叔叔镇西八郎一样虎落平阳了却依然贼

源赖朝流放处

心不死。

　　但终究还是百密一疏了。

　　在日本有一句老话，叫"藤原的婆姨源家的汉"，就是说藤原家多美女，源家多帅哥。

　　虽然源赖朝并非他们家那几个儿子里最帅的，但也出落得玉树临风相貌堂堂，所以很快这家伙就跟伊东佑亲和北条时政的女儿们勾搭上了。

　　首先是伊东家的女儿八重姬，当时佑亲本人正好出差在京都，而源赖朝装傻充愣地还是借着汇报改造情况跟组织交流思想为名往他家里跑，而八重姬也正值青春，一来二去之后，两人就好上了。等三年后伊东佑亲自京城而回的时候，原先的小两口都已经进化成三口之家了。

　　勃然大怒的佑亲连想都没有多想就让人把年仅两岁多的外孙

千鹤御前给杀了，接着又强行把女儿嫁给了伊豆的豪族江间小四郎。

其实这也是无奈之举，因为如果让平清盛知道了身负监视人犯之责的伊东佑亲非但没好好监视，还叫对方搞大了自己女儿的肚子，那么这对于整个伊东家而言，无疑将是一场灾难。

所以在杀孙嫁女之后，意犹未尽的伊东佑亲甚至还一度准备将源赖朝一块儿给抹了，以至于后者不得不逃进了北条时政家，以避杀身之祸。

结果也不知道是该说果然如此好呢，还是说没想到好，反正避风头之余，源赖朝又跟北条家的女儿政子凑成了一对。

和伊东佑亲所不同的是，北条时政并没有产生任何过激情绪，而是非常淡定地约了源赖朝到自己家来谈谈。

二、机智的老丈人

双方坐定之后，时政开门见山，先问了赖朝一个全世界亲爹都会问的问题：你喜欢我闺女么？真喜欢还是玩玩的？

源赖朝点头说我是真喜欢。

北条时政也点了点头，说那你就娶了她吧。

源赖朝愣住了，半天说不出话来。

北条时政见状一笑，问道你是不是在琢磨为什么我会对你那么好？

源赖朝老老实实地承认了，说别人看到我就像看到瘟神，躲还来不及，北条大人却为何要把女儿嫁于我这样的一个流放犯？

时政并未正面回答，而是反问道："你觉得，平氏政权会一直这么下去么？"

源赖朝又是一愣，但却没敢出声，他知道自己目前的身分是劳改犯，怕万一说得偏差了被判个罪上加罪然后直接人头落地。

　　时政似乎看出了对方的顾虑，又笑了笑，但面容正经："其实平氏一家所靠的，无非是入道相国一人罢了，一旦此人要离开了人世，那整个平家顷刻间就会成为众矢之的，我今天之所以敢把女儿嫁给你，就是算准了平家不会长久，而你也终有出头的那一天。"

　　治承二年（1178），源赖朝大婚，娶北条政子为正房大老婆。

　　果不其然，那平清盛都还没死，天下就乱了起来。

　　于是源赖朝也趁势跟了一把风，他联络了自己父亲源义朝当年的部下以及一族的郎党，组成了一支军队，浩浩荡荡地往西面杀将了过去。

　　值得一提的是，源赖朝自国府台出发头一个攻打的武藏野，是一个叫江户的地方的一部分。

　　江户就是今天的东京。

　　所谓江户，在日语中就是江河入海口的意思。

　　之所以得名，是因为那里入海口太多。

　　比如全日本流域面积最大，人称坂东太郎的利根川，其入海口就在那里；再比如只是在武藏野一带流来流去的平川，也是自那儿入海的。

　　平川就是现在的日本桥川和神田川。

　　前面刚刚讲过，源赖朝是日本武士时代的开创者，那么攻打江户，也就自然成了日本迈向武士时代的第一步。

　　再说那在武藏野迎战源赖朝的，是被誉为"坂东八国的大福长者，智勇兼备的平家栋梁"的江户重长。

　　他们江户家本是秩父氏的一支，只因领地被封在了江户，也就因地改姓了。

　　虽然名号很响，但江户重长却没能打赢源赖朝，不仅没打赢，还为对方所折服，从而投降了源家军。

10 月 6 日，源氏大军进入镰仓，因为那地方以前是源义朝的据点，所以源赖朝也跟随父辈的脚印，将其定为自己的大本营。

10 月 18 日，奉命前来专门围剿源赖朝的平氏大将，平清盛嫡孙平维盛率五万大军杀到，因当日天色已晚，所以双方隔着富士川的东西两岸各自扎寨，准备等天明再杀个痛快。

第二天一早，源赖朝率军列队，做好了开打的准备，由于考虑到自己在人数方面比较吃亏，因此只是严阵以待，并无主动出击的打算。

结果愣是从早上等到了中午，对岸却是一点动静都没有。

源赖朝实在忍不住，便命人渡河前去侦查。

没过多久侦察兵就回来了，报告说闹鬼了，平家营地里什么都在，武器粮食一样不少，可就是人都没了。

一开始源赖朝还不敢信，可一连派过去三五拨人，人人都这么说，以至于他也不得不信，可又想不明白到底为什么，于是便亲自带兵来到了对岸。

一看，还真是，偌大的平家营地里帐篷扎得好好的，武器也堆得整整齐齐，唯独没有一个人影。

后来才知道，这五万大军多是临时拉来的壮丁，而且粮草不济完全没有打仗的心思，当天夜里正好富士川河面上一群水鸟扑腾飞过，众壮丁们以为是源家军趁夜色劫营来了，顿时军心大乱，也不知道是谁带头一声喊，说赶紧逃吧，然后就呼啦啦地展开了胜利大逃亡，一直逃到天亮，包括主帅平维盛在内的五万人没一个留下的。

富士川一战，或者说富士川一逃，使得平氏政权开始发生了动摇，而正当源赖朝意气风发地准备指挥大军继续向西，忽然传令兵进帐报告，说有故人求见。

源义经

当时大家只以为是当地土豪前来投靠，可是没曾想当源赖朝见到那人之后，差点连眼泪都掉了下来。

那个人叫源义经，是他的弟弟。

三、美少年登场

说起源赖朝消灭平氏政权的奋战，那么源义经是一个不得不提的人物。

出身高贵却并非纨绔子弟，剑术高超却心怀柔善，饱读兵书但从不纸上谈兵，打仗向来战无不胜攻无不取，相貌华美优雅，妻子也是万里挑一的美女，可以说哪怕是现在的玛丽苏小说男主角都无法达到的程度，在八百多年前的日本却愣是有人做到了，那便是源义经。

然而，就是这么一个拥有完美人生的高帅富，却在刚刚三十出头的时候便被迫杀妻灭子然后自焚而亡，更让人扼腕的是，居然还是被自己亲哥哥给逼的，这不得不让人感叹花开花落，人世无常。

源义经幼名牛若丸，生于平治元年（1159），是源义朝的第八子，因为他爹造反的缘故，本来这孩子也要受牵连的，但幸而他妈常盘御前长得漂亮，系不世出的超级大美女，所以平清盛便对其频频暗示，声称只要愿意嫁给自己做小，什么株连九族父债子还的都是浮云，不但你和孩子能活下来，而且还能过得很滋润。

为了孩子，常盘御前忍辱答应，从此嫁入平家做妾，而牛若丸也得以活了下来，并且还被送去了京都的鞍马寺学习文化和兵法。

在寺里，他碰上了传说中的妖怪乌鸦天狗，天狗大人先教会了牛若丸一套堪比独孤九剑的超级剑术，接着又将传说中的兵法教授于他。

那兵法正是当年吉备真备的《虎之卷》。

十六岁那年，已然是文武双全美少年的牛若丸带着几个心腹家臣逃出了京都，来到了奥州（日本东北部）投靠镇守府将军藤原秀衡。

藤原秀衡是当时奥州藤原氏的当家，奥州这地方自古就是盛产黄金和骏马，可谓是又有钱又能打，因此尽管表面服从中央朝廷，以藤原家东北办事处自居，但实际上却是一个独立的小王国，尤其是这藤原秀衡，连中央派来的国司都直接一脚踹出门去，然后表示自己麾下骑兵十七万，谁来了都不服。

那会儿也正赶上乱，源、平两家互相不服，于是朝廷也就懒得去管，只是由着他闹腾了。

再说那牛若丸在去奥州的路上，途经热田神宫，遇见前大宫司藤原季范，而藤原季范正是父亲源义朝正室由良御前的生父。

季范对牛若丸表示说，你也已经十六了，不小了，而且现在又是准备去讨伐平氏，趁着那么多亲朋好友都在场，就在这里元服吧。

所谓元服就是搞成人仪式，在日本只有元服过后，才算是成年人。

随后，牛若丸改名源九郎义经，简称源义经，昵称义经。

很多人看了九郎二字之后便以为他是源义朝的第九子，其实并非如此。之所以叫九郎，纯粹是因为义经有个著名的叔叔叫源为朝，就是前面的那位镇西八郎，因他曾和义经的父亲源义朝兄弟反目刀兵相见，所以为了避讳，才没敢叫八郎。

四、朝日将军

治承四年（1180），源赖朝起兵，远在奥州的源义经在收到风声之后，便和藤原秀衡商量一番，然后决定兴兵助阵。当年，他率领家臣武藏坊弁庆、伊势三郎及藤原家臣佐藤继信、忠信兄弟等共三百余骑，日夜兼程前往驰援。此时正值富士川之战刚刚结束，虽然壮志踌躇的源义经没能捞到仗打，不过失散多年的兄弟终于能够见面，也是一件很不错的事情。据说源赖朝看着当年只是襁褓中的小婴儿如今已然成了英姿勃发的帅气武士，再想想那死得早的亲爹，不由悲喜交加，热泪盈眶。

养和四年（1181）二月末，连日来为各地反军蜂起而焦躁不已的平清盛染上热病倒下了，这一倒下去就再也没起来，当年闰二月四日，在留下将家国大事交由儿子宗盛负责的遗言之后，便与世长辞，享年六十四岁。

平清盛的病倒

富士川战败以及平清盛的故去让平家威望尽失并开始崩溃，一些其他的源家人也不约而同地揭竿而起，高树倒平大旗，其中就包括了源赖朝的堂兄弟木曾义仲。他的军队倒是相当能打，没多久就如破竹一般杀入平安京，将平家从首都赶了出去。只是由于木曾义仲的父亲源义贤在当年与源赖朝父亲源义朝的政治斗争中，为源义朝长子源义平所杀，所以两家人尽管是亲戚却也等于是有杀父之仇，故而关系并不友善。

说起木曾义仲，那真的是一朵百年不遇的三俗奇葩。

喜欢看日本历史剧的同学肯定不会陌生这样的场景，那就是无论该剧的时代背景是战国时代还是江户时代，总会有一个穿戴华丽的公家指着一个一身戎装或也是一身整齐的武士说道："你这乡下来的武士！"

诚然，出自地方庄园的武士和久居京都的公卿一比，至少在家世方面确实逊色了不少，但如果真要深究一下，到底是哪位老兄给广大京城贵胄们留下了结结实实的"乡巴佬"印象的同时还连累了后人，那我想，八成就是那木曾义仲。

话说这家伙在攻入京城之后，先是自封朝日将军，然后大摆

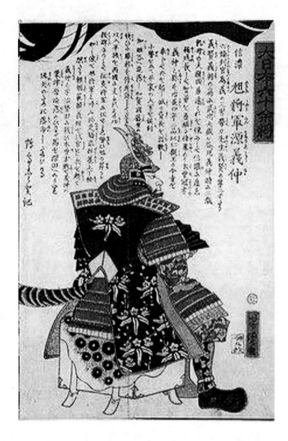

木曾义仲

筵席准备请客吃饭以安抚人心。

　　众公卿虽知是来者不善，但再怎么说那请客的人现在也是手握雄兵说一不二的大佬，更何况有吃席终归是件好事，于是大伙就这么穿戴整齐一路小跑地赴宴去了。

　　木曾义仲客气倒是挺客气，一身打扮人模狗样，而且还见人就哈腰，说我们都是大老粗，你们是文化人云云，等到大伙都坐定了之后，便吩咐开饭。

　　是的，他说的是开饭。

　　公卿们一开始以为这是地方方言，也没在意，再加上连日来兵荒马乱的，大家已经很久都没能吃上口好的了，总想着这次木曾义仲请客，没有鱼翅也有鲍鱼，谁还管你说什么呢。不料希望越大失望也越大，满心期待的众人在东西端上来之后，立马一个个地看傻了眼。

摆在他们面前的，是一碗上面盖着菜的米饭，民间俗称盖浇饭，分量倒是挺足，人手一碗个个都有且不去说，而且碗里的菜也是堆得高高的，相当实在。

盖浇饭这种东西也不是说不好吃，只是档次比较低，尤其是在那个饭是饭，菜是菜的讲究年代，像这种饭菜不分的吃法是根本上不了台面的。

偏偏木曾义仲在地方时间待长了所以不觉得，总认为这是天下第一的美味，还面带微笑地示意客人们赶紧动筷子尝尝味道。

这顿饭吃完，木曾义仲在朝中的形象也差不多被毁干净了。

不过这人自我感觉相当之好，总觉得自己是大英雄，没几天还很人五人六地跑到宫里去要个官儿做。

后白河法皇当然不敢不给他，可又不愿意给他大官，琢磨来琢磨去，便封了义仲个左马头。

源义朝当年就是因为做了这个官儿才要大闹天宫的，但木曾义仲没闹，他跟源义朝最大的区别就在于他没文化，还觉得这官儿挺不错，于是哥们儿就跟那刚上了天庭的孙猴子一般特别嘚瑟，整日间就人五人六地到处招摇闲逛。

木曾义仲在京城里的日子过得挺滋润，不过他带来的那几万士兵可就没那么爽了。因为军粮短缺，所以大伙好久都吃不上一顿饱饭，三日两头来闹饷，无奈之下，木曾义仲下令说让各部自行解决，别再来烦了。

当兵打仗的一不能经商二不会种地，你让他们自己解决那就只有靠抢了。

那几天京都周边被木曾家的人给闹得鸡飞狗跳，原本请吃盖浇饭的木曾义仲尽管在公卿中间口碑不怎样，但好歹也算是捞着了个平民将军的帽子，老百姓提起他评价还算凑合，可现如今他劫掠京师，算是自毁招牌，一夜间民心尽失。

之后，义仲甚至还打算干涉下代天皇人选，于是便更遭人恨了。

趁着这个当儿，平家开始发起了反击，而朝廷的后白河法皇也在治承七年（1183）下了密诏，要求源赖朝尽快上京讨伐木曾家。

收到勤王密令的源赖朝派遣源范赖及源义经统率五万大军征讨木曾义仲。第二年正月，元宵节灯花都没看，众叛亲离的木曾

后白河法皇

义仲就被源义经他们找上了门来，在宇治川之战中寡不敌众而逃往北陆，途中于近江（滋贺县）粟津遇袭而亡。至此，源赖朝势力成为天下讨平的唯一主力。

同年，源义经又在一之谷击溃平家主力，并且擒获了大量平氏宗族，从此以后，平家人一蹶不振，再也没了跟源氏一族抗衡的实力。

一之谷之战后，源义经班师回京，比起之前的那位大老粗木曾义仲，由于义经从小就在京都生活，对于宫廷的礼仪非常精通，再加上天生丽质难自弃，所以各种场合都能应对得非常得体，一下子就在公卿中间有了极高的人气。

看着战功不断积累和个人影响逐渐增大的义经，大天狗后白河法皇眼珠一转计上心来，又琢磨出了一招折腾的方案。

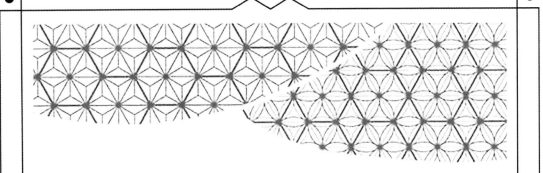

第二十四章 镰仓幕府的建立，武士时代的降临

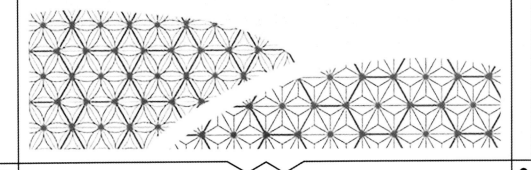

❀

一、兄弟反目

元历元年（1184）八月，后白河法皇以法皇的名义下了一道诏书，任命源义经为左卫门少尉兼检非违使，俗称判官，这也就是为什么源义经也被叫作九郎判官的缘故。

源义经并没有多想，当场就高高兴兴地谢恩领旨了。

消息一传出，源赖朝大怒，因为义经虽说是他的弟弟，可怎么说两人也是君臣关系，你身为人臣，身为武士，就应该效忠于自己的直属主公，怎可以逾越跨级接受他人的封官呢？这在当时属于不折不扣的不忠行径。

这正是后白河大天狗想要的效果——他就是要折腾到天下臣子都兄弟不和，夫妻反目，最好是大家白天和和气气上朝，晚上砸锅敲碗打架，反正是下面越乱，他的位子才能坐得越稳。

不过话说回来，那源赖朝虽然不爽，但再光火也没辙，毕竟平家虽说已经折损大半，可还依然在那里喘气，若是斩草不除根的话，指不定哪天春风一吹就又生了。所以源赖朝果断决定，先解决源平两家之间的敌我矛盾，再来慢慢和义经算这笔账。

　　治承八年（1184）秋，忌悍源义经的赖朝只派了源范赖前
去征讨平家，结果范赖的作战意图被敌方看破，后路被断粮草
被劫，窝在那里动弹不得。无奈之下，源赖朝唯有命令源义经
前去救援。双方在屋岛（香川县内）展开了水战，战斗中弓矢
齐飞。平氏军中号称第一射手的平教经向源义经放了一记冷箭，
义经四天王之一的佐藤继信策马奔前以身挡箭，强箭穿甲，当
场将其射杀。

　　哭过之后的源义经就暴走了，下令全军强攻，双方死磕了
一整天后，平氏终于抵挡不住，再加之收到了源家援军很快要
来的情报，所以不得已撤出了阵地，至此，濑户内海落入了源

源
义
经

家手中，而平氏，从此陷入了山穷水尽的局面。

治承九年（1185）三月下旬，源赖朝下令对平家发起最后的总攻，双方在关门海峡的坛之浦开战，源义经下令召集所有弓箭手射杀对方的舵手和水手。以至于平家军纵然有坚船利炮却也只能是水里的乌龟。

开打不过半日，平家就几乎全军覆没，平氏诸将纷纷跳海自尽，当主平宗盛及其妻儿也被义经活捉，并准备送入源家的大本营镰仓。

至此，平氏政权宣告覆灭。

话说到这里，你其实也应该差不多发现了，虽然起兵的总大将是源赖朝没错，但真正实地带兵打仗的，基本都是源义经。

事实上源赖朝也发现了，所以当押解俘虏的队伍行至镰仓不远处，赖朝来了一封亲笔信，信上说，只需将平家战俘送进城里就行，至于义经，现在就能自由活动了，不必进城。

对于这种猜忌，义经当下就写了一封信过去，表示自己刚生出来就惨遭平家迫害，忐忑忐忑地活在世上，却始终不敢忘却家仇，幸得今日老天开眼，灭了平家，欢欣雀跃还来不及呢，怎么可能还有其他非分之想？请哥哥无论如何也要相信我一次，我是绝对没有二心的。

源赖朝很淡定地表示自己不信。

于是源义经一气之下，当场就来了句："关东积怨之辈可从义经！"

就是说但凡心怀不满的，就跟我来。

这其实是一句气话，但源赖朝却怀着宁可杀错也不可放过的心态当了真了，当年十月，一个叫土佐坊昌俊的人率领六十余骑突袭堀川御所。源义经提刀应战，双方一阵互殴之后，昌俊兵败被俘，之后不等大刑伺候便招供出了幕后主使：源赖朝。

同时他还表示，更多的军队还在后头呢。

事已至此，义经只能走上绝路了。当晚，他带着六十多人从京都出走，一路上尝尽艰辛，隐姓埋名，还因路途艰辛不得不把一怀孕的小老婆给丢在了半道儿上以减轻负担，跋山涉水好几个月，终于在文治三年（1187）二月到达了奥州藤原秀衡处，准备以此为基地，不求东山再起，只求苟且偷生。

被抛下的那小老婆，叫静御前。

这两位是日本古往今来人尽皆知的金童玉女，最终因为乱世而没有走到最后，引来了无数文青的唏嘘感慨。

后来有个漫画家画了一部全世界人民都知道的漫画，里面女主角的名字便是取自于源义经和静御前。

她叫源静香。

二、弁庆与义经

所谓"跋山涉水好几个月"，自然不是一句话那么简单的事儿。

话说源义经跑路没多久，源赖朝就收到了情报，同时也立刻猜到了弟弟会往东北走，于是便在各处关隘设下路卡，以便围捕。

为了不被人在中途截杀，义经一伙人纷纷自行剃度冒充和尚，然后自称是云游四方为重建寺院而化缘。就是用了这个办法，他们才畅通无阻，一路上居然也没人怀疑过。

但是，靠坑蒙拐骗过日子终究是不能长久的，一帮人在位于今天石川县小松市的安宅关终于没能顺利蒙混过关，被人拦住了。关口的守将叫富樫左卫门，他当年跟源义经打过照面，虽说没怎么太记长相，但依稀还是有些印象，当下他就把这群假和尚的队伍拦下，然后走到了义经的面前，问道："你是九郎判官吧？"

义经说阿弥陀佛施主你找错人了，贫僧法号某某，不是你要找的九郎。

富樫左卫门越看觉得越像，便又问道："你们是干嘛的？""我们是云游化缘的出家人。"正当左卫门要接着问，突然和尚队伍里冒出了个五大三粗的家伙，他照着义经的后脑勺就是一巴掌拍下去，将其打翻在地，然后举起手里的僧棍照着他身上就是三五下，一边打一边骂："你这没大没小的狗奴才，老子还没说话，哪轮得到你开口？"左卫门一愣："你是他的……""我是这帮人的头儿。"那人说道。

左卫门一脸疑惑："你们既是出家人，在自己寺里好好待着便是，为何要云游四方化缘？"

"大人可知前不久京都的东大寺被烧了的事情吗？我们正是为此而化缘。"东大寺的确是刚被烧过，所以左卫门点了点头，又问："那既是化缘，可有收获？"那位自称是头的人立刻从包裹里摸出了一本本子："这就是化缘簿，京都的某香客，捐款黄金三百两，播磨的某长老，捐款黄金一百两，近江的某大师……"看着他如此流利地报着名字和捐款数量，富樫左卫门终于不再怀疑，挥手表示你们可以过了，同时还鞠躬行礼表示耽误了大师们的时间实在不好意思。尽管他怎么也没想到，这人拿出来的那本本子其实是源义经平时练字用的，那些个名字，也是他临时编出来的。

等到了安全的地方，那位拿练习册蒙人的哥们儿"扑通"一声给义经下了跪，请求责罚。

因为他只是义经的家臣，家臣拿棍子打主君，这是很大的罪过。

对此，义经只是轻轻地摇了摇头，笑着说："你宁可顶着不忠的罪名也要救自家主君，这才是真正的忠臣。"

这位家臣的名字，叫作武藏坊弁庆。

弁庆与源义经

弁庆是一个很传奇的人物，据说他的生母是某大纳言的女儿，怀孕三年（一说十八个月）才将其生下，结果一出生他爹就虎躯一震，因为这孩子长发齐肩，牙齿俱全还是黑色的，一副相当惊悚的模样。

本来这样的孩子是该丢在山沟里喂狼的，可是他的叔母念在上天有好生之德，愣是从自己大哥的手里把这孩子给夺了过来，亲手抚养，并取名鬼若——这名字倒是挺实在。

大概在十来岁的时候，鬼若去了比叡山修行，本来是想混俩月就在那里定居做和尚的，怎料他行为过于暴力，隔三岔五地就把自己的师兄给抓来狠揍一顿，所以引起了山中寺院长老们的高度不满，别说留他出家了，连寺庙都不给他待了，没几个星期就将其赶下山去并勒令永世不得再来。

本着此处不留爷自有留爷处的想法，鬼若很从容地走下了比叡山，接着又本着自己动手丰衣足食的指导思想，自己给自己剃了度，然后自称比叡山高僧武藏坊弁庆，从此招摇过市，行走全国。

不过他乱暴的本性却是一点没变，在播磨国（兵库县）的圆教寺里头，因和主持和尚一言不合，弁庆便手执薙刀狂舞一番，伤人无数之后意犹未尽，还当堂放了一把火，这才大摇大摆地离开。好在抢救及时才未酿成惨祸。这寺庙今天还在，战国名将本多忠胜的骨灰就埋在那里。

游蹿全国数年之后，弁庆最终来到了京都，然后又玩出了新花样——刀狩，即抢人刀。

话说京都的五条大桥周边非常繁华，每天人来人往不计其数，就算是深夜也照样会有不少人通过，其中不乏腰间挂着精美刀具的达官显贵，弁庆便打算在此地守株待兔，只要看到有人佩戴着比较合他胃口的刀，就会上去邀请比武。

比武是好听的说法，其实就是上前砍人，砍赢了扒装备。

也不知道是京都人太不经打还是弁庆真的武艺高强，三四年来居然让他夺取了九百九十九把刀，而他的名字和外貌，也就成了当时京都人心中永远的噩梦，原本车水马龙的五条大桥，现在就算是大白天也看不到几个人。或许是一连数日都没有收获闲得无聊，弁庆便放出话来，说只要再抢到一把，凑足一千，自己就从此功成身退，换个别的活儿干干，比如，抢九百九十九朵玫瑰花。

消息一出，在京武士人人你推我推你，都希望能够出一个赶上前去送死的哥们儿，让他打一顿，给他一把刀，从此天下太平大家安生。可推来推去，怎么也推不出一个肯出头的人，因为大家不光爱刀，还想要命。

就在这时候，有一个人勇敢地站了出来，表示愿意去五条大桥走一遭，为民除害。他就是年仅十一岁的牛若丸。

此时的牛若丸已得乌鸦天狗的真传，算得上是一名用剑的好手兼轻功高手，一直听说五条大桥有抢刀贼出没，年少无畏的他

五条大桥源义经战弁庆

自然就想去试试身手。

数日后的一天深夜，牛若丸腰挎金刀，身披羽衣，吹着笛子走上了五条大桥。

可是别说人了，连个鬼他都没看到。

牛若丸心生怀疑：莫非这两天没生意那强盗回家过年去了？

就在这么想的时候，猛然感到背脊凉风嗖嗖，斜眼看去，一个巨大的身影出现在了身后，紧接着，一道寒光袭来。

牛若丸纵身一跳，上了栏杆。

立定之后，他定睛一看，来人头包白布，脚踏木屐，手上一柄薙刀，刀尖在月光下放着寒光，口里称道："你来和我比武吧！"

牛若丸知道这正是自己要找的强盗，却也不拔刀，而是继续开始吹起了他的笛子。

弁庆一看以为是在羞辱他，又气又急地挥起薙刀就是一下子，可牛若丸却镇定自若地又是一跳，轻松躲过了对方的攻击，而口中的笛乐未停一秒，别说是停了，就连曲调的变化都没有丝毫。

弁庆明白，碰上了高手，于是他也静下心来，气运丹田，然后大吼一声，朝着对方扑了过去。

这回依然没砍着，而且曲子也没断。

最终，弁庆再也砍不动了，一屁股坐在地上气喘吁吁，此时的牛若丸不紧不慢地放下了手中的笛子，微微一笑："你输了。"

弁庆表示自己技不如人甘拜下风，这条性命，你要就拿去吧。

"我不要你的命。如果阁下愿意，能从此做我的随行么？"

弁庆当即拜倒在地，口称主公。

三、武士的时代

再说源义经抵达奥州之后，源赖朝非常及时地向藤原家发出了要求，要藤原秀衡即刻交出反贼源义经。

其实要弟弟还只是其一，更主要的是其二——藉此消灭奥州藤原氏，一举拿下东北。

藤原秀衡很明白源赖朝的用意，他更明白的是这其中的利害——只要战神源义经在奥州一天，然后配合上著名的奥州骑兵集团，那么源赖朝就算能通天，也打不过来，相反，如果在这个时候把义经给卖了，那么奥州反而会因折损一大战力而陷入危险的境地。

所以老爷子很强硬地拒绝了。

这会儿源赖朝正在思考人生以及酝酿一个非常伟大的计划，所以也没工夫管那么多，就这样，源义经总算是有了个落脚的地儿，开始安下心来过日子了。

然而，天有不测风云，长年来一直把义经当亲生儿子罩着的藤原秀衡在这一年的 10 月因病医治无效，离开了人世。在死前，他叮嘱自己的三个儿子藤原泰衡、国衡和忠衡一定不能向镰仓幕府妥协，不仅不能抛弃源义经，还得把他当主子来供奉。

看着儿子们含着眼泪点头答应，藤原秀衡便很放心地撒手人寰了。

然而，事情的发展并没有如秀衡想的那样，他死后半年不到，文治四年（1188）二月，后白河法皇派遣钦差前往平泉传达征讨源义经的旨意。虽然藤原一族非常坚决地抗旨不遵，但由于参谋藤原基成（藤原泰衡的外公）为公卿贵族之后，素与朝中公卿相善，因此朝廷方面仍有不少公卿庇护藤原氏。

十月十二日，源赖朝一看软的不行便来了一手硬的，遣使警告藤原一族若不征讨源义经则将获罪株连，而且源氏方面亦已准备自行发兵伐罪。

文治五年（1189）二月，在源赖朝的授意下，后白河法皇下旨免除了一批藤原氏族亲的官位，并且向奥州藤原家下达了最后通牒：若是不跟随镰仓幕府一起铲除源义经，那么从即刻起你们便是朝敌国贼，全天下共讨的对象。

已经被各种压力折磨得快要得抑郁症的藤原家当主藤原泰衡为了挽救逐渐陷入孤立无援的藤原一族，终于决定讨伐源义经。

闰四月三十日清晨，泰衡命家臣长崎太郎率五百骑兵突袭驻居高馆（又称衣川馆）的源义经。源义经家臣们发现后迅速迎战：弁庆、伊势三郎、增尾十郎、片冈八郎、铃木三郎、龟井六郎、鹫尾三郎、备前平四郎等八人固守玄关大门，喜三太爬上屋顶，以窗板为盾，拉弓搭箭狙杀敌军。源义经则以战死于藤原泰衡的家臣手下为耻，不愿出战，独自进入佛堂中诵经，做自尽前的准备。源义经的家臣们为了保护主君能平静赴死，抱着必死的觉悟，舍命决战，各自斩杀多人后壮烈战死或自刃。

其中，犹以武藏坊弁庆最为勇猛。

这人本来就能打，又不怕死，藤原军见他来得凶猛，也不敢再贸然上前寻死，只是躲得远远地放箭。

面对蜂拥而来的利箭，弁庆不但没有躲，反而还挥舞着提刀迎面冲了上去，他一边挥刀拨开飞来之箭，一边继续朝着敌军奔去。

不过人的肉体终究是有极限的，在现实世界里是不存在什么一支梨花枪舞得震天响，哐当哐当把箭都给如数拨在地上的剧情。没走上几步，弁庆就已身中数箭，随之他的动作越来越慢，身上的箭也越来越多，最终，变成了一个刺猬人。

但是，他没有倒下，而是宛如护法金刚一般傲然挺立，嘴角似笑未笑，两眼直瞪前方，身躯不动如山。

这是因为剧烈运动分泌大量乳酸，人死了，全身器官停止工作，无法将乳酸转化，蛋白消化酶也无法分泌，蛋白质无法消化，所以很容易凝固，身体快速僵硬。

但平安时代哪有人知道这个？看着弁庆这个样子，藤原军顿时吓傻了，谁也不知道他究竟死了还是没死，看着那副模样似乎应该还活着，但谁也不敢擅自行动，放箭的也不再拉弦，一来被震慑住了，二来对方身上已经浑身是箭，再射也无处可插了。

此时的战场上出现了这样的景象：几百个人盯着一具尸体，死死地瞪着就是不动手。

不过终究还是有个胆大的，他拍马舞刀朝着弁庆的尸体杀去，仅一回合，弁庆便倒在了地上——被马撞的。

大伙这才明白，这家伙已经死了。

此时的源义经已经在屋子里念完了一卷佛经，平静地走入了卧室，先是在屋子里点了一把火，然后手刃妻子乡御前和女儿龟鹤御前，最后自己引刀自裁，年仅三十岁。

因为源义经的一生过于悲壮，他的死简直如樱花一般壮烈凋谢，所以后世产生了这样的一种说法，说其实义经并没有死，而是从奥州成功突围，来到了北海道，再坐船一路西去，最后抵达

弁庆战死

了中国大陆，并且改名换姓东山再起，终于成就了一番大事业。

相信他的新名字你肯定听说过，叫成吉思汗。

对此我只能说是大千世界无奇不有，这世道既然有人把徐福说成神武天皇，那也必然会有人把源义经说成是成吉思汗。

义经死后，奥州藤原氏也表示了愿意臣服于源赖朝，于是天下尽在手中的赖朝便着手开始打造起了一个新的世道。

这个新世道就是以武士为核心统治国家。

其实早在治承九年（1185），源赖朝就有了对新秩序新世界的初步构想，那会儿平家刚刚被打灭不久，而他则从天皇那里把任免诸国守护的权力搞到了手，也就是说全日本的土地分配，由源赖朝一人说了算。

尽管是如当年平清盛一般独掌了大权，但他却并不满足。

这或许跟早年被流放的经历有关，总之这家伙是个相当没安全感的人，总觉得虽然自己终于站在了顶峰，可如果光靠一人之力的话，兴许就会有那么一天跟盛极一时的平清盛一个下场，因此必须要确立一种制度，一种能够将武士或是说源家治世合法并长久化的制度。

所以也就是从这个时候起，源赖朝开始推行起了一种全新的治世模式，那就是将国家的统治模式分为简单的两部分：土地和武士。

自己管理天下的武士，天下的武士用刀枪来保护并统治天下的百姓，百姓在土地上生产，养育整个国家和民族。

其实任何时代的武士政权，其核心就是上面的这句话。

建久元年（1190），源赖朝被朝廷任命为右近卫大将，因为既有兵权又有政权，所以他在镰仓的府邸被称之为幕府。

幕府两字源于中国，要解释的话，大致就等同于军政府，事实上这确实是个很贴切的词，因为源赖朝以武士之身干涉中央政权，本身就属军人干政。

建久三年（1192），应赖朝本人要求，天皇正式册封其为征夷大将军。

虽是老官新做，但却和以往的大不相同。首先，源赖朝当的这个征夷大将军，不是临时任命的讨伐军总司令，而是幕府首脑，换言之，这个官名的重点在于大将军而非征夷。

其次，征夷大将军的职责除了统领全国武装力量之外，还拥有在镰仓设立政府，主管全日本政务的权力。说白了，此官的设立，彻底把日本的行政权和神权给分开了，从那之后，但凡人事只归将军管，至于天皇，虽然大家仍然认可他是神的代言人，可人间的事情，他却再也难以插手了。

自此时起，日本不再需要贵族那糜烂的风花雪月，也不再需要天皇的神神叨叨，武士，唯有手握钢刀的武士，才是国家的主人。

一个新的时代，终于开始了。

大事年表

57 年　倭奴国使者到访洛阳，拜会汉光武帝刘秀，刘秀封倭奴国王为汉委奴国王，并赐金印。这是中日两国有记载以来的第一次官方交往。

107 年　倭面土国王帅升到访洛阳，拜会汉安帝。献上生口（奴隶）一百六十名。

约 150 年　倭国大乱持续数十年，最终在邪马台国牵头下，组成部落联盟，共同对抗九州南部的狗奴国。

239 年　邪马台女王卑弥呼遣使访问曹魏，受封亲魏倭王。

266 年　卑弥呼继承者，邪马台第二代女王台与遣使拜访西晋，从此之后一百五十余年，中日两国官方没有往来。

413 年　沉寂近一百五十年没有官方互动的中日关系复苏，日本中央朝廷开始不断遣使造访南朝政权，即倭五王遣使。

421 年　倭五王之一的倭王讚遣使拜见刘宋帝刘裕。

425 年　倭王讚再度派遣使者，拜见刘宋文帝刘义隆。

438 年　倭王讚去世，弟弟倭王珍继位，遣使至建康，请求刘义隆封其为倭国王、征东大将军，都督倭、百济、新罗、任那、秦韩以及慕韩六国军事。

443 年　倭王珍去世，弟弟倭王济继位，遣使至建康，拜会刘义隆。

462 年　倭王济去世，儿子倭王兴继位，遣使拜会刘宋孝武帝刘骏。

463 年　倭王兴被自己的侄子眉轮王刺杀，由弟弟倭王武继位。

464 年　倭国军队入侵朝鲜半岛，并击败高句丽军。

465 年　倭国军队攻入新罗，占领活开城。

477 年　倭王武自封倭、百济、新罗、任那、伽罗、秦韩及慕韩七国军事都督，安东大将军，并以此名义遣使建康，拜会刘宋顺皇帝刘准。

552 年　百济王赠送日本佛像一尊，佛经一部，是为佛教传来。同年，苏我稻目和物部尾舆就是否要在国内兴佛一事展开争论。

562 年　日本在朝鲜半岛建立的殖民机构任那日本府被新罗攻灭。

587 年　苏我稻目之子苏我马子攻灭物部家，杀物部尾舆之子物部守屋，从此苏我家独掌朝政。

593 年　圣德太子开始摄政。

600 年　倭国向隋朝派出史上最初的遣隋使。

603 年　圣德太子摄政，同年制定"冠位十二阶"。

604 年　圣德太子主持制定《宪法十七条》。

607 年　小野妹子带国书访隋，其中，国书中"日出处天子拜会日落处天子"一句，引发隋炀帝杨广震怒。

630 年　犬上御田锹造访大唐，是为最初的遣唐使。

645 年　中大兄王子和中臣镰足合谋暗杀苏我入鹿。

646 年　孝德天皇颁布圣旨，宣布创立元号名为大化，并进行国政改革，废除豪族私有领地，调整地方行政制度，效仿了隋唐的均田制，实行班田收授法和租庸调制度，史称"大化改新"。

663 年　倭国出兵帮助百济复国，在朝鲜半岛的白村江和唐朝展开会战，大败。史称"白村江之战"。

701 年　倭国颁布《大宝律令》，在该令中，将国号改为日本，并照会周围邻邦。

710 年　元明天皇下旨迁都平城京，即今天的奈良，自此奈良时代开始。

718 年　《养老律令》颁布，这是日本史上存在时间最久的国家律令，一直延续到了明治时代。

743 年　《垦田永年私财法》颁布，从此，日本再度承认土地可以为私人所有。

754 年　鉴真成功东渡至日本，开坛布讲，并将大量大唐的文化和技术带入日本。

764 年　藤原仲麻吕发动叛乱，被吉备真备镇压。

794 年　桓武天皇迁都平安京，即今日京都，开启平安时代。

801 年　虾夷（北海道）叛乱，坂上田村麻吕奉诏征讨，并以此功绩被任命为日本史上第一位征夷大将军。

887 年　藤原基经任日本史上第一任关白，开启藤原家摄关政治时代。

894 年　根据菅原道真建议，日本停止了遣唐使。

901 年　日本学神菅原道真政斗失败，被下放九州大宰府。

905 年　《古今和歌集》完本。

939 年　平将门起兵造反，这是日本第一起欲和天皇的中央朝廷分庭抗礼的造反事件。

940 年　下野国押领使藤原秀乡征讨平将门，平将门战死。1000—1014 年间，清少纳言完本《枕草子》，紫式部完本《源氏物语》。

1086 年　为了和外戚藤原家的摄政势力对抗，白河上皇开启院政政治，日本进入院政时代。

1156 年　崇德上皇和后白河天皇之间爆发战端，史称"保元之乱"。在这场动乱中，双方都依靠了武士力量，因此武士阶级也就此登上了历史的舞台。

1167 年　平清盛任太政大臣，平家武士的势力达到极点。

1180 年　源赖朝起兵反平，源平战争爆发。

1184 年　一之谷之战，源赖朝幼弟源义经大胜平家。

1185 年　坛之浦战役，平家全军覆没，平氏诸将纷纷跳海自尽，当主平宗盛及其妻儿被活捉。

1192 年　源赖朝开创镰仓幕府，并出任初代幕府大将军，武士的时代从此拉开序幕。